工商管理
理论与实践

王娟叶　王琳　江森◎主编

中国原子能出版社
China Atomic Energy Press

图书在版编目（CIP）数据

工商管理理论与实践 / 王娟叶, 王琳, 江森主编
. -- 北京：中国原子能出版社, 2022.10
ISBN 978-7-5221-2207-6

Ⅰ.①工… Ⅱ.①王… ②王… ③江… Ⅲ.①工商行政管理 – 文集 Ⅳ.①F203.9-53

中国版本图书馆CIP数据核字(2022)第193565号

工商管理理论与实践

出　　版	中国原子能出版社(北京市海淀区阜成路43号 100048)	
责任编辑	蒋焱兰(邮箱：ylj44@126.com QQ：419148731)	
特约编辑	胡冰姿　蒋远涛	
责任校对	冯莲凤	
责任印制	赵　明	
印　　刷	北京九州迅驰传媒文化有限公司	
经　　销	全国新华书店	
开　　本	787mm×1092mm　1/16	
印　　张	16.25	
字　　数	240千字	
版　　次	2022年10月第1版	2022年10月第1次印刷
书　　号	ISBN 978-7-5221-2207-6	
定　　价	58.00元	

出版社网址：http://www.aep.com.cn　E-mail：atomep123@126.com
发行电话：010-68452845

作者简介

王娟叶（1979.02—），女、汉族，山东沂南人，本科学历，高级经济师，研究方向是经济系列工商管理，现任职于沂南县市场监督管理综合服务中心。从事市场监督管理工作20余年来，先后在市场巡查、企业注册登记、执法办案及消费维权等岗位工作。曾获得"全市12315优秀维权能手"荣誉称号、多次被评为市县级先进个人。

王琳（1983.09—），女、汉族，山东高密人，研究生学历，中级经济师，研究方向是工商管理。中共党员，2009年毕业于中国海洋大学，现任高密市投资合作促进中心党建调研科科长、高密市第14次党代会党代表。多次参与全市招商队伍建设、招商专案制定、招商项目评审推进办法、招商考核办法、招商激励政策制定等重要业务文件起草以及市级重大项目引进服务等工作。

江森（1982.07—），男、汉族，广西陆川人，研究生学历，高级经济师，研究方向是工商管理。2006年7月从太原科技大学经济学专业本科毕业后参加工作，2008年6月加入中国共产党，广西大学高级工商管理专业毕业。现任广西交通投资集团有限公司经营管理部部长，兼任广西交通发展投资基金管理有限公司董事。参加工作以来，在广西交通投资集团本部及财务公司分别从事高速公路收费运营、企业发展战略、项目投融资分析、产业经营管理、金融产业、产权管理、产融结合、资本运作、全面风险管理、业绩考核等经营管理工作。

前　言

　　随着全球经济的快速发展,经济全球化及行业分工的不断加深,国内的工商企业也开始由粗放式发展转向精细化发展,企业战略及经营管理方法、管理模式越来越受到管理层的重视。而工商管理与企业管理是密不可分的,一定程度上工商管理为企业管理提供了框架性指导。工商管理范畴主要包括企业经营战略制定和内部行为管理两方面,主要基于管理科学、经济学、金融学、财务会计等基本学科理论,运用现代管理方法和途径来进行科学有效的企业战略管理和市场经营决策,提升企业的行业地位和长期发展活力。

　　随着社会的不断发展,工商管理在企业管理中的作用也越来越重要,但是激烈的市场竞争环境,对企业发展构成一定的挑战。为了提升企业在激烈的社会竞争中的竞争能力,就要不断地加强对企业内部的管理,而工商管理作为企业内部管理的核心内容,提高企业工商管理的效率也就成为提高企业的社会竞争能力重要部分。提高企业工商管理效率可以让企业为社会的发展提供更好的更优质的服务,提升企业的社会评价,促进企业竞争力的提升,为企业的发展奠定基础。企业想要实现可持续发展,提升自身的市场竞争力,就需要具备较高的企业工商管理水平。企业的管理理念必须符合当前市场的经济发展规律,确保企业工商管理质量,引入信息技术来提高企业工商管理水平,这样才能更好地改进管理模式。因此,企业在进行内部管理时要根据企业工商管理方面出现的问题,积极提出提高企业工商管理效率的措施,促进企业的健康平稳发展。

基于此,解读管理学理论与基础要素以及工商管理学相关概念,分析企业战略与经营决策、企业法人治理结构、企业管理计划、组织、领导、控制等管理手段,探讨工商管理中的技术创新管理、企业文化管理、跨文化管理以及信息化管理策略,保障管理工作的开展成效,提高管理工作的开展质量,发挥出工商管理所具备的作用,最终推动现代企业的持续性发展具有重要意义与价值。

目　录

第一章 概论

第一节 管理学理论与管理基础要素

一、管理的实质

(一)管理的任务和目标

管理的任务是指通过管理所要达成的结果状态,而不是指企业管理的具体任务。因此管理任务实质应当作管理目标来理解。目标管理的根本目的是把关系到企业每个人命运的企业发展任务分解为具体的目标,然后把这些目标细化到个人、岗位以及工作的一年、一月、一天,同时运用企业的考核控制系统对每个人每天的目标完成情况进行检查与考核,员工在这些目标的规定下分工合作,通过完成这些细小的目标来实现公司大的发展目标。由此可见,目标管理作为一项特殊的管理工具,是一项系统和复杂的工程。

(二)管理的责任

履行管理责任实质是为了实现管理目标而实施的管理活动,即以管理目标为中心、以卓有成效的管理为要求、以管理者承担责任为途径的实践活动。责任是对管理者的基本要求,即"做一个管理人员就意味着需要分担企业成就的责任",包括能胜任工作、认真地对待自己的工作、对企业与自己的任务和成绩负责任。承担责任需要起码的职权。责任与职权是让管理者承担责任的两个不可或缺的要素。责任是管理者的目标与整个团体目标一致的保证。责任对于管理者来说,是对自己与他人关系的一种规范。管理者必须使工作富有活力,以便员工能通过工作使自己有所成就。而员工则需要使自己的工作符合管理者的要求,遵守工作纪律。在管理集团中,有的人的职能是传统意义上的管理职能,对其他人的工作负有责任。

(三)管理的性质

管理人员是每个企业中富有活力赋予企业生机的因素。在一种竞争的经济中,管理人员的素质和工作状况决定着企业的成败,甚至决定着企业的生存。因为管理人员的素质和工作能力是企业在竞争中唯一能够拥有的有效优势。

对待高层管理者,现代管理学之父彼得·德鲁克主要是强调高层管理的任务与其他管理集团的任务有根本差别,如他们的工作是多方面的而不是单一的,而且对高层管理者的个性和气质也有不同乃至是互相冲突的要求。因此,对高层管理职位的管理是,使之既能完成客观的任务,又照顾到担任该职务者的个性,还要向高层管理提供完成其特殊任务所必需的激励和信心。

管理不但是由现代工业体系的性质决定的,而且是由现代工商企业的需要决定的。现代工业体系必须将生产力资源——人和物,交托给现代工商企业。管理还体现了现代西方社会的基本信念。它体现了通过系统地组织经济资源有可能控制人的生活的信念,体现了经济的变革能够成为争取人类进步和社会正义的强大推动力的信念。管理层是专门负责赋予资源以生产力的社会机构,也是负责有组织地发展经济的机构,体现着现代社会的基本精神,所以它是必不可少的。

二、科学管理理论

科学管理中的"科学"是指提高生产率而又不增加雇主和工人的劳动量,从而使双方都可从中受益。科学管理由多种要素组合而成,这些要素包括几个方面:科学(不是单凭经验的方法);协调(不是不合);合作(不是个人主义);最高的产量,取代有限的产量;发挥每个人最高的效率,实现最大的富裕。理论主要包括以下方面。

(一)工作定额

选择合适且技术熟练的工人,通过各种实验和测量,进行劳动过程研究和工作研究,制定出有科学依据的"合理日工作量"及劳动定额,根据定额完成情况,实行差别计件工资制,使工人的贡献大小与工资高低紧密挂钩。

(二)科学用人

科学管理的重要思想之一,就是科学地挑选一流的员工,指那些最适合又最愿意干某种工作的人。挑选一流员工,就是在企业人事管理中,把最合适的人安排到最合适的岗位上,才能充分发挥潜力,促进劳动生产率的提高。

(三)标准化管理

在科学管理的前提下,用科学知识代替个人经验,就要实行劳动工具标准化、操作标准化、劳动动作标准化、劳动环境标准化等标准化管理。只有实行标准化,才能使工人使用更有效的工具、采用更有效的工作方法,从而达到提高劳动生产率的目的;使工人在标准设备、标准条件下工作,才能对其工作业绩进行公正合理的衡量。

(四)差别计件

通过计件和工时的研究,进行科学的测量和计算,制定出一个标准制度,以确定合理的劳动定额和恰当的工资。差别工资制有利于充分发挥个人积极性,提高劳动生产率,实现"高工资和低劳动成本"。同时,由于制定计件工资制与日工资率是经过正确观察和科学测定的,能够科学地给予工人劳动回报。实行差别计件工资制的优点就是能够淘汰所有低能的工人,吸收最适合的工人来工作。

(五)专门计划层

设置专门的计划部门,实际是设置专门的管理部门,让资方承担管理职责,让工人承担执行职责。明确资方与工人之间、管理者与被管理者之间的关系。计划部门的主要任务是:①进行调查研究并以此作为确定定额和操作方法的依据;②制定有科学依据的定额和标准化的操作方法和工具。③拟订计划并发布指令和命令;④把标准和实际情况进行比较,以便进行有效的控制等工作。

三、工业管理与一般管理

(一)劳动分工原则

劳动分工属于自然规律。劳动分工不只适用于技术工作,也适用于管理工作。因此,应该通过分工来提高管理工作的效率。另外,法国古典管理理论学家法约尔又指出:"劳动分工有一定的限度,经验与尺度感告诉我们不应超越这些限度。"

(二)权力与责任原则

权力,就是指挥和要求别人服从的能力。有权力的地方,就有责任。责任是权力的孪生物,是权力的当然结果和必要补充。一个好的领导者,应具有承担责任的勇气,并使他周围的人也随之具有这种勇气。制止一个重要领导人滥用权力的最有效的保证是个人的道德,特别是该领导人高尚的精神道德,这种道德是不能通过选举和财产取得的。

(三)纪律原则

没有纪律,任何一个企业都不可能兴旺繁荣。纪律原则就是企业领导和其下属人员之间通过协定而达成的一致性行为准则,这种一致性是以尊重而不是以恐惧为基础的。维护纪律不排除对违反纪律的行为进行惩罚,包括指责、警告、罚款、停职、降级或开除。领导和下属人员一样,必须接受纪律的约束。

纪律执行的状况则主要取决于其领导人的道德状况。制定和维持纪律最有效的办法是:①各级好的领导;②尽可能明确而又公平的协定;③合理执行惩罚。

(四)人员报酬的原则

人员的报酬首先要考虑的是维持职工的最低生活消费和企业的基本经营状况,这是确定人员报酬的一个基本出发点。在此基础上,再根据职工的劳动贡献来决定采用适当的报酬方式。工人的报酬方式有按劳动日付酬、按工作任务付酬和计件付酬三种,其支付方法还包括奖金、分红、实物补助和精神奖励。付酬的方式虽然取决于多种因素,但是,其目的只有一个,即改善所属人员的作用和命运,鼓励各级人员的劳动热情。因此,无论采用什么报酬方式,都应该做到以下几点:①保证报酬公平;②奖励有益的努力和激发热情;③不应导致超过合理限度的过多的报酬。

(五)人员稳定原则

一个人要适应他的新职位,并做到能很好地完成他的工作,这需要时间。这就是"人员的稳定原则"。按照"人员的稳定原则",要使一个人的能力得到充分的发挥,就要使他在一个工作岗位上相对稳定地工作一段时间,使他能有一段时间来熟悉自己的工作,了解自己的工作环境,并取得别人对自己的信任。但是人员的稳定是相对的而不是绝对的,疾病、退休、死亡等都会造成企业中人员的流动。因此,人员的稳定是相对的,而人员的流动是绝对的。对于企业来说,就要掌握人员稳定和流动的合适的度,以利于企业中成员能力得到充分的发挥。

不稳定往往是企业不景气的原因与结果,所以,要努力保持企业领导人和其他人员的相对稳定性,做好人力资源管理,掌握好人员稳定的尺度。

四、计划与组织

(一)计划

计划就是管理者明确恰当的组织目标并确定实现这些目标的行动方案。

计划包括组织的目标和实现这些目标的有效步骤,是一切管理活动的前提,是管理的第一职能。

计划的内容包括六个方面(5W1H):做什么(What)、为什么做(Why)、何时做(When)、何地做(Where)、谁去做(Who)、怎样做(How)。其具体含义如下。

"做什么":计划要明确具体的任务和所需达到的标准。如企业制订生产计划时需要规划产品生产的投入和产出数量以及产品的生产进度,在保证按质、按量、按时地完成生产任务的前提下,充分运用企业的生产资源。

"为什么做":要明确计划工作的原因和目的,即明确组织的宗旨、目标和战略。只有组织成员充分了解组织的宗旨、目标和战略,才能化被动为主动,提高他们的创造能力和工作效率。

"何时做":规划企业各项活动的开始和结束时间。企业应明确计划中每一项具体工作的开始时间和完成进度,这样才有利于企业合理地利用资源。

"何地做":明确计划实施的场所。充分了解计划实施环境的优势和劣势,合理安排计划实施地点的布局和组织。

"谁去做":要明确计划的不同实施阶段由什么部门来负责。

"怎样做":明确计划实施的具体手段和措施。计划要明确实施过程需要采取的步骤,以及相应的政策和规则,保证组织的资源配置能够得到充分利用。

计划工作具有很重要的意义,如以下几点。

第一,计划为组织各方面的行动提供了方向。计划首先确定整个企业的总目标和分目标,这就为组织中各级管理人员的工作指明了方向和目的。组织成员能清楚他们的目标和为达到目标需要做的工作,这有利于企业通过分工和协调来安排经营活动,从而提高实现目标的效率。

第二,计划有助于管理者发现潜在的机会与威胁,从而减少风险。大多数组织都是在动态的环境中进行决策的,必须随时抓住机会,接受变化。因此主管人员应该去思考未来可能会出现的各种情况,并通过采用计划职能,提高组织的应变能力。

第三,计划为组织各层管理人员日常考核和控制工作提供了标准。哈罗德·孔茨说过:"计划是主管人员设计控制工作的准绳。"在计划的实施过程中,若实际活动与计划规定的目标不一致,管理者需要采取措施纠正偏差,从而保证能够按时、按质、按量地完成计划。

(二)组织

组织的含义既有静态的一面,又有动态的一面。静态的一面即名词意义上的组织,它包括以下三层含义。①组织必须具有明确的目标,目标是组织存在的基础和条件。②组织必须具有分工与合作,分工与合作相结合才能高效率地完成组织的目标。③组织要有不同层次的权利与责任制度,这是达到目标的重要保证。

动态的一面是指动词意义上的组织,是为了有效地实现共同目标而进行的一种活动安排,是对人、财、物等资源进行合理配置的过程。它包括以下四层含义。①合理的设计组织结构,包括对为实现组织目标的各种活动进行归并,成立职能部门,确定适度的管理幅度和管理层次。②正确的分权和授权有利于各层级各部门为实现组织目标而协同工作。③人力资源管理。④组织文化建设。

组织工作包括组织为实现目标对所必需的活动进行分组、职权的设置、配备合适的人员、组织自身结构的设计与调整、组织运行规范的设计等方面的工作。具体来说,组织工作的内容包括以下几个方面。

1.组织结构设计

组织结构设计是组织工作中最核心的环节,它主要是合理安排为实现目标中的工作分工协作关系,建立一种有效的组织结构。组织结构设计包括以下步骤:①根据组织的内外部环境,确定组织的目标,明确为实现目标所必须完成的工作任务;②对组织所需完成的工作任务进行适当的分组,从而确定管理的各个层次、部门,以及各部门所需完成的工作任务;③根据人与事相结合的原则,为各职务配备合适的人员,为各职位和部门分配责任和权限;④为了使各层级、各部门之间有效地合作,设置相互联系的方式和手段,使组织能够合理地分化与整合,形成实现组织目标所需要的正式组织体系。

2.组织运行

组织的运行就是使设计好的组织能够运转起来。组织的运作过程中应处理好正式组织和非正式组织的关系、进行适度的集权与分权、向下级人员适当授权、积极有效地进行上下左右的沟通联系、建立现代公司制度等,保证组织能够有效运行,提高组织的效率。为了使组织工作能够有机运转,应该将各种规章制度落到实处,使之能够真正有效地解决组织运作过程中的一系列问题,实现组织运行的规范化和制度化。从一定意义上说设计好的组织投入运作的过程是与管理工作其他方面的职能密切联系在一起的。[①]

3.组织变革

组织变革就是对组织的调整、改革与再设计,它属于组织工作过程中的反馈与修正步骤。当组织在运行过程中出现不完善之处,或者环境变化引起组织目标需做出调整时,应及时改变组织的内在结构,更好地实现组织的目标。

五、领导与协调

(一)领导

领导是指在某一特定的环境下,对组织内每个成员的行为进行引导和施加影响力的活动过程,其目的是使组织成员能够自觉自愿并且充满热情地为实现共同确定的目标持续努力。领导处在管理的中心环节,所发挥作用的重要性自然是不言而喻的,它能够影响组织中每个成员的行为和思想,对组织目标的实现具有关键作用,这主要表现在以下四个方面。

1.指挥作用

有人把领导者比作是军队的最高统帅,能够调动三军,联络八方,指挥大大小小的战役,直至取得最后的胜利。组织为实现组织目标而组织的活动,就如同军队为实现胜利而进行的作战一样,因此组织当中就需要有一个头脑清醒、思维敏捷、服从大局、深谋远虑、运筹帷幄的领导者。向组织成员宣明组织所处的现实环境和态势,明确组织所要达到的各级目标和终极目标,确定达到这些目标的方法和途径,并且指导下属制订更为详细的计划、方案。领导者应该时刻关注全局的变化和外界的动态,走在适应环境的第一线,这样才能引领和指挥组织成员迅速地融入多变的环境中。

---

①孙英豪.现代管理学理论发展及其研究方法探究[J].中国管理信息化,2020,23(22):144-145.

2.协调作用

领导的协调作用主要体现在解决组织当中对于人与人、部门与部门。个人与组织所发生的矛盾和冲突上。由于每个组织成员的经历、能力、性格、工作态度等都不相同,在工作当中难免会产生不和谐的地方,这时候就需要领导者既能知人善任又能够处理产生的问题;各个组织的部门往往只顾自己的利益,各扫门前雪,甚至相互推脱责任,这不仅严重影响了组织运行的稳定性和效率,而且很容易导致组织工作半途而废,这就需要领导者统筹调度、合理制订各部门的职责任务、协调他们在工作当中的交接和合作问题;当个人目标往往不能与组织目标完全吻合。个人目标与组织目标发生冲突时,领导者要及时协调好双方的关系,既能够不打折扣地完成组织目标,又能兼顾个人目标的实现。

3.激励作用

对于组织的成员来说,几乎所有人都有积极工作、为组织做出贡献的愿望,这是因为他们认为能够从组织当中获得他们想要的东西,但是要想让组织成员持久拥有这种愿望,就需要领导者不断地实施激励来满足它们的愿望。现在社会的竞争越来越大,个人生活的压力也在增大,不管组织成员是在生活上遇到什么难题,还是在工作中遇到挫折,都会影响他们在组织当中的表现,这时候领导者就需要既像朋友一样关心问候他们,又能够切实给予他们精神和物质上的帮助,最大限度地激发他们工作的热情和信心,增强他们对于组织的认同感和归属感。

4.沟通作用

信息沟通在领导者和其追随者之间发挥着重要的作用,领导者一般是组织当中的首脑或者管理者,他们是组织当中信息最重要的传播者。通过沟通,领导者可以在组织各个层级之间下达命令和指示,确保组织成员能够准确无误地获得信息,而且通过沟通,领导者能够避免过于书面化的材料。可以切身了解员工真正在想什么以及他们真正需要什么,这样对于领导者实施激励就更有针对性。

(二)协调

协调作为管理的一项职能,是理顺组织内外部关系,消除不和谐。不平衡状态,加强各方面合作,以便实现组织目标、创造良好环境的过程。组织目标的实现需要组织内部各方面的力量相互配合,需要组织内外部有关方面的支持,然而这种配合和支持不是自发形成的。相反,由于利益、认知、感情等方面的差异,不和谐甚至矛盾和冲突常常出现,从而影响组织目标的实现。管理者的职能之一,就是通过各种途径,理顺组织内外关系,获取各方面的支持与配合,形成有利于目标实现的组织氛围。

协调是为了实现组织目标,对组织外部环境和内部条件之间、组织内各组成部分之间以及个人的工作活动和人际关系进行调节,并化解冲突,使之相互配合、相互适应地管理活动。

管理者协调能力包括工作协调能力和人际关系协调能力两方面。但是由于组织内外部各项活动都是由人来进行的,工作的矛盾冲突往往表现为人与人之间的冲突,协调好人际关系有助于解决工作中的冲突;又由于人是组织中最活跃的因素,人在现代管理理论中占有越来越重要的位置,所以现代管理理论认为,协调实质上是人际关系的协调。

协调是管理者有效开展管理活动的必然要求,在管理工作中占有重要地位。作为重要的管理职能之一,协调的意义主要有以下几点。

1.协调是组织内部业务活动顺利进行的必要条件

组织是由若干部门和个人构成的整体,是以人为主的多层次、多因素、多序列、多职能的有机结构。这些部门和个人之间构成了错综复杂的关系网络,不同部门、个人的行为目标和方式可能和组织期望的行为方式不一致,有时候甚至是冲突的。只有把组织的个人与个人之间、部门与部门之间以及部门与个人之间的关系协调好,使管理处于有序的状态,才能保证组织目标的实现。尽管在其他管理职能如计划、组织和控制中已经考虑了这些问题,但是由于人的活动会随时变化,矛盾和冲突会随时出现,这就需要管理者进行沟通、协调,来处理突发事件,以实现各部门间以及个人之间的利益平衡,保障组织顺利开展业务活动。

2.协调是激发员工工作热情的重要保证

组织的工作环境直接关系到员工的工作热情,人际关系良好的工作环境能够极大地激发员工的积极性。但是由于个人认知、感情的差异总会引起人与人之间的误解、矛盾和冲突,就需要管理者履行协调职能,通过沟通,化解矛盾、解决冲突、营造良好的人际关系氛围,以维持良好的工作环境。

3.协调是建立良好外部关系的重要途径

任何组织都存在于一定的外部环境中,与外部的单位、个人有着各种各样的关系,既有利益一致的一面,也有利益冲突的一面。因此,管理者在处理组织与外部环境的关系时,就需要协调各方利益,以增进理解,改善组织外部环境和外部形象。同时,组织面对的外部环境呈现日益复杂化、多元化的趋势,无论组织目标确定还是资源配置,都需要根据外部环境的变化及时调整管理活动,寻求建立组织活动与外部环境相协调的状态。

六、控制

控制作为管理者一项职能,在管理活动中是非常重要的。因为管理者可以制订计划,使组织成员明确自己的工作目标,可以创建组织结构帮助组织成员有序完成目标,也可以通过有效的领导过程激励组织成员,但是这并不是说这样就可以保证组织按照预定计划职能实现目标。而是还需要管理者实施控制职能,及时纠正工作中的偏差,纠正原有计划的不妥之处或者纠正偏离计划的工作活动,进而保证各项工作朝着目标指导的方向进行。

控制过程包含三个步骤:衡量实际绩效;对比实际绩效与标准;采取行动纠正偏差或者不合适的标准。

(一)衡量工作绩效

管理者实施控制的第一个步骤就是衡量实际工作绩效。衡量工作绩效必须以获得相关信息为前提。而相关信息需要管理者通过不同的方式进行搜集,主要通过个人观察、统计报告、口头汇报、书面汇报。

在明确管理者通过什么形式来衡量工作绩效之后,就需要清楚衡量的对象是什么,衡量对象比衡量方式更为关键。因为衡量什么很大程度上决定了员工的工作重点,以及采用何种控制标准。

(二)比较实际工作绩效与标准

这一过程是比较实际工作绩效与标准的差异,一般情况下所有工作都会出现某种偏差,因此确定一种可以接受的偏差范围极为重要。处于该范围之外的偏差不可忽视,必须引起管理者重视。在某些情况下,工作绩效与所确立的标准间的比较结果很容易获得,而有些时候比较并不明确,比如绩效低于预期,那么偏离的范围有多大,需要管理者采取补救行动?这就需要提前制定偏差范围,当绩效在范围之内就可以忽略,超过这一范围就需要采取补救行动。

(三)采取行动

管理者在这一过程中可以采取三种行动:什么也不做、纠正偏差、修改标准。什么也不做意味着实际工作绩效在偏差范围之内,不需要采取行动。而纠正实际绩效和修改标准则是比较复杂的行动。

纠正实际绩效有两种不同类型的纠正行为:一种是及时性的,主要针对当前的现象;一种是根本性的,主要针对查找导致这种现象的原因。实时纠正行为就是立即纠正问题以使绩效回到正确轨道上。彻底纠正行为就是首先查找产生偏差的原因,然后彻底解决偏差。它要求管理者搞清楚绩效偏差是如何产生的以及为什么会产生。但是许多管理者经常以没有时间为由拒绝调查问题产生的原因,并不愿采取彻底纠正行动,仅满足于不断的灭火式的及时纠正行动。卓有成效的管理者往往会花费一些时间认真分析偏差产生的原因,进而采取行动根本性地消除绩效产生的偏差。

修改标准是指绩效产生偏差是由某种不切实际的标准所致。在这种情况下,就需要对标准而不是绩效予以纠正。比如,实际绩效总是低于所定的标准,而且并不是个别现象。那么管理者就应该考虑降低标准,当实际绩效总是高于所制定的标准,那么就应该考虑提高标准。及时修改不切实际的标准,才能提高员工的工作积极性。

第二节　管理要义

一、管理的作用与职能

(一)管理的作用

1.管理可以维持企业组织的存在

由于企业组织是很多人和部门构成的,各部门和个人都有自身特殊的利益和目标,且个人的目标和组织整体目标并不天然地一致,有时甚至相反,因而难免发生诸如个人和部门利益之间、个人利益之间、部门利益与组织整体利益之间的冲突,目标冲突必然导致行为冲突;如果不进行有效地化解,冲突的结果将导致组织生存危机。管理就是将个人或部门利益与组织利益有机地结合起来,使个人和部门在实现组织目标的行动中同时实现自身的利益。简言之,建立一种环境,让员工能够靠坚强的团队合作精神团结在一起。

2.管理可以提高企业组织的效率

所谓企业组织的效率是指组织活动达到组织目标的有效性。一般说来,组织具有不同于其内部各组成部分的独立目标,其目标实现的程度取决于组织内部的协调程度。管理就是通过种种手段和途径使组织内部各部门、各个人的行为协调起来。以最低的成本、最快的速度实现组织目标。任何组织都有自己的目标,实现目标是要耗费一定的资源的。以最少的资源投入获得最大的产出,是每一个组织都必须遵循的原则。决定一个组织经济效益大小和资源效率高低的首要条件是资源的最优配置和最优利用,其手段就是管理。简言之,一是让员工们全心全意地发挥自己的能力,二是通过协同作用产生"1+1＞2"的功效。

(二)管理职能

企业管理职能又叫管理功能,是指企业领导者为了实行有效管理必须具备的基本功能。它是由企业的性质和任务决定的,根据管理的二重性原理,管理具备两个方面的基本职能。这就是合理组织生产力与不断维护和完善生产关系的职能。这两个方面的基本职能在管理实践中又表现为计划、组织、指挥、协调和控制五个方面的具体职能。

1.计划职能

企业的计划职能是企业管理最重要的基本职能。是指企业根据市场的需要和企业自身条件,通过调查研究和预测工作对企业的经营目标、方针所做出的决策,并制定出长期和短期的计划以及确定实现计划的措施、方法和把计划指标分解落实到各环节、各部门以至个人,形成一个完整的计划体系等方面的活动。

2.组织职能

组织职能是指企业为实现自己的经营目标和计划,把企业生产经营活动的各种要素、生产过程的各个环节和部门从劳动的分工与协作上,从时间与空间的联系上以及上下左右相互关系方面,合理地组织起来,力求实现最佳的结合。组织职能也是管理中基本的职能。为此,每个企业都要根据自身的生产技术特点,按照统一计划的要求,从管理的体制、机构的设置、各部门的分工协作以及各类人员的选择、配备、授权、职责等方面做出合理安排,这样才能把各方面工作有机地组织起来,并按照指挥者的意志协调地运转起来。

3.指挥职能

法约尔认为,指挥就是使其人员发挥作用。为了保证生产经营活动的正常进行和经营目标的实现,对各级各类人员进行统一领导与指挥是社会化大生产的客观要求。实现指挥的职能,必须建立以CEO为首的统一的强有力的高效率的=生产指挥和经营管理体系,使各方面的活动都服从于一个统一的意志和目标。权威的服从是顺利实施指挥职能的一个重要条件。指挥不仅仅是命令或发号施令,也包括教育和诱导。教育的功能是潜移默化的,也就是使员工树立自觉地维护领导权威的意识,以自觉的行动确保企业的执行力。[①]

4.协调职能

协调又叫调节,是指围绕一个目标,对企业内部各单位、各部门、各生产经营环节进行统一安排和调度,使它们能建立起良好的协作配合关系,消除或减少工作中的矛盾与脱节现象,以保证企业目标的实现。协调总是与平衡相联系的,包括企业各环节、各要素、各部门之间的平衡。协调并不否定矛盾和冲突的存在。恰恰相反,正因为矛盾和冲突的存在才需要协调。从另外一个角度来看,如果说指挥强调的是权威性,那么协调强调的则是民主性。协调又可以分为内部协调和外部协调、纵向协调和横向协调。搞好协调工作关键在于使全体职工对企业生产经营目标、方针、决策、计划和各项规章制度等都能清楚地了解,明白自己或自己工作在全局工作中所处的地位、自己的目标和计划与全局目标计划的关系。这样,协调工作就能得以顺利地进行。

5.控制职能

控制就是要实现预期管理,使之按已制定的规章和下达的命令进行,而不是事后管理。或者说控制是使管理对象按照原定的目标、计划和标准运行并对生产经营活动中的实际情况进行检查和对比,从中找出差异、分析原因、采取相应的措施予以纠正,使企业的生产经营活动处于有效的控制范围之内以保证计划目标的落实和完成。朱兰博士在其《管理突破》中说:"控制意味着保持原状,遵循标准,防止变化。"人们常说某某事情在控制之中,其含义就是某事在按照已有的标准运行,人们对其结果充满了预见性。

按照上述对控制的理解,管理的控制职能要求企业建立合理的规章制度,特别是建立明确的责任制和完备的定额和标准,并在此基础上进行系统的检查和严格的核算,还要建立全面、及时的信息反馈制度,才能达到对整个管理

---

①瞿培林.管理学理论发展及其研究方法综述[J].商业文化,2022(06):60-62.

过程的有效控制。

上述五个方面的职能是相互联系、相互制约的有机整体。作为企业的领导人,必须全面地发挥各个职能的作用,才能使企业的生产经营活动顺利地进行。

二、管理基础工作

(一)基础工作的重要性、特点和作用

1.企业管理基础工作的重要性

企业管理的基础工作,是社会化大生产的客观要求。随着生产力的发展,社会分工愈来愈细,企业生产专业化程度不断提高,现代企业之间的相互协作更加密切,对企业管理基础工作提出了愈来愈高的要求。

企业管理的基础工作,是实行经济核算的重要条件。为了对企业人、财、物消耗进行有效的控制,对各种消耗和资金占用进行核算分析,就要有计量工作、原始记录、统计工作、定额管理、岗位责任制等健全的基础工作。

企业管理的基础工作,是企业内部实行经济责任制的重要依据。企业内部推行经济责任制,要层层制订既先进又合理的任务和指标,而这些指标的制定、执行、考核和分配都以数据为依据。为了明确各单位的职责和范围、各个岗位的责任,就需要做好原始记录、台账统计、计量工作、各项标准和定额的制定工作,以及建立健全各项规章制度等基础工作。

企业管理的基础工作,是实行企业管理现代化的坚实基础。企业管理现代化,就是在企业管理中积极采用包括电子计算机在内的先进管理手段。为此要逐步做到管理工作的程序化、管理业务的标准化、报表文件的统一化及数据资料的完整化和代码化,为电子计算机的使用创造条件。

企业管理的基础工作,是民主管理的重要内容。通过职工群众民主管理,搞好班组的计量工作、原始记录、统计工作和定额管理工作。通过各种账、卡、表及时、准确、全面地填报,调动员工搞好生产经营的积极性。

2.企业管理基础工作的特点

①工作量大,涉及面广,是一项科学性较强的工作。②是日常性的工作,要一以贯之,需要依靠全体员工来做。因此是一项群众性的工作。③基础工作要为各项专业管理提供资料、条件和手段是搞好企业管理的一项先行性、前提性的工作。

3.企业管理基础工作的作用

①它是实现企业管理各种职能不可或缺的条件,并为企业各种管理职能提供信息、情报、资料、数据。②它可以显示出企业的生产经营情况,促使企业改善经营管理,提高经济效益。③它是建立正常生产秩序,有效地组织生产经营活动的重要手段。④它为企业贯彻按劳分配原则提供计算和考核的方法。

(二)企业管理基础工作的内容

1.标准化工作

标准化工作包括技术标准和管理标准的制定、执行和管理工作。

(1)技术标准化

技术标准:主要包括产品、零部件标准;原料、材料毛坯标准;工艺及工艺装备标准等。

技术标准等级:分为国际标准、国家标准、部标准和企业标准等级。

制订原则:先进、经济、安全、可靠、可行、宽严适度,繁简相宜,能促进产品质量的提高和技术进步。

标准的贯彻:标准一经颁发,就是技术法规,各级部门都必须严格贯彻执行,任何人不得擅自更改或降低标准。

(2)管理标准化

管理标准化,就是把企业重复出现的管理业务,按照客观条件要求,规定其标准的工作程序和方法,用制度把它固定下来。作为行动的准则,以明确有关职能机构、岗位和员工的职责、工作要求、岗位和员工间的相互关系。

管理标准化的制定,大体可分为四个步骤进行。

第一,绘制流程图,就是用图解法来表示管理业务的工作流程。此图表由以下几部分组成:一是总体图。是反映某项业务的总体关系管理流程图,它包括四项内容。①程序。是指一项业务工作从开始发生到最后结束的固定顺序。②岗位。是指程序中按分工和协作的原则设置的岗位及它们的相互关系。③信息。是指在岗位之间联系过程中所采用的图纸、说明书、计划文件等。④岗位责任制。是指表明各个岗位在整个程序中所处的地位及所承担的责任的制度。二是岗位工作图。它反映一个工作岗位的情况,也是一张指导工作岗位的工作图。三是信息传递图。它是反映信息传递路线的图。四是文字说明图。对管理业务应尽量采用图解法,但有些问题无法在图上表示清楚的可以用简要的文字说明,作为图表的附件。

第二,研究流程的合理性。流程图绘出以后,要发动有关部门的职工讨论,看它是否符合实际。对那些不合理的、有缺陷的地方要进行修改和补充。

第三,进行试验。流程图修改后要拿到实践中实验。检验它是否符合实际。经过反复实践证明、流程畅通,工作效率提高了就可以将其确定下来。

第四,正式编制"管理业务标准",由厂长颁布执行。

2.定额工作

定额是企业在一定技术条件下,在生产过程中对人力、物力、财力的占有、利用和消耗等方面应当遵守和达到的标准。

(1)定额的种类

劳动定额是人们规定的或劳动消耗的标准,它又分产量定额、时间定额(工时定额)、看管定额等。

物资定额是在一定的组织和技术条件下,制造单位产品或完成某一项工作所规定的材料消耗限额和标准。它包括:主要材料消耗定额、辅助材料消耗定额、工具工装消耗定额、燃料动力消耗定额等。

设备利用定额是指为了达到一定的技术经济效益而规定的设备利用程度的标准。

资金定额是保证企业进行正常生产经营活动所需各种资金的规定限额。

管理费用定额是企业和车间的管理费用的限额。

(2)制定定额的原则

制定定额要符合先进性、现实性和发展性的要求。先进性就是保证计划指标具有先进水平,较好的效益。现实性就是在现有条件下,经过努力,实际上可以达到的水平。发展性是能预见到生产条件的改善和科学技术进步而确定的定额。定额的水平应当先进合理。

(3)制定定额的方法

先进面的平均法。这种制定方法,就是先求总体的平均数,然后再将高于总体平均数的先进面相加,再求先进面的平均数,作为平均先进定额。

第一,"三面统筹法"。这种制定方法,就是适当地选择先进面、平均面、落后面的比例来进行计算。先假定先进面占30%、平均面占50%、落后面占20%(各种比例不能太悬殊),其计算公式是:

平均先进定额=先进面的平均定额×0.3+总体平均面的定额×0.5+落后面的平均定额×0.2

这种平均先进定额,能够从实际出发,照顾后进,方法简单,容易计算,但留的余地比较大。此法适用于工作量定额、工时消耗定额、材料消耗定额、产品质量定额。

第二,比例法,又叫"三点估计法"。这种方法是把最先进的水平、最可靠的水平、最保守的水平按1:4:1的比例进行加权平均计算,其计算公式是:

$$平均先进定额=(最先进水平+最可靠水平×4+最保守水平)÷6$$

此法适于制订增长情况的定额,如产量、质量等、不适于降低性的定额,如消耗定额等。

第三,系数法。这种制定方法是在平均定额的基础上,根据企业年度计划的指标,确定一个相应的增减系数来进行计算。如某工厂废品率降低20%,合格品率就相应地提高20%;或材料利用率提高1%,损耗率就减少1%。其计算公式是:

$$平均先进定额=实际平均定额×(1±增减系数)$$

这种平均先进定额容易和企业奋斗目标取得一致。

第四,跃进法。这种方法是以平均定额为基础加上先进面上的平均数,然后取其平均数。其计算公式是:

$$平均先进定额=(平均定额+先进面上的平均定额)÷2$$

这种平均先进定额,先进程度较高,在一定时期内。落后定额必须赶上平均定额。平均定额必须向前跨一步,先进定额也要前进。

(4)定额的管理

定额制定颁发以后,必须认真贯彻执行。在正式执行前,还要有一个试行阶段。通过试行,检验定额水平是否适合。在正式执行中。要把有关的原始记录和统计工作建立健全起来,要把定额的有关因素当作指标一样,逐一分解,纳入工作计划或工作标准,加以检查落实。定额执行情况,必须加强检查分析工作,发现问题。采取措施。并为今后修订定额提供依据。

定额在执行一段时间后,由于生产的发展,新技术、新工艺的采用,使定额有关因素不断变化,定额落后于实际,不能指导生产,在这种情况下,就要及时修订,使定额经常保持平均先进水平。

在定额管理中必须明确定额的主管单位、分管单位、综合部门和有关的执行单位。

3.计量工作

计量是指用一种标准的单位量去测定另一同类的量值。计量工作,包括测试、检验,对各种理化性能的测定和分析等工作。

原始记录反映出来的数与量,都是通过计量等手段产生出来的。如果没有健全的计量工作,就不会有真实可靠的原始记录,就不可能提供正确的核算资料,也就无法分清企业与企业,企业内部各部门以至个人之间的经济责任。在生产过程中,没有计量器具或计量不准确,都会给生产带来直接损失,甚至酿成事故。

因此,企业必须在原材料、燃料等物资进厂,经过生产过程,直到出厂,在供、产、销各个环节上都要进行计量。同时,要保证计量器具的准确性,健全计量工作,提高计量工作的水平。

4.信息工作

信息一般是指原始记录、资料、报表、密码等。企业进行生产经营活动必须依靠准确的信息;企业进行经营决策和计划的前提和基础,是建立在信息基础之上的调查与预测;而且从现代经济的理论和实践来看,信息是十分重要的资源与生产要素。科学的信息系统由原始记录、统计分析、经济技术情报、科技档案等构成。

(1)原始记录和统计工作

原始记录是记载企业生产技术经济活动情况的最初的直接记录,也叫原始凭证。例如企业的领料单、考勤表、入库单等。它是建立各种台账和进行统计分析的依据,是实行全面经济核算的重要条件,是贯彻按劳分配原则的可靠依据,也是车间、班组进行日常生产管理的工具。

统计工作包括资料收集、整理、分析等几个阶段。统计工作不是简单记录企业的生产技术经济活动情况。它从原始记录取得资料以后,要进行分类汇总和综合分析,从中发现企业生产技术经济活动的规律性的东西和事物之间的内在联系,以指导企业生产经营活动的正常进行。统计工作是管理现代化、社会化大生产必不可少的手段。原始记录和统计工作,要做到准确、及时、全面。

(2)科技经济情报工作

情报一般是指为了一定目的而搜集的、比较有系统的、经过分析和加工的资料。企业所需的情报分为科技情报和经济情报两类。科技情报主要来自外部有关科学技术进步的资料和动态,供企业经营决策使用。它对开阔人们的视野,活跃人们的思想,提供丰富的资料以推动科学技术和经济的发展,具有重要的意义。经济情报是指那些能够反映企业内部情况变化的各种经济活动的情报,包括直接地或经过适当整理,分析和估计的情报。其中比较重要的是有关用户要求、商品流转和消费情况的情报。这对于市场预测和安排生产起着关键的作用。

情报资料在搜集的基础上应进行加工整理,对文献进行登录、分类、制卡、编目、保管、编制索引、快报和简介,提供咨询和检查手段,为使用资料创造条件。

(3)科技档案工作

科技档案工作是指企业在生产技术和科学研究活动中,以及工程建设中形成并作为历史记录保存起来,以备查考的文件资料。包括技术图纸、照片、影片、报表、文字材料等。它能为企业从事生产经营活动提供依据和参考。科技档案管理的基本内容有:档案的收集、整理、鉴定、保管、统计和提供利用等六项工作。

5.建立以责任制为核心的规章制度

企业的规章制度是用文字的形式,对各项劳动操作和管理工作所做的规定,是企业进行生产经营的保证,是科学管理的一项重要基础工作,也是社会主义法治与民主、自由与纪律、民主与集中、局部与整体等关系在企业中的具体表现。它是企业全体职工共同遵守的行动规范和准则。规章制度的内容主要有三种。

(1)基本制度

是指企业带根本性的制度。其中最重要的是企业领导制度,如厂长(经理)负责制、党委领导下的职工代表大会制度等。

(2)工作制度

是指企业中有关计划、生产、技术、劳动、物资、销售、人事、财务等管理工作制度,规定各项工作的内容、程序和方法。

(3)责任制度

是指规定企业每个成员在自己的岗位应该承担的任务和责任,以及相应的权力。

以上三种规章制度,责任制度是核心。

6.教育工作

提高职工素质,是提高企业素质的关键问题。职工素质包括政治、文化、技术、思想、体力素质等等。企业应本着"学以致用"的原则，有计划、有步骤地进行培养和训练，建设一支符合市场经济要求的职工队伍。

在职工培训中，培训对象包括工人、工程技术人员、经营管理人员和领导干部。必须把各级各类人员的培训工作纳入计划，既要有数量指标，更要有质量要求。包括基础文化培训、技能培训、业务训练、职务训练、水平训练等。其任务是：①提高劳动者的文化科学知识素质，以适应社会化大生产、市场经济和知识经济的要求；②提高工程技术人员的现代化科学技术知识水平，帮助他们进行知识更新，以适应新技术革命和不断创新的要求；③提高管理人员的经营管理水平，进行管理知识的学习，使他们尽快地成为懂管理、会经营的企业家。有时，人们还常常把班组建设也列入企业管理的基础工作。我们认为这是十分正确和必要的。

三、管理理论沿革

（一）古典管理理论

1.泰罗的科学管理理论

弗雷德里克·温斯洛·泰罗是西方古典经济管理理论的主要代表，科学管理理论的创始人。由于他在科学管理方面所做出的特殊贡献，他被称为"科学管理之父"。泰罗的科学管理理论的主要思想包括如下要点。

第一，科学管理的核心问题是提高劳动生产率。泰罗认为，最高的工作效率是工厂主和工人共同达到繁荣的基础。它能使较高的工资和较低的劳动成本结合起来，从而使工厂主得到最大的利润，工人得到最高的工资，进一步提高他们对扩大再生产的兴趣，促进生产的继续发展和工厂主、工人的共同富裕。因此，提高劳动生产率，是泰罗创建"科学管理"理论的基本出发点，是确定各种科学管理原理方法的基础。

第二，实现最高工作效率的手段，是用科学的管理代替传统的管理。泰罗认为，管理是一门科学，必须采用科学的方法。在管理实践中，建立各种明确的规定、条例、标准，使管理科学化、制度化，是提高工作效能、达到最高效率的关键。因此，要努力建立起科学管理体系。

第三，科学管理要求管理人员和工人双方实行重大的精神变革。在钢铁公司当工长时，泰罗发现工人和管理部门之间的争斗相当激烈，他决心改变这种对立状况。泰罗认为，科学管理是一种概念性的哲学，其精华不在于具体的制度和方法,而在于重大的精神变革。并强调指出,科学管理是一种重大的精神变革。他要求工人方面进行彻底的精神变革,改变对工作、对同伙、对雇主的责任观念;同时,也要求管理人员、领工、监工、企业所有者、董事会也进行完全的精神变革,改变对同事、对工人以及对一切日常问题的态度,增强责任观念。通过这种重大的精神变革,可使管理人员和工人双方都把注意力从盈利的分配转到增加盈利上来。

根据上述这些基本思想,泰罗提出了以下管理原则。

第一,制订科学的作业方法。具体做法是:首先,从执行同一种工作的工人中,挑选出身体最强壮、技术最熟练的一个人,把他的工作过程分解为许多个动作,用秒表测量并记录完成每一个动作所消耗的时间,然后,除去动作中多余的和不合理的部分,把最经济的效率最高的动作集中起来,确定标准的作业方法。其次,实行作业所需的各种工具和作业环境的标准化。例如,经过钢铁试验,确定以每铲重量为21磅效果最好。过重或过轻都不利于提高工作效率。再次,根据标准的操作方法和每个动作的标准时间,确定工人一天必须完成的标准的工作量。

第二,科学地选择和培训工人。泰罗曾经对经过科学选择的工人用上述的科学作业方法进行训练,使他们按照作业标准进行工作,以改变过去凭个人经验进行作业的方法,取得了显著的效果。例如,在搬运生铁的试验中,使经过选择和培训的个人每日的搬运量从12.5英吨提高到47.5英吨;在钢铁试验中,使每人每天的平均搬运量从16英吨提高到50英吨,劳动生产率成倍增长。

第三,实行有差别的计件工资制。泰罗在1895年发表《计件工资制》。主要内容有三点:①由管理当局通过工时研究和分析,制定出一个定额或标准;②按照作业标准和时间定额,规定不同的工资率;对完成或超额完成工作定额的个人,以较高的工资率计件支付工资,一般为正常工资时的125%;对完不成工资定额的个人,则以较低的工资率支付工资,一般仅为正常工资率的80%;③工资支付的对象是工人而不是职位,也就是根据实际工作表现,而不是按工作类别来支付工资。

第四,将计划职能与执行职能分开。为了提高劳动生产率,泰罗主张把计划职能与执行职能分开。泰罗的计划职能实际上就是管理职能,执行职能则是工人的劳动职能。必须把计划职能从人的工作中分离出来,由专业的计划部门去做,专门进行标准化的研究,制订标准,下达任务;工人则从事执行职能,即按照计划部门制订的操作方法和指令,使用标准化的工具,从事作业生产。

第五,实行职能工长制。即将整个管理工作划分为许多较小的管理职能,使所有的管理人员(如工长)尽量分担较少的管理职能;如有可能,一个工长只承担一项管理职能。这种思想为以后的职能部门的建立和管理专业化提供了基础。

第六,在管理上实行例外原则。泰罗指出,规模较大的企业不能只依据职能原则来进行管理,还需要运用例外原则,即企业的高级管理人员把处理一般事务的权限下放给下级管理人员,自己只保留对例外事项的决策权和监督权。如企业基本政策的制定和重要人事的任免等。

2.法约尔的一般管理理论

亨利·法约尔是西方古典管理理论在法国的杰出代表。他所提出的一般管理理论对西方管理理论的发展有重大的影响,成为后来管理过程学派的理论基础。1916年出版了他的代表作《工业管理和一般管理》一书,其中对一般管理理论最早进行全面论述。法约尔由此被誉为"经营管理理论之父",与"科学管理之父"泰罗齐名。

法约尔在泰罗理论的基础上,大大充实和明确了管理的概念。他认为,企业的经营有六项不同的职能,管理只是其中的一项。这六项职能是:①技术职能,指从事生产、制造、加工;②商业职能,指购买、销售、交换;③财务职能,指资金的筹集和运用;④安全职能,指维护设备与保护职工安全;⑤会计职能,包括存货盘点、资产负债表的制作,出纳核算,统计等;⑥管理职能,包括计划、组织、指挥、协调和控制五种职能活动。在企业的经营活动中,法约尔认为管理处于核心地位。

法约尔关于管理的一般性,可以理解为:尽管企业形态各异,业务千差万别,但从管理的角度来讲,管理活动具有相似性与相近性,亦即"异质同构,体用一源"。

法约尔十分重视管理原则的系统化。他曾提出著名的十四项管理原则。

(1)分工

法约尔认为劳动专业化是各种机构,团体组织进步和发展的正常的方法。借助于分工,可以减少每个人的工作目标,提高工作效率。

（2）权力与责任

权力是发布命令和强迫别人服从的力量。责任和权力是互为因果的,责任是权力的必然结果和重要的对等物。行使权力就必然产生责任,委以责任而不授以相应的权力就是组织的缺陷。

（3）纪律

纪律是以企业同雇员之间的协定为依据的服从、勤勉、积极、规矩和尊重的表示。纪律对于企业是绝对必要的,没有纪律企业就难以发展。同时,纪律松弛必然是领导不善的结果,严明的纪律产生于良好的领导,管理当局同工人之间的关于规则的明确协议和赏罚的审慎应用。

（4）统一指挥

即一个下属只应接受一个领导者的命令。双重指挥经常是混乱和冲突的根源,就如同钟表定律所揭示的道理,一个人在有多块手表时无法确定时间。

（5）统一领导

即对于同一目标的集体活动,只能在一个领导和一项计划下进行。

（6）个人利益服从整体利益

在一个企业里,一个人或一个部门的利益不能置于整个企业利益之上。它有赖于领导者的坚定性和良好榜样以及签订公平的协定和经常的监督。

（7）人员报酬

报酬与支付方式要公平合理,使职工和公司双方都满意。

（8）集中

企业的集权与分权的程度不是千篇一律、固定不变的。它要根据企业的规模、条件和经理个人的个性、道德、品质,以及从属人员的可靠性等因素来确定。

（9）等级链

等级链是指从企业最高领导到最基层的各级领导人所组成的链条系列。这个链条就是权力执行的路线和信息传递的渠道。一般情况下,不要轻易违反这个链条。但在特殊情况下应该适当变动(即"跳板"形式,又称"法约尔桥")。

（10）秩序

法约尔的秩序是指人与物各得其所。要做到有秩序。必须做到职位要适合于职工,职工要适合于职位。每个职工都必须处在他能做出最大贡献的岗位上。

（11）公平

公平即亲切、友好和公正。为了鼓励雇员能全心全意地和无限忠诚地执行职责，企业领导应以公平的态度对待已经建立的规则，对待职工。企业领导应该对各级领导灌输公平意识。

（12）人员的稳定

如果人员不断变动，工作将得不到良好的效果。一般来说，成功企业的管理人员是稳定的。

（13）首创精神

法约尔认为，这是事业壮大的巨大源泉，必须大力提倡，充分鼓励首创精神。

（14）集体精神

即努力在企业内部建立起和谐与团结的气氛。集体团结是企业的重要保证。

法约尔认为，上述14条原则只是显示管理理论的一些"灯塔"，并不是固定不变的。"原则是灵活的，是可以适应于一切重要的，问题在于懂得使用它，这是一门很难掌握的艺术，它要求智慧、经验、判断和对尺寸的注意"。

3.韦伯的行政组织理论

马克斯·韦伯是德国社会学家、经济学家和德国古典管理理论的代表人物。韦伯对管理理论的贡献主要是提出了理想的行政管理体系，这一理论主要反映在他的代表作《社会组织与经济组织理论》一书中。由于韦伯是最早提出一套比较完整的行政组织体系理论的人，因此，被称为"组织理论之父"。所谓理想的行政组织体系理论，是指通过职务或职位而不是通过个人或世袭地位来管理，他所讲的"理想的"并不是指最合乎需要的，而是指现代社会最有效和合理的组织形式。

韦伯指出，任何组织都必须有某种形式的权力作为基础，才能实现目标。只有权力，才能变混乱为秩序。韦伯认为存在三种纯粹形态的权力：理性合法的权力、传统的权力、超凡的权力。在这三种纯粹形态的权力中，传统权力是世袭得来而不是按能力挑选的，其管理单纯是为了保存过去的传统，传统权力的效率较差。超凡的权力则过于带感情色彩，并且是非理性的，不是依据规章制度而是依据神秘或神圣的启示。只有理性的合法的权力才宜于作为理想组织体系的基础,才是最符合理性原则,高效率的一种组织结构形式。韦伯的理想行政组织体系具有以下特点。①明确的分工。即组织内每个职位的权力和责任都应有明确的规定。②自上而下的等级系统。组织内的各个职位按等级原则进行法定安排,形成自上而下的等级系统。③人员的任用。组织中人员的任用,根据职务上的要求,通过正式教育训练来实现。④职业管理人员。管理人员有固定的薪金和明文规定的升迁制度,是一种职业管理人员。⑤遵守规则和纪律。管理人员必须严格遵守组织中规定的规则和纪律。组织要明确规定每个成员的职权范围和协作形式。避免感情用事,滥用职权,以便正确行使职权,减少摩擦和冲突。⑥组织中人与人之间的关系。组织中人与人之间的关系完全以理性准则为指导,不受个人情感的影响。这种公正的关系不仅适用于组织内部,而且也适用于组织同外界的关系。

韦伯认为,理性的行政组织体系最符合理性原则,是达到目标,提高劳动生产率的最有效的形式。在精确性、稳定性、纪律性和可靠性等方面都优于其他组织。韦伯对完善古典管理理论做出了重要的贡献。

(二)行为科学理论

古典管理理论虽然得到广泛的流传和应用,但这种理论沿袭亚当·斯密的思想,只将人当成"经济人"。主张用严格的科学方法和规章制度进行管理:较多地强调科学性、精密性、纪律性,面对人的因素注意较少,把工人当成机器的附属品,不是人在使用机器,而是机器在使用人,这就容易引起员工的强烈不满。

20世纪20年代前后,一方面,工人日益觉醒,工会组织日益发展,工人组织起来对雇主进行反抗和斗争;另一方面,经济的发展和周期性危机的加剧,以及科学技术的发展和应用,单纯用古典管理理论和方法已经不能有效激励工人来达到提高劳动生产率和增长利润的目的。一些管理学家也注意到社会化大生产的发展需要与之相适应的新的管理理论。于是,他们开始从生理学、心理学、社会学等方面出发研究企业中有关人的一些问题,如人的需要、动机、情绪、行为与工作的关系等。他们还研究如何按照人的心理发展规律去激发其积极性和创造性,于是行为科学便应运而生。行为科学将管理学的人性研究由"经济人"转向"社会人",这是继古典管理理论之后管理学发展的一个重要阶段。行为科学作为一种管理理论,开始于20世纪20年代末30年代初的霍桑实验,而真正获得发展却是在20世纪50年代。

1.梅奥及霍桑实验

乔治·埃尔顿·梅奥,美国著名管理学家,行为管理学派的创始人和最主要的代表。20世纪20—30年代间,美国国家研究委员会和美国西方电气公司合作进行了有关工作条件、社会因素与生产效率之间关系的试验。由于该项研究是在西方电气公司的霍桑工厂进行的,因此,后人称之为霍桑试验。霍桑试验分为四个阶段。

第一,工厂照明试验。此项试验主要是证明工作环境与生产率之间有无直接的关系。研究人员将接受试验的工人分为两组:一组采用固定照明,称为控制组;另一组采用变化的照明,称为试验组。研究人员原以为试验组的产量会由于照明的变化而发生变化。但结果是,两组的产量都大为增加,而且增加数量几乎相等。由此得出结论,照明度与生产无直接关系,工厂照明灯光只是影响员工产量的因素之一,两组产量都得到提高的原因,是因为被测试人员对测试发生了兴趣。

第二,继电器装配试验。试验的目的是企图发现各种工作条件变动对生产率的影响。研究人员将装配继电器的6名女工从原来的集体中分离出来,成立单独小组,同时改变原来的工资支付办法,以小组为单位计酬,撤销工头监督,工作中休息时免费供应咖啡,缩短工作时间,实行每周5日工作制,等等。结果发现工人产量增加了。接着,又逐渐取消这些待遇,恢复原来的工作条件,但生产率并没有因此而下降,反而仍在上升。据此梅奥推测,由于督导方法的改变,使员工的态度改善,产量提高。

第三,谈话研究。在上述试验的基础上,梅奥用两年多的时间对公司2万多名员工进行了调查。被访问者可以就自己感兴趣的问题自由发表意见。研究者由此得出结论:任何一位员工的工作成绩都要受到周围环境的影响。即不仅仅取决于个人自身,还取决于群体成员。

第四,观察试验。为搞清楚社会因素对激发工人积极性的影响。研究人员选择了14名工人组成的生产小组进行观察试验。这个小组是根据集体产量计算工资,根据组内人员的情况,完全有可能超过他们原来的实际产量,可是,进行了5个月的统计,小组产量仍维持在一定水平上。经过观察,发现组内存在着一种默契:往往不到下班,大家已经停手;当有人超过日产量时,别人就会暗示他停止工作或放慢工作进度;不应向上司告密同事中发生的事情等。梅奥等人由此得出结论:实际生产中,存在着一种"非正式组织"并决定着每个人的工作效率。

梅奥等人通过上述试验得出的结论是：人们的生产效率不仅受到物理、生理因素的影响，而且还受到社会环境、社会心理因素的影响。这对于"科学管理"只重视物质条件，忽视社会环境、心理因素对工人生产效率影响的观点，是一个很大的进步。

2.人际关系学说

在霍桑试验的基础上，梅奥创立了人际关系学说，提出了与古典管理理论不同的新观点、新思想。人际关系学说的主要内容是以下几点。

第一，职工是"社会人"。从亚当·斯密到古典管理学派都把人看作是仅仅追求最大经济利益而进行活动的"经济人"，梅奥等人则提出了与"经济人"不同的"社会人"的观点，强调金钱并非刺激职工积极性的唯一动力，人与人之间的友情、安全感、归属感等等社会的和心理的欲望的满足，也是非常重要的因素。

第二，满足工人的社会欲望，提高工人的士气。传统的科学管理理论认为，生产效率与作业方法、工作条件之间存在着单纯的因果关系。只要正确地确定工作任务。采取恰当的刺激方法，改善工作条件，就可以提高生产效率。可是，霍桑试验表明，这两者之间并没有必然的直接的联系。生产效率的提高，关键在于工人工作态度，即工作士气的提高。而士气的高低则主要取决于职工的满足度，这种满足度，首先必须有好的人际关系，如职工在工作中的社会地位，是否被上司、同事和社会所承认等；其次才是金钱的刺激。职工的满足度越高。士气也越高，生产效率也就越高。

第三，企业存在着"非正式组织"。企业的经营结构是由"技术组织"和"人的组织"所构成的。"人的组织"又可分为"正式组织"和"非正式组织"两种。所谓"正式组织"就是指为了实现企业总目标而担当有明确职能的机构。梅奥认为，在共同的工作过程中，人们必然发生相互之间的联系，产生共同的感情，自然形成一种行为准则或惯例，要求个人服从，这就构成了"非正式组织"。"非正式组织"与"正式组织"有重大的区别，在"正式组织"中以效率的逻辑为重要标准，而在"非正式组织"中则以感情的逻辑为重要标准。"非正式组织"与"正式组织"相互依存，对生产效率的提高有很大的影响。

人际关系学说的出现，开辟了管理理论研究的新领域，也为以后行为科学的发展奠定了基础。

3.行为科学理论

（1）个体行为理论

主要包括以下两大方面的内容。

第一,有关人的需要、动机和激励理论。可分成三类:①内容型激励理论,包括需要层次论、双因素理论、成就激励理论等;②过程型激励理论,包括期望理论、公平理论等;③行为改造型激励理论,包括强化理论、归因理论等。

第二,有关企业中的人性理论。主要包括:美国社会心理学家道格拉斯·麦格雷戈提出的"X理论、Y理论"围绕"人的本性"来论述人类行为规律及其对管理的影响。美国的行为科学家克里斯·阿吉里斯把马斯洛的思想加以发展,提出了一项人类行为的"不成熟—成熟理论"。他认为,在人的个性发展方面,如同婴儿成长为成人一样,也有一个从不成熟到成熟的连续发展过程,最后发展成为健康的个性。

（2）团体行为理论

团体是由两人或两人以上组成,并通过人们彼此之间相互影响,相互作用而形成的。团体可分为正式团体和非正式团体:也可划分为松散团体、合作团体和集体等等。团体行为理论主要是研究团体发展动向的各种因素以及这些因素的相互作用和相互依存的关系。比如,团体的目标、团体的结构、团体的规模、团体的规范以及信息沟通和团体意见冲突理论等。

（3）组织行为理论

主要包括有关领导理论和组织变革、组织发展理论。有关领导理论又包括三类,即有关领导性格理论、领导行为理论和领导权变理论等。

（三）现代管理理论

1945年以后,随着现代科学技术日新月异的发展,生产社会化程度的日益提高,引起了人们对管理理论的普遍重视,管理思想得到了丰富和发展,出现了许多新的管理理论和管理学说,并形成众多的学派。这些理论和学派,在历史渊源和内容上相互影响和联系,形成了盘根错节、争相竞荣的局面,被称为"管理理论的丛林"。

1.管理过程学派

管理过程学派的创始人是亨利·法约尔,古典组织理论学派学家厄威克·古利克等都属于这一学派的前期代表人物。美国的主要代表人物是孔茨、奥唐奈。该学派的主要特点是把管理学说与管理人员的职能联系起来。他们认为,无论是什么性质的组织,管理人员的职能是共同的。孔茨和奥唐奈合著的《管理学》是这一学派的代表作。他们认为,管理人员的职能有计划、组织、人事、指挥、控制五种并按此来分析研究阐明管理理论。

2.经验学派

经验学派的代表人物是德鲁克和戴尔。德鲁克的代表著作是《管理的实践》和《管理:任务、责任、实践》。戴尔的主要著作是《伟大的组织者》《管理:理论与实践》。该学派主张通过分析经验(即案例)来研究管理学问题。通过分析、比较、研究各种各样的成功的和失败的管理经验,就可以抽象出某些一般性的管理结论或管理原理,以有助于从事实际工作的管理人员来学习和理解管理学理论,使他们更有效地从事管理工作。

3.系统管理学派

系统管理学派产生于20世纪60年代初,它是在一般系统理论的基础上发展起来的。一般系统理论为理解和综合各种专门领域的知识提供了基础。该学派的主要代表人物是卡斯特和洛森茨威克两人的代表作是合著的《组织与管理:系统与权变的方法》。

系统管理学派认为,组织是由一个相互联系的若干要素组成,为环境所影响的并反过来影响环境的开放的社会技术系统。它是由目标价值、结构、技术、社会心理、管理等五个分系统组成。以往的各个学派都是孤立地对组织的各分系统进行研究,缺乏整体研究。例如,管理过程学派强调结构系统和管理系统;行为科学学派强调社会心理系统;管理科学学派强调技术系统等。系统管理学派突破了以往各个学派仅从局部出发研究管理的局限性,从组织的整体出发阐明管理的本质,对管理学的发展做出了贡献。

4.决策理论学派

决策理论学派的主要代表人物是曾获诺贝尔经济学奖的赫伯特·西蒙,他的代表作是《管理决策新科学》。决策理论学派认为,管理就是决策。管理活动的全部过程都是决策的过程,管理是以决策为特征的;决策是管理人员的主要任务,管理人员应该集中研究决策问题。西蒙将决策分为程序性决策和非程序性决策,他的研究重点放在非程序性决策方面,提倡用电子计算机模拟人类思考和解决决策问题。

目前,决策理论学派的视野已大大超过关于评价比较方案过程的范围。他们把评价方案仅仅当成考察整个企业活动领域的出发点。在这个活动领域内有组织结构的性质与设计、个人和群体的心理和社会反应对于决策的影响、决策所需基本信息的运用和价值,电子计算机和人工技能的运用以及计划、预测技术等。

5.管理科学学派

管理科学学派主张运用数学符号和公式进行计划决策和解决管理中的问题,求出最佳方案,实现企业目标;信息情报系统是由计算机控制向管理者提供信息情报的系统。

6.权变理论学派

权变理论学派认为,由于组织内部各个部分之间的相互作用和外界环境的影响,组织的管理并没有绝对的方法,也不存在普遍适用的理论。任何理论和方法都不见得绝对有效。采用哪一种理论和方法,要视组织的实际情况和所处的环境而定。

权变理论学派试图通过"权宜应变"融各学派学说为一体。权变理论学派并不排斥哪一个学派。而是认为每个学派的理论和方法都是可取的,管理过程学派、行为科学学派、管理科学学派、系统管理学派的理论和方法都是权变关系中的管理变量,对权变管理都能做出贡献。

四、企业管理理论和实践的新发展

(一)企业经营管理思想的变化

经营管理思想(或者说经营管理理念)是企业的灵魂,它贯穿企业经营管理的全过程,企业的一切生产经营活动都受它支配。它的正确与否,对企业的生存和发展起着决定性的作用。近些年来,国外企业经营管理思想在发生深刻的变化,主要表现主要是以下几点。

1.对人的管理更加重视,提出了"人本管理"的新思想

重视人在生产经营中的作用并不是今天才提出来的。实质上,"以人为本"和"以民为本"分别最早在《管子·霸言》和《晏子春秋》中已提出,属于政治文化的"治国平天下"之策。眼光远大的企业家、专家、学者历来都强调人的重要作用。不过,如果我们仔细加以分析,在不同的时代,企业家、专家、学者对人在生产经营活动中的地位、作用等的认识是有很大差别的。在传统的管理思想中,是把人作为和土地、资本一样的重要的生产要素看待的,认为它们都能创造价值。在泰罗的"科学管理"理论中,也只是把人当作"经济人"对待,

因此,片面强调金钱的刺激作用,运用严厉的控制手段来管理工人,以达到高生产率。随着科学技术的发展,人类文明程度的提高,民主化的普及,企业家、专家、学者对人在生产经营活动中的地位和作用也有了新的认识,他们把企业职工不再仅仅看成是一种生产要素或"经济人",而是看成"社会人"和"文化人",把他们看成企业的主体。于是就提出了"人本管理"的新思想。

"人本管理"是与"以物为中心"的管理相对应的概念,它要求理解人、尊重人、充分发挥人的主动性和积极性。有的学者将人本管理概括为"3P"管理,即企业是由人组成的(of the people);企业要依靠人进行管理(by the people);办企业是为了满足人的需要(for the people)。也有学者将"人本管理"分为五个层次:情感管理、民主管理、自主管理、人才管理和文化管理。尽管人们对"人本管理"的认识还有一些分歧,但是多数人都认为,"人本管理"包括这样一些主要内容:运用行为科学,重新塑造人际关系;增加人力资本,提高劳动力质量;改善劳动管理,充分利用劳动力资源;推行民主管理,提高劳动者的参与意识;建设企业文化,培育企业精神等。

2.对生产经营系统和管理组织结构更加强调革命性的变革

长期以来,人们对生产经营系统、管理组织结构的变革都持一种比较慎重的态度,主张用改良、完善的办法来改善和加强企业管理,对管理组织结构也是要求保持稳定性和灵活性的统一,避免出现大的震动,造成工作秩序的混乱;后来,有的专家对传统的思想提出了挑战,提出了"企业再造"的理论。主张对生产的工艺流程、管理组织系统进行重组、再造。

"企业再造"是1993年由美国麻省理工学院的电脑教授迈克尔·哈默提出来的,他对再造工程下的定义是:"将组织的作业流程,做根本的重新思考与彻底翻新,以便在成本、品质,服务与速度上获得戏剧化的改善。"其中新思想是美国企业必须采取激烈的手段,彻底改变工作方法。因此,他强调企业流程要"一切重新开始",摆脱以往陈旧的流程框架。迈克尔·哈默认为,企业再造工程必须组成团队来进行,要使信息在各个部门得到充分运用。再造工程一旦推行,就会带来以下一些根本性的变化。①工作单位划分的基础,从职能变成以流程为基础。②工作内容从单一变成丰富。③人员的角色,从被控制转变为有决策权。④获得工作能力的方法,从没有系统的训练,变成有全盘计划的教育。⑤绩效考核与奖励方面,从观察单一活动,转变为观察其整体活动的结果。⑥决定晋升的因素,由以绩效为主转变为兼顾绩效与技能。⑦在价值观方面,将为主管工作变成为顾客而工作。⑧生产线上的管理人员由监督者变为教练。⑨组织结构由层级式变为扁平式。⑩高层主管由事后评分变为对员工主动引导。

3.对管理的整体性、系统性更加重视,提出了建立学习型组织,进行五项修炼的新理论

最早将学习型组织理论系统化、学说化,并赋予其强烈实践精神的是美国管理学家彼得·圣吉博士。1990 年,他在自己的代表作《第五项修炼——学习型组织的艺术与实践》中,首次对学习型组织理论进行了全面而深入的阐述;1994 年,彼得·圣吉等美国一些管理学家又共同出版了《第五项修炼·实践篇——创建学习型组织的战略和方法》。《第五项修炼》出台的背景如下。①工业革命后,强调大量生产,追求经济规模,降低成本,以提高企业的竞争力,因此在出现大量的中小企业的同时,一部分企业的规模越来越大。但是大企业也有对市场和外界变化反应慢等缺点,如何解决这两者之间的矛盾,是一大挑战,许多很知名的企业由于不能很好地解决这一问题而由盛变衰,甚至倒闭。②科技的发展越来越复杂。以前的企业领导人,一般自己都是这一行业专家中的佼佼者,在管理上也很内行。未来的企业领导人,要想自己一个人扮演这两个角色就不那么容易了,这就是目前许多大企业面临的挑战之一。③在现代社会,马斯洛所说的需求的低层次:温饱、安全等问题已经基本解决,个人强调的是自我实现、成就感,单靠提高工资、晋升职务已经很难满足新一代年轻人的需要,必须有新的办法。

要进行这五项修炼,必须建立学习型组织。所谓学习型组织是指更适合人性的组织模式。这种组织由一些学习团队形成社群,它有崇高而正确的核心价值、信心和使命,具有强韧的生命力与实现共同目标的动力,不断创新,持续蜕变。在这种学习型组织中,人们胸怀大志,心手相连,相互反省求真,脚踏实地,勇于挑战极限及过去的成功模式,不为眼前近利所诱惑,同时以令成员振奋的远大共同愿望,以及与整体动态搭配的政策与行动。充分发挥生命的潜能,创造超乎寻常的成果,从而在真正的学习中体悟工作的真义,追求心灵的满足与自我实现,并与周围的世界产生一体感。彼得·圣吉认为,判断一个组织是否是学习型的组织,有以下四条基本标准:①人们能不能不断检验自己的经验;②人们有没有生产知识;③大家能否分享组织中的知识;④组织中的学习是否和组织的目标息息相关。

4.对无形资产的管理更加重视

保护知识产权成了企业管理的主要内容之一。长期以来,企业管理的重点是在企业内部,因此,减少费用、降低成本、增加产量,一直是管理者关注的主要问题。产品丰富后,竞争日趋激烈,企业生产出的产品是否能卖得出去成了企业经营管理的主要问题,由此营销地位突出了。但是,这种变化仍然是将有形资产作为管理对象,所以,对原材料采购、贮存、使用的管理,在制品的管理、生产成品的管理、产品销售的管理以及对机器设备的管理等一直是企业管理的一些主要内容。但是,随着科学技术的发展,产品中的技术含量逐渐增加,知识的地位和作用突出了。在一些发达国家,技术对经济增长的贡献率达到50%以上,近些年还出现了知识经济的提法。技术知识既可以转化为有形资产,也可以是无形资产,如专利权、非专利权、商标、计算机软件、著作权、秘密制作方法、技术诀窍、配方等。它们成了企业在激烈竞争中取胜的秘密武器、获取利润的基础和主要手段具有极高的价值。

总之,体现知识产权的无形资产不仅是企业资产的重要组成部分,而且是企业管理的重要内容,甚至成了国家之间进行经贸战的武器。

5.随着信息社会的到来,信息化成了企业和社会普遍追求的目标

一些学者认为,西方发达国家已经发展到后工业社会,后工业社会也可称为信息社会或信息时代,其主要特点是信息量越来越大,信息在社会经济中的作用越来越重要,信息的处理、贮存、传输和使用都用计算机完成,并形成了网络,企业和社会的信息化程度发展到了很高的水平。所以,信息化是20世纪80年代以来企业技术发展和设备投资的重点。信息化给企业管理带来的变化是革命性的。著名学者莫顿的研究表明,这种变化至少可以归纳为六个方面:①信息化给企业生产、管理活动的方式带来了根本性的变革;②信息技术将企业组织内外的各种经营管理职能、机制有机地结合起来;③信息化将在许多方面改变产业竞争格局和态势;④信息化给企业带来了新的、战略性的机遇,促使企业对其使命和活动进行反思;⑤为了成功地运用信息技术,必须进行组织结构和管理方法的变革;⑥对企业管理的重大挑战是如何改造企业,使其有效地运用信息技术,适应信息社会,在全球竞争中立于不败之地。

6.在充分扬弃传统理性管理理论中的经济主义管理理念的基础上,追求和树立社会综合价值管理理念

20世纪90年代以来,随着全球绿色运动的兴起和绿色事业的发展,人们的生存和发展观念正在发生重大变化,可持续发展思想已成为当代社会的共识。可持续发展要求人类调整自己的经济行为,建立新的人与自然之间、人与人之间、组织与组织之间和谐共处的关系。实现社会、经济、环境的可持续协调发展。顺应历史潮流,作为现代社会经济的基本细胞,发展生产力的主要执行者和完善生产关系的主要体现者——企业,不仅应承担促进经济发展的责任,更应担负起推动社会发展和生态环境发展的责任,这种责任体现在企业管理上,就形成了企业的绿色管理。绿色管理兴起的原因与人类发展观念的变化密切相关。企业作为社会经济活动的基本单位,必须在节约资源和保护环境方面承担社会责任。也就是说,企业应改变现行的经济主义价值理念指导下的企业管理方式,通过实施绿色管理,使自己的经济行为同自然环境、社会环境的发展协调起来。

绿色管理重视经济社会发展同生态环境相协调,以实现健康可持续发展的目标。具体包括企业利润、生态环境和人的发展等三方面内容。作为现代企业,追求利润不应再是企业唯一的目标,它只是企业实现健康持续发展的基础,而企业赖以活动和生存的生态系统以及在知识经济时代能够掌握并创造知识、技术、信息的人才应是企业发展和追求的最根本目标。人作为企业和社会发展中的能动因素,就要充分运用自己所掌握的知识、技术、信息,在创造利润、促进经济发展的同时,努力保护和促进与生态和社会环境的和谐统一,以维持永续的发展。绿色管理的兴起不仅表明人类对环境与管理的关系已经有了更深入的认识,同时也表明社会综合价值管理理念有了新的发展。绿色管理是适应经济发展的生态化趋势而产生的一种面向21世纪的新兴管理理念,同当代社会发展理论从以经济增长为目标到提出可持续发展的战略目标具有深刻的同一性。

(二)管理方法的创新

随着管理学、经济学、数学、社会学、心理学、计算机等在企业管理中的广泛采用,新的管理方法层出不穷。在经营决策方面,由于"运筹学""博弈论"等的采用,大大提高了企业家的决策水平。在生产管理方面,由于"准时制"在生产和物资管理中的运用,大大降低了零部件和其他物资的库存,降低了产品成本;由于"成组技术"的采用,实现了用大批量的生产技术进行多品种、小批量生产;由于柔性制造系统的采用,生产过程实现了高度自动化,不仅适用多品种、小批量生产的市场需求,而且提高了生产能力,提高了产品质量;由于采用了"最优化生产技术",最大限度地减少了"瓶颈"现象,达到了取得最佳经济效益的目的;由于采用了"敏捷制造"技术,不仅使制造系统发生了革命性的变化,而且产生出了新的企业形式——虚拟公司。在营销方面,由于"企业形象塑造"的运用,不仅能使企业在消费者心中留下强烈的长久的印象,而且能够使企业形成良好的经营理念。

由于篇幅的限制,我们不可能对这些新的管理办法一一列举和解释。但是,我们可以分析一下这些新的管理方法的一些基本特点。①在新的管理方法中,决策管理占了很大的比重。这说明决策在企业管理中的地位越来越重要。在市场经济条件下,企业要能够满足市场的需要和适应市场的变化,在激烈的竞争中立于不败之地,决策是否正确是关系企业生死存亡的大事,所以,企业、大学和研究机构都加强了对决策理论和决策方法的研究,在管理学院开设的课程中,"博弈论"等决策管理理论和方法占了很大的比重,也正因为如此,新的决策管理理论和方法层出不穷。②许多新的方法都与计算机的运用紧密联系在一起。计算机的运用已经不仅仅是一种管理手段,它常常和管理方法的创新相联系,形成一个个系统,以至于人们很难分清它们是一种管理手段或管理方法。③解决综合性问题的方法增多了。在信息社会,由于强调知识的"整合""集成",所以,许多新的方法的出现都不是为了解决某一个专业管理的问题,而是为了解决企业生产经营过程中的一系列问题或一些综合性的问题。

(三)管理手段的更新

管理手段方面最大的变化莫过于计算机在企业管理中的广泛运用。由于计算机的运用给企业经营管理带来了革命性的变化。20世纪60年代,企业利用计算机来进行物资管理。计算机运用和管理专家维特和普劳士设计出了物资需求计划(MRP)管理系统;70年代,这种系统又将生产过程的一些环节包括进来,使该系统得到了发展;80年代又把财务、供销、技术等环节包括进来,形成了以物流为主干线,包括若干子系统的大系统,即制造资源计划管理系统(MRPII)。与此同时,计算机进入设计环节,形成了计算机辅助设计系统(CAD);计算机进入制造环节,形成了计算机辅助制造系统(CAM);用计算机处理信息,形成了管理信息系统(MIS)。

计算机在各项专业管理中的运用,大大地减少了工作量,提高了工作效率,使企业管理发生了根本性的变化。但是,在相当长的时期里,计算机在管理中的运用存在相互分割、各自为战的局面,形成了一个一个的"孤岛"。进入20世纪80年代后,出现了把这些系统联合起来的想法和呼声。于是出现了计算机集成制造系统(CIMS)。CIMS的中心概念是"集成",它把一些成熟的管理办法和技术转化为数学模型和软件包,形成4大方面的系统,即计算机管理信息系统、计算机设计与开发信息系统、生产自动化信息系统和质量控制系统。

(四)管理组织结构的变化趋势

1.金字塔形的组织结构正在逐步被网络型的组织结构取代

长期以来,企业都是按照职能设立管理部门,按照管理幅度划分管理层,形成了金字塔形的管理组织结构。这种组织结构越来越不适应信息社会的要求。减少管理层次和管理职能部门已经成为一种新的趋势,其结果是管理组织结构正在变"扁"、变"瘦",综合性管理部门的地位和作用更加突出,网络性的组织结构正在发展起来。

2.由单一决策中心向多决策中心发展

以前,许多企业采用的是高度集中的单一决策中心,这种传统的单一决策中心的组织结构有许多弱点。包括:容易产生官僚主义和低效率,雇佣大量人员及管理的多层次,组织结构比较僵化;决策及信息主要是由总部流向下属单位,容易脱离基层实际需要;统一地控制产品和经营方式,容易脱离市场的实际需要等。目前,许多国外的大公司都在逐步将过去高度集中的单一决策中心组织改变为适当分散的多中心的决策组织。这种多中心的决策组织能够减少决策层次,使基层经营单位有很大的自主权,能充分发挥它们的积极性。

3.公司组织结构形式向多样化发展

现代企业采取的组织结构形式并不是千篇一律的,而是朝多样化发展。事业部制、超级事业部制、矩阵制、联邦制、多维结构等被广泛采用。组织结构朝多样化发展的原因如下。①各企业的生产技术和业务范围千差万别。比如钢铁企业和计算机企业,它们的生产技术是很不相同的。②企业产品销售方式和销售渠道的不同。由于各个企业的产品特征不同,其销售方式和销售渠道也大不相同。轿车、家用电器、微机等产品面对的是数量众多的消费者,需要庞大的销售机构;而生产飞机、大型机床、发电设备的企业面对的用户则要少得多,与前者比较,销售机构就要小得多。③采用的战略不同。钱德勒通过对美国70家大型公司,特别是通用汽车公司、杜邦公司、美孚石油、西尔斯罗布克公司发展史的考察,得出了"结构跟着战略变"的著名结论。因为企业为了实现自己的战略目标,必须要有组织上的保证,所以公司采用的战略不同,就会有不同的组织结构。

4.强调公司组织结构不断自我更新

在过去,许多大型的跨国公司每5～10年就要重新调整一次组织的结构。这种做法往往引起大的震动,造成混乱,带来交易中的一些困难。但是,如果不进行调整,也会因老的组织结构的僵化引起许多问题。为了克服上述矛盾,现在更多的公司主张采取自我更新的办法,公司根据内部发展的需要和外部环境的变化及时对企业的组织结构进行调整。使公司的组织结构能经常适应内外部变化的需要,并减少由于管理组织的变化而引起的摩擦。

(五)不断涌现的管理新思想和新模式

1.和谐管理

这是一种关注理性与非理性相融合的管理模式。和谐管理是组织为了达到其目标,在变动的环境中,围绕和谐主题的分辨,以优化和不确定性消减为手段提供问题解决方案的实践活动。其中和谐主题是指"在特定的时间、环境中,在人与物要素的互动中所产生的妨碍组织目标实现的问题"。在这一新认识论的指导下,和谐管理将放弃"计划、组织、领导和控制"的基本框架,而成为紧密依赖环境的"围绕和谐主题的问题解决学"。它可能是"组织的",也可能是"领导的";可能是"流程的",也可能是"文化的";可能是"激励约束的",也可能是"产出/成本的"。总之,是基于"此时、此地、此行业下的和谐主题"的辨析和应对。

2.虚拟企业

这是一种崭新的企业组织形式,它是由不同的企业(或其中一些部门)按某一特定任务而临时组建的企业,它没有固定不变的组织系统,没有看得见的有形的公司但却是一个经济实体。任务完成后便宣告解散。它的基层组织主要是以任务为中心而组成的多学科、多专业项目组,形成网络进行管理。这样的企业可以跨地区甚至跨国跨洲,可以跨行业组成。它的存在以具备发达的信息网络为前提。

3.电子商务

它是一种具有很大潜能的商务活动,它采用现代信息技术手段,以数字通信网络和计算机系统替代传统交易过程中的纸介质信息载体,进行信息的传递、存储、处理、发布,实现商品或服务的交易以及交易管理,控制物流和资金流,以达到高效率、低成本的网络化经营。

4.供应链管理

供应链是围绕核心企业,通过对信息流、物流、资金流的控制,从采购原材料开始,制成中间产品以及最终产品,最后由销售网络把产品送到消费者手中的将供应商、制造商、分销商、零售商,直到最终用户连成一个整体的功能网链结构模式。它是一个范围更广的企业结构模式,它包含所有加盟的节点企业,从原材料的供应开始,经过链中不同企业的制造加工,组装、分销等过程直到最终用户。它不仅是一条连接供应商到用户的物料链、信息链、资金链,而且是一条增值链,物料在供应链上因加工、包装、运输等过程而增加其价值,给相关企业都带来收益。

5.多代理合作

在信息社会的大背景下,纵览当前"管理科学与工程"学科发展的前沿,可以发现:无论是"再造工程"还是"虚拟性组织",无论是"电子商务"还是"供应链管理",都直接或者间接地涉及合作问题,都迫切需要研究代理如何自主地实现合作的问题。这里的代理可能是人(组织),也可能是机器人,或者是由不同的人(组织)在不同时间,用不同软件工具、技术实现的从属于不同人(组织)的软件实体。多代理合作理论与实践研究成果将会为上述学科前沿问题的研究提供一个强有力的支撑。

当前,对多代理合作研究吸引了来自不同领域研究人员的注意。目前对代理尚未有一致的定义。研究代理的不同领域对其有不同的定义和别称。人工智能研究者认为代理是具有智能的软件实体或者机器人。计算机领域的研究者认为"代理是一种在特定环境下连续、自主地运行的软件实体,通常与其他代理一起联合求解问题"。信息经济学的研究中将拥有私人信息的参与人称为"代理人",不拥有私人信息的参与人称为"委托人"。也就是说,经济学中对代理人的研究都是在给定信息结构下。研究委托人—代理人模型。在复杂系统研究中,把组成复杂系统的具有主动性的个体或单元称为代理商,研究这些代理人的个体行为如何导致整个系统的整体行为。在社会心理学研究领域,把代理商作为一个人或者拟人的个体。他们具有人的思想和行为,通过代理商对人的模拟来解释、预测一些人类社会的行为和现象。在博弈论的研究中,或者有些使用博弈论进行分析的研究中,把参加博弈的个体称为代理商,研究这些代理商如何交互与决策以达到各自利益或者整体利益的最大化。这几个领域中的代理商研究又不是截然分开的,各领域的研究相互联系,相互借鉴。

(六)紧跟企业管理变化的研究

随着企业竞争环境、市场、资源的变化,企业管理的范围、领域和重点要进行相应的调整。因而,管理理论研究的前沿也在相应地改变。适应竞争主体从单个企业转向整条价值链,企业的管理范围不但应包括自身的人、财、物、信息各种资源,还要延伸到供应商及客户。因而触发了对供应链管理的深入研究;适应竞争资源从传统人、财、物的竞争到知识信息和无形资产如品牌等的竞争,从而促进了信息化管理、人本管理、知识管理、品牌管理研究的深化;适应企业面向的市场主要由国内市场转向全球市场,人们更多地关注全球化管理风险管理,跨文化管理的研究;适应企业应重视由单纯追求经济效益到持续成长。人们研究的范围扩大到绿色管理、社会责任管理、和谐管理、企业伦理和诚信管理、危机管理等。2004年,成思危在论及现代管理科学的学科结构时,提出了"三个基础、三个层次和三个领域"的战略构想。三个基础,就是数学、经济学和行为科学。三个层次,即基础管理、职能管理和战略管理。三个领域是:公共政策与宏观管理;工商企业和非盈利性机构管理,简称工商管理,是微观的非盈利性机构包括学校、医院等:第三个就是管理理论与方法,属基础科学。成思危指出,管理的发展大致分为三个阶段:第一个阶段是经验管理,就是凭人的经验;第二个是科学管理,就是运用数量的方法和计算机等工具辅助管理;第三个阶段是文化管理,就是利用人们共同的价值观来管理,21世纪的管理将进一步向文化管理迈进。

第三节　工商管理学

工商管理这门学科主要以管理学为基础,以管理学提供的理论架构分析和指导社会经济和企业管理等。本书在介绍管理学的同时,对在企业生存发展面临的内外部环境因素,如创新管理、跨文化管理和信息化管理三个方面做出了较深入的分析。

一、创新管理

管理学中,就企业生产和销售产品的本质而言。创新就是在组织的作业和管理工作中不断形成新观念、新构想,从而使革新有所发展的过程。反映到企业的生产管理中,创新就是在技术和经济结合的过程中,以新的思想投入产品研发设计、生产销售等流程活动中。大而言之,创新可以表现在更广泛的方面,在网络和信息时代,任何一个触发交互节点并实现有效变化的发展都包含其中,无论其发生在技术、组织、制度等的任何方面。

作为一项革新性的举措,创新有着创造性、风险性、系统性、动态性等特征。

(一)创造性

不拘泥于常规而又有突破性的进展,是表现创造性的一大特色。无论是为了解决问题而实施的革新,传承中的升级,还是探索中的首创,都是创造性最明显的表现。与传统活动相比较,创新具备了突破性的质的提高,正是基于这一事实,创新最直观地表现就在其创造性上。创新的创造性可具体表现在新的产品或工艺的出现,也或者是组织在管理结构的安排、管理流程的重组等管理要素的重新构建上,因为有了实质性差异,创造性才得以体现。

(二)风险性

创新非一日之功,在组织实施创新过程中势必会历经种种挑战。基于信息的不对称性,创新过程中的风险要素把控的难度较大;同时,实施创新的过程也是资源要素重新实施分配的过程,自然也会面临来自不同利益群体的压力和排斥;在技术创新方面,技术瓶颈的攻克及产品的商业化推广都面临着较大的阻碍。正是创新的高风险性,使得创新成功后的价值和收益也颇为丰厚,因此企业就会不断地投入创新。

(三)系统性

组织的活动是连续性的,创新活动可以出现在组织活动的任何一个阶段,任何一个节点的有效变革都会形成创新的机制。同时,着眼于组织的全局性,在计划、组织、领导、控制的各个阶段都会由于关联性进而对创新的成败产生影响。因为创新的最终成果是落地于顾客的消费,在组织的整体流程中,创新始发点后延的环节都对创新的产出有着累加效应,而涉及组织全局的战略、使命、企业愿景等更是对创新有着实质性的影响。

(四)动态性

市场是瞬息万变的,再加之消费者的偏好总处于不断变化中,社会整体的技术水平也在不断提高,企业拥有的竞争优势或许转瞬间被颠覆、被超越。为确保组织的核心竞争力,在组织内外环境不断发生变化的情况下,需要持久不断地进行创新,要在创新的内容、方式、水平等方面走在时代的前沿或至少处于行业同等水平。在如今企业更加淡化组织边界的情况下,企业与周围实时地进行着物质、能量、信息的交换,作为一个更加动态开放的系统,企业需要在创新方面不断超越,更有利于推动企业发展。

二、跨文化管理

跨文化管理又称为"交叉文化管理",是指企业经营过程中。通过克服不同异质文化之间的差异,在此基础之上重新塑造企业的独特文化,从而形成卓有成效的管理过程。它是对涉及不同文化背景的人、物、事和产、供、销进行灵活变通的管理,包括在不同的文化背景下设计出切实可行的组织结构和管理机制,妥善处理文化冲突、融合,给企业带来的竞争劣势和优势,从而最大限度地挖掘员工的潜质和实现企业的经营战略目标。

消除文化的差异是跨文化管理着力解决的核心问题。文化差异可能来自沟通与语言的理解不同。宗教信仰与风俗习惯迥异,刚性的企业文化隔阂等诸多因素。跨文化管理目的在于在不同形态的文化氛围中设计出切实可行的组织结构和管理机制,在管理过程中寻找超越文化冲突的企业目标,以维系具有不同文化背景的员工共同的行为准则,从而最大限度地控制和利用企业的潜力与价值。

全球化经营企业(跨国公司)经营和管理的全过程涉及不同文化的矛盾和冲突,不可避免地面对跨文化管理之问题。在这些企业内部,不同文化背景的管理者有不同的管理方法、技巧和经验,不同文化背景的员工有着不同的语言、教育、宗教信仰,而且文化差异会导致不同的工作态度和追求,因此,进行跨文化的有效沟通、协调和管理,直接影响着企业内部运作的效果。在企业外部,跨国公司既要满足不同文化背景的消费者的需求,还必须适应东道国的风俗习惯、法律制度等条件。由此可见,全球化经营企业只有进行了成功的跨文化管理,才能使企业的经营得以顺利运转、竞争力得以增强、市场占有率得以扩大。①

三、信息化管理

信息化是人类社会发展阶段中一个更高级的阶段,我们比较熟悉的就是信息化所带来的数字化,它与人们的生活和工作息息相关,为我们创造了一个数字世界、虚拟世界,不管是文字、图片、视频、语音等都可以在这个虚拟世界中发挥巨大的作用,我们既可以将现实社会映射到虚拟世界,又可以将虚拟世界经过加工、整合转换为现实社会,两者互为交换、相互补充。其实,信息化可以有很多分类,按照信息化所涉及的领域可以分为宏观信息化和微观信息化。宏观信息化包括国家信息化,是指国家在工业、农业、国防等各个方面的信息化建设;产业信息化是指在制造业、金融业等现行主要行业方面的信息化;社会信息化是指在教育、医疗、文化等方面的信息化。微观信息化就是指企业信息化,研究的问题就是企业信息化与管理之间的关系。企业信息化具有的特点如下。

第一,信息化是以管理为基础的,而不是以信息科学技术为根本的,通常所说的网络技术、高科技等都是实现信息化的手段,组织的领导者应该区别开什么是本什么是末,让信息化更好地促进管理。

第二,信息化所包含的内容是不断变化更新的,因此信息化对于管理的作用也是随时改变的,管理思想和管理方式要随信息化的更新而更新。

第三,信息化在管理中的一个最重要的作用就是实现信息的共享,通过信息化独有的特点把组织所需要的信息准确无误地传送到领导者手中,领导者再对传送来的信息进行分析和整合,为组织做出正确的决策。

第四,信息化建设是一项全面的、系统的工程,牵扯到管理的各个方面,无论是计划、组织、领导、控制等都会涉及,而且也包括组织战略、财务、客户关系等方面,领导者要综合协调各个方面,实现组织内外有机的结合。

---

①张牧海.工商管理学中的电子商务与市场营销[J].环渤海经济瞭望,2020(08):166-167.

第二章 企业战略与经营决策

第一节 企业战略概述

一、企业战略和企业战略管理

(一)企业战略的基本概念、特征和层次

1.企业战略的基本概念

是指企业在市场经济竞争激烈的环境中,在总结历史经验、调查现状、预测未来的基础上,为谋求生存和发展而做出的长远性、全局性的谋划。

2.企业战略的特征

第一,全局性与复杂性:企业战略是根据企业总体发展的需要而制定的,它所追求的是整体效果,因而是一种总体决策。全局是由若干局部所组成,战略的制定。实施和评价都是一个复杂的系统工程。

第二,稳定性与动态性:企业战略制定的着眼点在未来而不是目前,需要考虑长远的效益,因此,企业战略实施过程具有较强的稳定性。

但是,如果企业内外部环境发生较大的变化,企业战略必须能够随之修改,因此,战略又具有动态性的特点。

第三,收益性与风险性:企业战略的目标是达成企业发展的愿景和未来目标,因此,对企业自身而言,企业战略能够带来显性或隐性的收益。

同时,随着环境的动态性增强,许多事物具有不可预测性,环境的不确定性因素增多,因此,企业战略的制定及实施具有一定风险性。

3.企业战略的层次

企业战略一般可以划分为三个层次:企业总体战略、企业业务战略、企业职能战略。

企业总体战略:企业总体的最高层次的战略,是整个企业发展的总纲,决定和揭示企业的使命和目标。

企业业务战略,也称竞争战略或事业部战略:企业内部各部门和所属单位在企业总体战略指导下,经营管理某一个特定的经营单位的战略计划。改进一个业务单位在它所从事的行业中,或某一特定的细分市场中所提供的产品和服务的竞争地位。

企业职能战略:企业职能战略是企业总体战略和企业业务战略的具体实施战略。解决资源利用效率问题,使企业资源利用效率最大化。

(二)企业战略管理的概念与内涵

"战略管理"一词是由美国企业家安索夫在1976年出版的《从战略计划趋向战略管理》一书中首先提出的。企业管理学的发展从职能化的管理走向战略性的管理是现代企业管理的一次飞跃,它对于提高企业经营绩效有着极其重要的作用。

1.企业战略管理的概念

企业战略管理是指企业战略的分析与制定评价与选择以及实施与控制,使企业能够达到其战略目标的动态管理过程。

2.企业战略管理的内涵

①企业战略管理是企业战略的分析与制定,评价与选择、实施与控制,三者形成一个完整的、相互联系的管理过程。②企业战略管理是把企业战略作为一个不可分割的整体来加以管理的,其目的是提高企业整体优化的水平,使企业战略管理各个部分有机整合以产生集成效应。③企业战略管理关心的是企业长期稳定和高速度发展,它是一个不断循环往复、不断完善、不断创新的过程,是螺旋式上升的过程。

企业战略管理的主体是企业战略管理者。

企业战略管理的基本任务是实现特定阶段的战略目标,最高任务是实现企业的使命。

二、企业战略的制定

企业战略的制定是从企业发展的全局出发,以实现企业使命和战略目标为指导方向,综合分析行业的动态变化,评估和预测竞争对手的行动,制定企业战略的过程。

(一)确定企业愿景、使命与战略目标

1.企业愿景

愿景概括了企业的未来目标、使命及核心价值。明确界定了企业在未来社会范围里是什么样子,是企业长期发展需要实现的目标。回答了"我是谁"。

愿景包括两部分:①核心信仰(核心价值观和核心使命);②未来前景。

2.企业使命

说明企业的根本性质与存在的理由,说明企业的宗旨、哲学、信念、原则。回答"企业的业务是什么"。

使命的定位:①企业生存目的的定位(满足市场某种需求);②企业经营哲学的定位(企业经营活动本质性的认识);③企业形象的定位。

3.企业战略目标

企业在一定时期内沿其经营方向所预期达到的理想成果。

企业战略目标因企业的类型和使命不同而各不相同,一般分为盈利、服务、员工和社会责任四个方面。

企业战略目标的确定方法通常包括时间序列法、相关分析法、盈亏平衡分析法、决策矩阵法、决策树法、模拟模型法等。

(二)准备战略方案

在分析企业的内外部环境并确定企业战略目标后,企业管理者将与企业战略专家及其他有关人员一起参与企业战略方案的规划,即实现战略目标的详细行动计划。由于思路以及实施途径方法的不同,初步战略方案可能是多样化的。[①]

(三)评价和选择战略方案

企业战略方案评价的目的是确定各个战略方案的有效性。决策者通过对备选方案进行评价与比较后,从中选择适合的、满意度高的方案。其遵循的原则:择优原则、民主协调原则和综合平衡原则。

三、企业战略的实施

企业战略实施是企业战略管理的关键环节,是动员企业全体员工充分利用并协调企业内外一切可利用的资源,沿着企业战略的方向和途径,自觉而努力地贯彻战略,以期待更好地达成企业战略目标的过程。

---

①谢凑多.企业战略调整、客户集中度与扭亏绩效[J].财会通讯,2022(10):92-96.

(一)企业战略实施的步骤

1.战略变化分析

认识自己需要进行怎样的调整才能成功实施战略。

2.战略方案分解与实施

从时间和空间两个方面进行分解,编制具体的战略行动计划来实施。

3.战略实施的考核与激励

考核是检验企业战略的重要标准,考核后应进行合理奖惩以激励员工。

(二)企业战略实施的模式

1.指挥型

企业高层领导研究确定战略,向企业管理人员宣布企业战略,然后强制下层管理人员执行。

2.转化型

从指挥型转变来的,重视运用组织结构激励手段和控制系统来促进战略实施。增加了三种组织行为科学的方法:①利用组织机构和参谋人员明确传递企业优先考虑的事务和信息,把注意力集中在所需要的领域;②建立规划系统,效益评价以及激励补偿等手段,以便支持实施战略的行政管理系统;③运用文化调节的方法促进整个系统发生变化。

缺点:过分强调组织体系和结构,有可能失去战略的灵活性。

该模式较适合于环境确定性较大的企业。

3.合作型

把战略决策范围扩大到企业高层管理集体之中,调动了高层管理人员的积极性和创造性。

缺点:战略是各方协商的结果,可能会降低战略的经济合理性。

这种模式比较适合于复杂而又缺少稳定性环境的企业。

4.文化型

把合作型的参与成分扩大到了企业的较低层次,力图使整个企业人员都支持企业的目标和战略。

5.增长型

企业的战略是从基层单位自下而上地产生。

对管理者的要求较高,需要正确评判下层的各种建议,淘汰不适当的方案。

四、企业战略的控制

企业战略的控制,是指企业战略管理者及参与战略的实施者根据战略目标和行动方案,对战略的实施状况进行全面的评审,及时发现偏差并纠正偏差的活动。

(一)战略控制的原则

①确保目标原则;②适度控制原则;③适时控制原则;④适应性原则。

(二)战略控制流程

①制定绩效标准。控制标准或测评标准是在战略计划指导下建立的。②衡量实际绩效。将企业的实际绩效与控制标准进行比较。③审查结果。找出实际活动成效与评价标准的差距及其产生的原因。④采取纠偏措施。采取纠偏措施最终是控制过程的重点。

第二节　企业战略分析

一、企业外部环境分析

外部环境分析是企业战略管理的基础,其任务是根据企业目前的市场"位置"和发展机会来确定未来应该达到的市场"位置"。外部环境分析主要包括宏观环境分析和行业环境分析。

(一)宏观环境分析

宏观环境分析的主要外部环境要素:政治、经济、社会、科技、生态和法律因素。因此,通常采用PESTEL分析方法对企业外部的宏观环境进行战略分析。

1.政治环境分析

指制约和影响企业的各种政治要素及其运行所形成的环境系统。具体包括政治制度、体制、方针政策、法律法规等。

2.社会环境分析

企业所处的社会结构、社会风俗宗教信仰、价值观念、行为规范、生活方式、文化传统、消费偏好、人口状况与地理分布等因素的形成与变动状况。

3.经济环境分析

宏观经济:一个国家的人口数量及其增长趋势,国民收入、国民生产总值及其变化情况以及通过这些指标反映的国民经济发展水平和发展速度。

微观经济:企业所在地区或所服务地区的消费者的收入水平、消费偏好、储蓄情况、就业程度等因素,直接影响企业市场大小。

4.科学技术环境分析

企业所在的地区或国家的科技水平、科技政策、新产品开发的能力以及技术发展动向等。

5.生态环境

影响企业生存与发展的水资源、土地资源、生物资源以及气候资源等因素的集合,是关系到社会和经济持续发展的复合生态系统。

6.法律环境

主要包括国家和地方的法律法规、国家司法、行政执法机关等因素。

(二)行业环境分析

1.行业生命周期分析

(1)形成期

特征:形成期是指某一行业刚出现的阶段,企业规模小,产品和技术不成熟,此时竞争压力小。

对策:研究开发和工程技术是这个阶段的重要职能,在营销上则着重广告宣传。

(2)成长期

特征:进入成长期,产品逐渐完善,市场迅速扩大,企业的销售额和利润迅速增长,竞争对手数量增多,竞争日趋激烈,不成功的企业已经开始退出。

对策:市场营销和生产管理成为关键性职能。

(3)成熟期

特征:一方面行业的市场已趋于饱和;另一方面行业内部竞争异常激烈,行业集中度增加。

对策:产品成本控制和市场营销有效性成为企业成败的关键因素。

(4)衰退期

市场萎缩,行业规模缩小,竞争对手数量减少。这一阶段的行业就是所谓的"夕阳行业"。

2.行业竞争结构分析

五种竞争力量:新进入者的威胁、行业中现有企业间的竞争、替代品或服务的威胁、购买者的谈判能力和供应者的谈判能力。

(1)新进入者的威胁

威胁:分享市场和资源

威胁的大小:进入市场的障碍、市场潜力以及现有企业的反应程度。

(2)行业中现有企业间的竞争

激烈程度取决于市场集中度的大小、行业增长速度的快慢、固定费用和存储费用的高低、产品特色与用户的转变费用退出壁垒等。

(3)替代品或服务的威胁

主要表现为替代品对企业产品价格的限制。

(4)购买者的谈判能力

影响:压价、要求提供更好的质量和服务。

当一个买主或一批买主具有以下特征时,便具有较强的谈判能力:购买卖方的大部分产品或服务;具有自主生产该产品的潜力;有许多可供替代的卖主;转向其他卖主的费用很低。

(5)供应者的谈判能力

影响:提价、降低产品以及服务的质量。

有利:供应者所属的行业由少数企业控制,而买方却很多;没有替代品;供应者能够进行深加工而与买方竞争;买方只购买供应者产品的一小部分。

3.战略群体分析

战略群体是指一个行业内执行同样或相似战略并具有类似战略特征或地位的一组企业。

战略群体分组的分析方法:聚类分析(用于大样本的实证研究)、分类分析(用于小样本的实证研究)。

战略群体的竞争主要两个。①战略群体内的竞争。能力强的企业就会占优势,处于有利地位。②战略群体间的竞争。各战略群体经济效益的差别,实际上就是各战略群体竞争的结果。

(三)外部因素评价矩阵

外部因素评价矩阵是对企业的关键外部因素进行分析和评价的常用方法。通过外部因素评价矩阵,企业可以把自己所面临的机会与威胁汇总,明确企业自身对外部环境和竞争做出的反应,是积极、有效的,还是消极、无效的。外部因素评价矩阵可以分为五个步骤。①列出关键因素。②赋予每个因素以权重。③按照企业现行战略对关键因素的有效反应程度,为各关键因素进行评分。④计算每个因素的加权分数。⑤将所有因素的加权分数相加,以得到企业的总加权分数。[①]

二、企业内部环境分析

(一)企业核心竞争力分析

1.核心竞争力的体现

①关系竞争力;②资源竞争力;③能力竞争力。

2.核心竞争力的特征

①价值性;②异质性;③延展性;④持久性;⑤难以转移性;⑥难以复制性。

(二)价值链分析

1.价值链

波特教授认为价值链是创造价值的一个动态过程。企业是通过比竞争对手更廉价或更出色地开展价值创造活动来获得竞争优势的。

2.价值链要素

企业价值链由主体活动和辅助活动构成。

主体活动分为原料供应、生产加工、成品储运、市场营销和售后服务五种活动。主体活动是企业基本的价值增值活动,又称基本活动。

辅助活动包括采购、技术开发、人力资源管理和企业基础职能管理。

3.价值链分析

运用价值链分析方法对企业内部能力进行分析。

一般包括两个方面:单项能力分析;综合能力分析(价值增值活动之间的联系)。

(三)波士顿矩阵分析

问题(低市场占有率、高业务增长率):①产生的现金余额很少,不能满足因业务高速增长带来的资金需求;②采用扩张战略,使其成长为明星,或者采用放弃战略。

---

①苏钟海.企业战略分析:反思与新框架[J].科技管理研究,2021,41(23):228-234.

瘦狗(低市场占有率、低业务增长率):①资金的陷阱;②最理智的战略是清算战略,如果有可能,亦可采取转向或放弃战略。

明星(高市场占有率、高业务增长率):①既产生也需要较大的现金余额,代表着最优的利润增长率和最佳的投资机会;②最佳战略,进行必要的投资;③采用扩张战略。

金牛(高市场占有率、低业务增长率):①产生较大的现金余额,成为公司的主要基础;②采用稳定型发展战略。

(四)内部因素评价矩阵

内部因素评价矩阵是一种对内部因素进行分析的工具。通过内部因素评价矩阵,企业可以较好地总结和评价企业在各个领域的主要优势和劣势,明确企业内部因素的竞争地位,以帮助企业经营决策者制定有效的战略。内部因素评价矩阵可以分为五个步骤:①列出在内部分析过程中确定的关键因素;②给每个因素以权重,其数值范围由0(不重要)到1(非常重要),所有权重之和等于1;③为各因素进行评分;④用每个因素的权重乘以它的评分,即得到每个因素的加权分数;⑤将所有因素的加权分数相加,以得到企业的总加权分数。

三、企业综合分析

SWOT分析法是评估企业的优势(Strength)和劣势(Weakness)及外部环境的机会(Opportunity)和威胁(Threat)的分析方法。

(一)分析环境因素

包括外部环境因素和内部环境因素。外部环境因素包括机会和威胁,属于客观因素;内部环境因素包括优势和劣势,属于主动因素。

(二)构造SWOT矩阵

将调查得出的各种因素根据轻重缓急或影响程度等排序,构造SWOT矩阵。

(三)战略方案制定与选择

SWOT战略选择如表2-1所示。

表2-1　SWOT战略选择表

	优势	劣势
机会	SO战略:使用优势,利用机会	WO战略:利用机会,克服劣势
威胁	ST战略:使用优势,避免威胁	WT战略:使劣势最小化,避免威胁

第三节　企业战略类型

一、基本竞争战略

(一)成本领先战略——低成本战略

实施成本领先战略的核心是加强内部成本控制,获得竞争优势。

1.成本领先战略的适用范围

①该战略适用于大批量生产的企业,产量要达到经济规模。②企业有较高的市场占有率,严格控制产品定价和初始亏损。③企业有能力使用先进的生产设备。④企业能够严格控制一切费用开支,全力以赴地降低成本。

注意成本领先不是价格低,而是成本低。成本领先战略前提是降低成本,不是降低价格。

2.实施成本领先战略的途径

①规模效应;②技术优势;③企业资源整合;④经营地点选择优势;⑤与价值链的联系;⑥跨业务相互关系。

(二)差异化战略

差异化战略的核心是取得某种对顾客有价值的独特性。

1.产品差异化战略的适用范围

①企业要有很强的研究开发能力。②企业在产品或服务上要具有领先的声望,具有很高的知名度和美誉度。③企业要有很强的市场营销能力。企业内部的研究开发、生产制造、市场营销等职能部门之间具有很好的协调性。例如家电企业、汽车企业。

2.实施差异化战略的途径

①产品质量的不同;②提高产品的可靠性;③产品创新;④产品特性差别;⑤产品名称的不同;⑥提供不同的服务。

差异化的基础是发现、划分并满足一类消费者独特的需求。

(三)集中战略

集中战略又称专一化战略,是指企业把其经营活动集中于某一特定的购买者群、产品线的某一部分或某一地区市场上的战略。

1.集中战略的适用范围

①在行业中有特殊需求的顾客存在,或在某一地区有特殊需求的顾客存在。②没有其他竞争对手试图在目标细分市场中采取集中战略。③企业经营实力较弱,不足以追求广泛的市场目标。④企业的目标市场在市场容量、成长速度、获利能力、竞争强度等方面具有相对的吸引力。

2.实施集中战略的途径

①选择产品系列;②通过细分市场选择重点客户;③通过市场细分选择重点地区;④发挥优势集中经营。

二、企业成长战略

(一)成长战略概念

成长战略,也称扩张战略,是一种在现有战略基础上,向更高目标发展的总体战略,主要包括密集型成长战略、多元化战略、一体化战略和战略联盟。

(二)成长战略分类

1.密集型成长战略

企业在原有业务范围内,充分利用在产品和市场方面的潜力来求得成长的战略。

(1)市场渗透:现有产品面向现有市场

适用条件:①当前市场中还未达到饱和;②现有消费者对产品的使用率还可显著提高时;③整个行业的销售额增长,竞争对手的市场份额呈现下降趋势;④随营销力度的增加,销售呈上升趋势;⑤企业通过市场渗透战略带来市场份额的增加,使企业达到销售规模的增长。

实施途径:①增加现有产品的使用人数;②增加现有产品使用者的使用量;③增加产品的新用途;④增加现有产品的特性。

(2)市场开发:现有产品面向新市场

适用条件:①在空间上存在着未开发或未饱和的市场区域;②企业可以获得新的、可靠的、经济的、高质量的;销售渠道;③企业拥有扩大经营所需的资金、人力和物质资源;④企业存在过剩生产能力;⑤企业的主营业务是全球化惠及的行业。

实施途径:①在当地发掘潜在顾客,进入新的细分市场;②在当地开辟新的营销渠道,包括雇用新类型的中间商和增加传统类型中间商的数目;③开拓区域外部或国外市场等。

(3)新产品开发:新产品面向现有市场

适用条件:①企业拥有很高的市场信誉度,过去的产品或服务的成功,可以吸引顾客对新产品的使用;②企业参与竞争的行业属于迅速发展的高新技术行业,在产品方面进行的各种改进和创新都是有价值的:③企业所处的行业高速增长,必须进行产品创新以保持竞争优势;反之,如果企业所处行业增长缓慢或趋于稳定,则进行产品创新要承担较大的风险;④企业在产品开发时,提供的新产品能够保持较高的性能价格比,比竞争对手更好地满足顾客的需求;⑤企业具备很高的研究和开发能力,不断进行产品的开发创新;⑥拥有完善的新产品销售系统。

实施途径:产品革新和产品发明等。

2.多元化战略

包括相关多元化和非相关多元化两种基本方式。

(1)相关多元化战略

含义:进入相关联的经营领域。可以划分为:①水平多元化(同一专业范围);②垂直多元化(企业产业链);③同心型多元化(市场或技术为核心)。

条件:①企业可以将技术、生产能力从一种业务转向另一种业务;②企业可以将不同业务的相关活动合并在一起;③企业在新的业务领域中可以借用企业品牌的信誉;④企业能够创建有竞争能力的协作方式实施相关的价值链活动。

(2)非相关多元化战略

含义:进入无任何关联的新行业或新领域。

条件:①当企业所在行业逐渐失去吸引力,企业销售额和利润下降;②企业没有能力进入相邻行业;③企业具有进入新产业所需的资金和人才;④企业有机会收购一个有良好投资机会的企业。

3.一体化战略

具体包括纵向一体化和横向一体化。

（1）纵向一体化战略

后向一体化战略：将企业生产所需的原材料和零部件等，由外部供应改为自己生产。

前向一体化战略：企业对自己所生产的产品做进一步深加工，或建立自己的销售组织来销售本企业的产品或服务的战略。

（2）横向一体化战略

①吸收合并（兼并）：被合并企业解散。②新设合并：参与合并的各方企业解散，组建新企业。③收购：双方法人地位都不消失。

4.战略联盟

（1）战略联盟的概念

两个或两个以上的企业为了实现资源共享、风险和成本共担、优势互补等特定目标，在保持自身独立性的同时，通过股权参与或契约联结的方式，建立较为稳固的合作伙伴关系，并在某些领域采用协作行动，从而取得双赢或多赢的目的。

（2）战略联盟的分类

股权式战略联盟（合资或相互持股）：①合资企业，两家或两家以上企业共同出资；②相互持股，持有对方一定数量的股份。

契约式战略联盟（契约交易）：①技术开发与研究联盟，联盟获取充分的资金和自己缺少的技术；②产品联盟形式，联合生产、贴牌生产、供求联盟、生产业务外包等；③营销联盟形式，特许经营、连锁加盟。品牌营销、销售渠道共享等；④产业协调联盟，建立全面协调和分工的产业联盟体系，多见于高新技术企业。

三、企业稳定战略

企业稳定战略是指受经营环境和内部资源条件的限制，企业基本保持目前的资源分配和经营业绩水平的战略。[①]

---

① 王永贵，汪淋淋. 传统企业数字化转型战略的类型识别与转型模式选择研究[J]. 管理评论，2021，33（11）：84-93.

(一)无变化战略

企业的战略目标、战略方向、战略规划等基本保持不变。

采用此战略的企业一般具有两个条件:一是企业过去的经营相当成功,并且企业内外环境没有重大变化;二是企业并不存在重大经营问题或隐患。

(二)维持利润战略

注重短期效果而忽略长期利益,根本意图是渡过暂时性的难关。一般在经济形势不景气时采用。

(三)暂停战略

在一段时间内降低企业发展速度,重新调整企业内部各要素,实现资源的优化配置。

企业在一段较长时间的快速发展后,有可能会遇到一些问题使得效率下降。

(四)谨慎实施战略

降低相应战略方案的实施进度,根据情况的变化实施或调整战略规划和步骤,企业外部环境中的某一重要因素变化趋势不明显,又难以预测。

四、企业紧缩战略

企业紧缩战略是企业从目前的经营战略领域和基础水平收缩和撤退,且偏离起点较大的一种战略。

(一)转向战略

适用情况:现有经营领域不能完成原有产销规模和市场规模、企业有了新的发展机会、财务状况下降。

具体措施:调整组织结构、降低成本和投资。减少资产和加速收回企业资产等。

(二)放弃战略

在转向战略无效时,可采取放弃战略。

目的:要找到肯出高于企业固定资产时价的买主。

(三)清算战略

卖掉其资产或停止整个企业的运行而终止一个企业的存在。

五、国际化经营战略

国际化经营战略是指企业从国内经营走向跨国经营,从国内市场进入国外市场,在国外设置多种形式的组织,对国内外的生产要素进行配置,在一个或若干个经济领域进行经营活动的战略,是企业产品与服务在本土之外的发展战略。

(一)钻石型

迈克尔·波特教授提出的钻石模型用于分析一个国家某种产业为什么会在国际上具有较强的竞争力。波特教授认为,决定一个国家某种产业竞争力的要素有四个,即生产要素、需求条件、相关支撑产业以及企业战略、产业结构和同业竞争,这四个要素具有双向作用,形成钻石体系。

(二)国际化经营战略的类型

国际化经营战略的类型有:全球化战略、国际化战略、跨国化战略、多国化战略。此四种国际化经营战略的类型各有优势和局限性,企业应该根据自身和当地市场的特点进行选择。四种国际化经营战略的比较如表2-2所示。

表2-2　四种国际化经营战略的比较

战略类型	优势	劣势
全球化战略	获得规模经济效益 获得区位经济效益 获得经验曲线效益	响应当地市场能力差 本土化水平低
国际化战略	具有向国外市场转移独特竞争优势、转让技能或产品来创造价值的能力	难以取得区位经济效益 难以取得经验曲线效益 响应当地市场能力差
跨国化战略	获得区位经济效益 获得经验曲线效益 改善当地市场反应 获得全球学习的利益	由于组织问题而实施难度大
多国化战略	能够使产品和服务适应当地市场 能够在既定市场上发现潜在的、有吸引力的市场空位	难以取得区位经济效益 难以取得经验曲线效益 难以向国外输出独特竞争力

第四节 企业经营决策

一、企业经营决策的概念、类型、要素和流程

(一)企业经营决策的概念

是指企业通过内部条件和外部环境的调查研究、综合分析,运用科学的方法选择合理方案,实现企业经营目标的整个过程。

概念包含以下内容:①决策要有明确的目标;②决策要有多个可行方案供选择;③决策是建立在调查研究,综合分析、评价和选择的基础上的。

(二)企业经营决策的类型

按决策影响的时间可以分为长期决策和短期决策。

按决策的重要性可以分为企业总体层经营决策、业务层经营决策、职能层经营决策。

按环境因素的可控程度可以分为确定型决策、风险型决策、不确定型决策。

按决策目标的层次性可以分为单目标决策、多目标决策。

(三)企业经营决策的要素

①决策者(决策最基本的要素,集体决策或团队决策成为现代决策的主体);②决策目标;③决策备选方案;④决策条件;⑤决策结果。

(四)企业经营决策的流程

①确定目标阶段;②拟订方案阶段;③选定方案阶段;④方案实施和监督阶段;⑤评价阶段。

二、企业经营决策的方法

(一)定性决策方法

定性决策方法也称主观决策法,主要有以下几种。

1.头脑风暴法(思维共振法)

决策者以一种明确的方式向所有参与者阐明问题,使参与者在完全不受

约束的条件下,敞开思路,畅所欲言。在提出方案的过程中,不允许任何批评。对预测有很高的价值。缺点和弊端:受心理因素影响较大,易屈服于权威或大多数人的意见,而忽视少数派的意见。

2.德尔菲法

由美国兰德公司首创并用于预测和决策的方法。该法采用匿名方式征询专家意见,进行决策。

运用德尔菲法的关键在于:第一,选择好专家;第二,决定适当的专家人数,一般10～50人较好;第三,拟订好意见征询表。

3.名义小组技术

以一个小组的名义来进行集体决策,而并不是实质意义上的小组讨论,要求每个与会者把自己的观点贡献出来,不允许反驳和交流观点,其特点是背靠背,独立思考。

(二)定量决策方法

定量决策方法是利用数学模型进行优选决策方案的决策方法。定量决策方法一般分为确定型决策方法、风险型决策方法和不确定型决策方法三类。[①]

1.确定型决策方法

(1)线性规划法

线性规划法是在线性等式或不等式的约束条件下,求解线性目标函数的最大值或最小值的方法。

线性规划建立数学模型的步骤:①确定影响目标的变量;②列出目标函数方程;③找出实现目标的约束条件;④找出使目标函数达到最优的可行解,即为该线性规划的最优解。

(2)盈亏平衡点法

盈亏平衡点法又称量本利分析法或保本分析法,是进行产量决策常用的方法。该方法基本特点是把成本分为固定成本和可变成本两部分,然后与总收益进行对比,以确定盈亏平衡时的产量或某一盈利水平的产量。

2.风险型决策方法

(1)期望损益决策法

期望损益决策法是通过计算各个方案的期望损益值,并以此为依据,选择

---

①王拉吉.财务分析如何有效地为企业经营决策提供参考的研究[J].质量与市场,2022(11):13-15.

收益最大或损失最小的方案作为最佳评价方案。一个方案的期望损益值是该方案在各种可能市场状态下的损益值与其对应的概率的乘积之和。

（2）决策树分析法

①决策树的构成。由决策结点"口"、方案枝、状态结点"O"和概率枝构成。②决策步骤。决策树分析法的程序主要包括以下步骤：第一，绘制决策树图形，由左向右顺序展开；第二，计算每个结点的期望值，计算公式为：

$$状态结点的期望值=Z（损益值×概率值）×经营年限$$

第三，剪枝，即进行方案的选优。

$$方案净损益值=该方案状态结点的损益期望值－该方案投资额$$

3.不确定型决策方法

不确定型决策是指在决策所面临的市场状态难以确定而且各种市场状态发生的概率也无法预测的条件下所做出的决策。不确定型决策常遵循以下几种思考原则：乐观原则、悲观原则、折中原则、后悔值原则和等概率原则。

（1）乐观原则

即假定各方案最有利的状态发生，在各方案的最大损益值中取最大者对应的方案。

（2）悲观原则

即假定每个方案最不利的状态发生，再从各方案的最小值中取最大者对应的方案。

（3）折中原则

折中原则的决策步骤如下：①找出各方案在所有状态下的最小值和最大值；②决策者根据自己的风险偏好程度给定最大值系数 $a（0<a<1）$，最小值的系数随之被确定为 $1-a$；③用给定的乐观系数 a 和对应的各方案最大最小损益值计算各方案的加权平均值；④取加权平均最大的损益值对应的方案为所选方案。

（4）后悔值原则

用后悔值法进行方案选择的步骤如下：①计算损益值的后悔值矩阵。方法是用各状态下的最大损益值分别减去该状态下所有方案的损益值，从而得到对应的后悔值。②从各方案中选取最大后悔值。③在已选出的最大后悔值中选取最小值，对应的方案即为用最小后悔值法选取的方案。

（5）等概率原则

等概率原则是指当无法确定某种自然状态发生的可能性大小及其顺序时,可以假定每一市场状态具有相等的概率,并以此计算各方案的损益值,进行方案选择。

第三章 公司法人治理结构

第一节 公司所有者与经营者

一、公司所有者

(一)公司的原始所有权

原始所有权是出资人(股东)对投入资本的终极所有权,主要表现为股权。

股权的主要权限:①对股票或其他股份凭证的所有权和处分权,包括馈赠、转让、抵押等;②对公司决策的参与权,即股东可以出席股东会议并对有关决议进行表决,可以通过选举董事会间接参与公司管理;③对公司收益参与分配的权利,包括获得股息和红利的权利以及在公司清算后分得剩余财产的权利等。

(二)公司的法人财产权

公司法人财产,是由在公司设立时出资者依法向公司注入的资本金及其增值和公司在经营期间负债所形成的财产构成。

法人财产权的特点:①公司法人财产从归属意义上讲,是属于出资者(股东)的;②公司的法人财产和出资者的其他财产之间有明确的界限,公司以其法人财产承担民事责任;③一旦资金注入公司形成法人财产后,出资者不能再直接支配这一部分财产,也不得从企业中抽回,只能依法转让其所持的股份。

(三)公司财产权能的两次分离

1.原始所有权与法人产权的分离

公司出资者的所有权转化为原始所有权,失去了对公司资产的实际占有权和支配权。公司法人拥有法人资产,对所经营的资产具有完全的支配权,即法人产权。法人产权是指对公司财产的排他性占有权、使用权、收益权和处分转让权。原始所有权与法人产权分离后,股东作为原始所有者保留对资产的价值形态(股票)占有的权利;法人享有对实物资产的占有权利;原始所有权与法人产权的客体是同一财产,反映的是不同的经济法律关系。

2.法人产权与经营权的分离

公司法人产权集中于董事会,而经营权集中在经理手中。

二、公司经营者

(一)公司经营者及其特征

经营者是指在一个所有权和经营权分离的现代企业中承担法人财产的保值增值责任,对法人财产拥有绝对经营权和管理权,主要负责企业日常经营管理,由企业在经理人市场中聘任,以年薪、股权和期权等为获得报酬主要方式的经营人员。现代企业经营者的五个显著特征:①经营者的岗位职业化趋势,已经形成企业家群体和企业家市场;②经营者具有比较高深的企业经营管理素养,能够引领企业获得良好的业绩;③经营者必须具备较强的协调沟通能力;④公司中经营者的产生基于有偿雇佣,是公司的"高级雇员",即受股东委托的企业经营代理人;⑤经营者的权力受董事会委托范围的限制。[①]

(二)公司经营者对现代企业的作用

①经营者人力资本有利于企业获得关键性资源包括信息、资金、技术、人才等。②经营者人力资本有利于企业技术创新能力的增强。③经营者良好的人力资本有利于企业团队合作能力的培养。④经营者良好的人力资本有利于完善公司管理制度。

(三)公司经营者的素质要求

1.精湛的业务能力

尤以决策能力、创造能力和应变能力最为重要。创造能力是一个经营者的核心能力。

2.优秀的个性品质

①理智感;②道德观。

3.健康的职业心态。

①自知和自信;②意志和胆识;③宽容和忍耐;④开放和追求。

(四)公司经营者的选择方式

市场招聘和内部提拔并举。

---

①洪飞.完善公司法人治理结构的有效策略探讨[J].企业改革与管理,2021(06):24-25.

(五)公司经营者激励与约束机制

1.报酬激励

形式:年薪制、薪金与奖金相结合、股票奖励、股票期权等。

2.声誉激励

综合考查后给予相应的社会地位,满足其心理上的优越感。

3.市场竞争机制

市场竞争机制具有信息显示和优胜劣汰功能。

三、公司所有者与经营者的关系

在现代企业中,所有者与经营者的关系主要表现在两个方面。

公司所有者与经营者之间的委托代理关系:①经营者作为意定代理人,其权利受到董事会委托范围的限制,包括法定限制和意定限制;②公司对经营人员是一种有偿委派的雇佣。

股东大会、董事会、监事会和经营人员之间的相互制衡关系:①股东掌握控制权,可以决定董事会人选,一旦授权董事会负责公司后,股东不能干预其决策;②董事会全权负责公司经营,但必须对股东负责;③经营人员受聘于董事会,有权决策,但不能超过授权范围,经营人员的业绩受到董事会的监督和评判。

第二节 股东机构

一、股东概述

(一)股东的概念

股东是指持有公司资本的一定份额并享有法定权利的人。

(二)股东的分类和构成

1.发起人股东与非发起人股东

发起人股东特点:①对公司设立承担责任;②股份转让受到一定限制;③资格取得受到限制。

2.自然人股东与法人股东

自然人股东:中国公民和具有外国国籍的人,可以通过出资组建公司或继受取得出资、股份而成为有限责任公司、股份有限公司的股东。

法人股东:企业法人(含外国企业)和社团法人以及各类投资基金组织和代表国家进行投资的机构。

(三)股东的法律地位

公司的出资人:履行出资义务;资本提供者;享有股东权。

公司经营的最大受益人和风险承担者:股东分配盈利实现利益最大化;回报在债权人之后,且回报不确定,承担风险。

承担有限责任:公司以其全部财产对公司的债务承担责任,有限责任公司的股东以其认缴的出资额为限对公司承担责任,股份有限公司的股东以其认购股份为限对公司承担责任。

股东平等:股东按其所持股份的性质、内容和数额平等地享受权利,承担义务。

(四)股东的权利

①股东会的出席权、表决权;②临时股东大会的召开提议权和提案权;③董事,监事的选举权、被选举权;④公司资料的查阅权;⑤公司股利的分配权;⑥公司剩余财产的分配权;⑦出资、股份的转让权;⑧其他股东转让出资的优先购买权;⑨公司新增资本的优先认购权;⑩股东诉讼权。

(五)股东的义务

①缴纳出资义务;②以出资额为限对公司承担责任;③遵守公司章程;④忠诚义务。

二、有限责任公司的股东会

(一)股东会的性质及职权

股东会的职权:①决定公司的经营方针和投资计划;②选举和更换非由职工代表担任的董事、监事,决定有关董事、监事的报酬事项;③审议批准董事会的报告;④审议批准监事会或者监事的报告;⑤审议批准公司的年度财务预算方案、决算方案;⑥审议批准公司的利润分配方案和弥补亏损方案;⑦对公司增加或者减少注册资本做出决议;⑧对公司发行债券做出决议;⑨对公司合并分立、解散、清算或者变更公司形式做出决议;⑩修改公司章程;⑪公司章程规定的其他职权。

(二)股东会的种类及召集

1.首次会议

公司成立后召集的第一次股东会议。

议程:①讨论并通过公司章程;②选举公司董事会成员;③选举公司监事会成员或监事。

2.定期会议

按照公司章程规定的期限定期召开的股东会会议。

3.临时会议

代表十分之一以上表决权的股东、三分之一以上的董事、监事会或者不设监事会的公司的监事提议召开临时会议的。

(三)股东会决议

1.普通决议

针对一般事项所做的决议,需经代表二分之一以上表决权的股东通过。

2.特别决议

针对重要事项,包括修改章程、增加或者减少注册资本的决议,以及公司合并、分立、解散或者变更公司形式的决议,必须经代表三分之二以上表决权的股东通过。

三、股份有限公司的股东大会和国有独资公司的权力机构

(一)股份有限公司的股东大会

1.股东大会的性质及职权

股东大会是股份有限公司的最高权力机构,这是由股东在公司中的地位决定的。

根据《中华人民共和国公司法》规定,股份有限公司股东大会职权适用于有限责任公司股东会职权的规定。

2.股东大会的种类与召集

(1)股东大会的种类

第一,股东年会。股东大会应当每年召开一次年会。

第二,临时股东大会。有下列情形之一的,应当在两个月内召开临时股东大会:①董事人数不足法律规定人数的三分之二时;②公司未弥补的亏损达实收股本总额三分之一时;③单独或者合计持有公司10%以上股份的股东请求时;④董事会认为必要时;监事会提议召开时;⑤公司章程规定的其他情形。

(2)股东大会会议的召开

第一,股东大会会议的召集和主持。《中华人民共和国公司法》规定:①股东大会会议由董事会召集,董事长主持。②董事会不能履行或者不履行召集股东大会会议职责的,监事会应当及时召集和主持;监事会不召集和主持的,连续90日以上单独或者合计持有公司10%以上股份的股东可以自行召开和主持。①

第二,股东出席会议。股东出席会议人数要达到一定比例,才能形成有法律效力的决议。股东可以委托代理人出席股东大会会议。

第三,临时提案的提出。单独或者合计持有公司3%以上股份的股东,可以在股东大会召开十日前提出临时提案并书面提交董事会。董事会则应在收到提案后两日内通知其他股东,并将该临时提案提交股东大会审议。

(3)股东大会会议的决议方式

第一,股东行使表决权的依据。一股一权是股份有限公司股东行使股权的重要原则。但是,公司持有的本公司股份没有表决权。

第二,普通决议与特别决议的表决方式。普通决议:必须经出席会议的股东所持表决权过半数通过。特别决议:必须经出席会议的股东所持表决权的三分之二以上绝对多数通过。

第三,累积投票制。累积投票制是指股东大会选举董事或者监事时,每一股份拥有与应选董事或者监事人数相同的表决权,股东拥有的表决权可以集中使用。

(二)国有独资公司的权力机构

国有独资公司只有一个股东,因此其不设股东会,由国有资产监督管理机构行使股东会职权。国有资产监督管理机构可以授权公司董事会行使股东会的部分职权,决定公司的重大事项,但公司的合并、分立、解散、增加或者减少注册资本和发行公司债券,必须由国有资产监督管理机构决定。

---

① 杨顺平. 我国公司法人治理结构法律问题及措施[J]. 法制博览,2021(03):83-84.

第三节 董事会

一、董事会制度

(一)董事会的地位

在决策权力系统内,股东大会仍然是决策机构(限于重大决策),董事会是执行机构。在执行决策的系统内,董事会则成为决策机构(限于一般决策),经理机构是实际执行机构。

董事会处于公司决策系统和执行系统的交叉点,是公司运转的核心。

(二)董事会的性质

①董事会是代表股东对公司进行管理的机构;②董事会是公司的执行机构;③董事会是公司的经营决策机构;④董事会是公司法人的对外代表机构;⑤董事会是公司的法定常设机构。

(三)董事会会议

1.董事会会议的形式

定期会议:有限责任公司董事会定期会议由公司(章程)自行规定,股份有限公司董事会定期会议每年至少两次。

临时会议:代表十分之一以上表决权的股东、三分之一以上董事或者监事,可提议召开。董事长接到提议后10日内召开会议。

2.董事会会议的召集和主持

一般由董事长召集和主持;董事长不履职,副董事长接替;副董事长不履职,半数以上董事推举。

会议开始前10天通知全体董事。

3.董事会的决议方式

一人一票原则和多数通过原则。

(四)董事会的职权

①董事会作为股东会的常设机关,是股东会的合法召集人。②作为股东会的受托机构,执行股东会的决议。③决定公司的经营要务。包括公司的经

营计划、投资方案。④为股东会准备财务预算方案、决算方案。公司的财务预算方案、决算方案应由董事会草拟制定,由股东会审议批准。⑤为股东会准备利润分配方案和弥补亏损方案。提交股东会做出最后决议。⑥为股东会准备增资或减资方案以及发行公司债券的方案。由股东会做出最后决议。⑦制定公司合并、分立、解散的方案。董事会拟订方案,由股东大会做出特别决议。⑧决定公司内部管理机构的设置。除公司的基本组织机构(股东会、董事会、监事会)外,公司的其他内部管理机构的设置,均由董事会决定。⑨聘任或者解聘公司经理、副经理、财务负责人,并决定其报酬事项。⑩制定公司的基本管理制度。①

二、有限责任公司的董事会

(一)董事会的组成及董事的任职资格

《中华人民共和国公司法》规定,有限责任公司董事会的成员为3~13人;两个以上的国有企业或者两个以上的其他国有投资主体投资设立的有限责任公司,其董事会成员中应当有公司职工代表;董事会设董事长一人,可以设副董事长。董事长、副董事长的产生办法由公司章程规定。

根据《中华人民共和国公司法》的规定,有限责任公司董事的任职资格与股份有限责任公司董事,以及公司制企业监事、高级管理人员的任职资格相同。对于有下列情形之一的,不得担任公司的董事、监事和高级管理人员:①无民事行为能力或者限制民事行为能力;②因贪污、贿赂、侵占财产、挪用财产或者破坏社会主义市场经济秩序,被判处刑罚,执行期满未逾5年,或者因犯罪被剥夺政治权利,执行期满未逾5年;③担任破产清算的公司、企业的董事或者厂长、经理,对该公司、企业破产负有个人责任的,自该公司、企业破产清算完结之日起未逾3年;④担任因违法被吊销营业执照、责令关闭的公司企业的法定代表人,并负有个人责任的,自该公司、企业被吊销营业执照之日起未逾3年;⑤个人所负数额较大的债务到期未清偿。

(二)董事的任期与义务

有限责任公司董事的任期由公司章程规定,但每届任期不得超过3年,任期届满,连选可以连任。

董事对公司业务具有决策权、管理权,有些情况下可以对外代表公司。

---

①史冯琪. 我国法人治理结构的完善[J]. 法制与社会,2020(24):44-45.

(三)董事会的性质及职权

董事会是有限责任公司的执行机构和决策机构,是对内执行公司业务、对股东会负责,对外代表公司的常设机构。

有限责任公司董事会对股东会负责,其职权与前述董事会的职权相同。此外,有限责任公司的董事会还享有公司章程规定的其他职权。

(四)董事会的议事规则

董事会会议召集和主持的规定同前述内容相同。

董事会会议可以分为定期会议和临时会议两种。定期会议按照章程规定的期限定期召开。

董事会的议事方式和表决程序一般由公司章程规定。董事会的表决实行"一人一票"制。

需要注意的是,我国涉外企业法有特殊规定的,应从其规定。

三、股份有限公司的董事会

(一)董事会的组成及董事的义务

1.董事会的组成

《中华人民共和国公司法》规定,股份有限公司董事会的成员为5~19人。董事会成员应由股东会选举产生,董事会对股东会负责。

董事会成员中可以由公司职工代表。董事任期由公司章程规定,但每届任期不得超过3年。董事任期届满,连选可以连任。

股份有限公司的董事会设董事长1人,可以设副董事长。董事长和副董事长由董事会以全体董事的过半数选举产生。董事长的法定职权主要包括两项:主持董事会会议和检查董事会决议的实施情况。

2.董事的义务

(1)忠实义务

①自我交易之禁止;②竞业禁止;③禁止泄露商业秘密;④禁止滥用公司财产。

(2)注意义务

董事有义务对公司履行其作为董事的职责,履行义务必须是诚信的,行为方式必须使他人合理地相信,为了公司的最佳利益并谨慎之人在类似的地位和情况下所应实施的行为。忠实义务为董事确立的是最低限度的"道德标准",注意义务则可视为董事的"称职标准"。

(二)董事会的性质及职权

股份有限公司董事会的性质是公司的经营决策机构,执行股东会的决议,负责公司的经营决策。

对于采用三权分立基础而架构的公司,股东会是公司的权力机构,董事会是公司的执行机构。股东会与董事会的权力来源不同,前者权力来源于股份所有权,而后者的权力来源于法律法规和公司章程的授权。

根据《中华人民共和国公司法》规定,股份有限公司董事会的职权与前文所列的有限责任公司董事会的职权完全相同。

(三)董事会的议事规则与决议方式

董事会是公司运营和管理的核心机构,是法人治理机构的中枢。《中华人民共和国公司法》规定,董事会会议应有过半数的董事出席方可举行。董事会做出决议必须经全体董事的过半数通过。董事会决议实行"一人一票"制。

董事会会议分为定期会议和临时会议。召集与主持内容与前文董事会会议的召集与主持内容基本相同。

董事会会议一人一票,采取多数决的表决方式。董事因故不能出席,可以书面委托其他董事代为出席,委托书中应载明授权范围。

四、独立董事与国有独资公司的董事会

(一)独立董事

根据《中华人民共和国公司法》的规定,上市公司应设独立董事。上市公司独立董事是指不在公司担任除董事外的其他职务,并与其所受聘的上市公司及其主要股东不存在可能妨碍其进行独立客观判断的关系的董事。

1.独立董事的任职资格

在符合有关一般董事资格规定的基础上,独立董事应满足更高的要求。

独立董事应当具有独立性。下列人员不得担任独立董事:①在上市公司或者其附属企业任职的人员及其直系亲属、主要社会关系;②直接或间接持有上市公司已发行股份1%以上或者是上市公司前10名股东中的自然人股东及其直系亲属;③在直接或间接持有上市公司已发行股份5%以上的股东单位或者在上市公司前5名股东单位任职的人员及其直系亲属;④最近一年内曾经具有前三项所列举情形的人员;⑤为上市公司或者其附属企业提供财务、法

律、咨询等服务的人员;⑥公司章程规定的其他人员;⑦中国证监会认定的其他人员。

独立董事的任职条件。具有5年以上法律、经济或者其他履行独立董事职责所必需的工作经验。

2.独立董事的人数

证监会《指导意见》要求上市公司董事会成员中应当至少包括三分之一独立董事。为保证独立董事能确实有效地制约内部董事和关联董事的道德风险,独立董事应占董事会多数。

3.独立董事的职权

独立董事除具有一般董事的职权外,还具有下列职权:①重大关联交易应由独立董事认可后,提交董事会讨论;②向董事会提议聘用或解聘会计师事务所;③向董事会提请召开临时股东大会;④提议召开董事会;⑤独立聘请外部审计机构和咨询机构;⑥可以在股东大会召开前公开向股东征集投票权。独立董事行使上述职权应当取得全体独立董事的二分之一以上同意。

独立董事除履行上述职责外,还应当对以下事项向董事会或股东大会发表独立意见,这些事项为:①提名、任免董事;②聘任或解聘高级管理人员;③公司董事、高级管理人员的薪酬;④上市公司的股东、实际控制人及其关联企业对上市公司现有或新发生的总额高于300万元或高于上市公司最近经审计净资产值的5%的借款或其他资金往来,以及公司是否采取有效措施回收欠款;⑤独立董事认为可能损害中小股东权益的事项;⑥公司章程规定的其他事项。

4.独立董事的义务

独立董事对上市公司及全体股东负有诚信与勤勉义务。独立董事原则上最多在5家上市公司兼任独立董事。

(二)国有独资公司的董事会

1.国有独资公司的董事会的特征

董事会是国有独资公司的执行机构。《中华人民共和国公司法》明确了国有独资公司章程的制定和批准机构是国资监管机构。

国有独资公司章程制定的两种方式:①由国资监管机构制定;②由董事会制定并报国资委批准。

2.国有独资公司的董事的身份

国有独资公司的董事会成员由两部分组成:国资监管机构的委派和公司职工代表大会的选举。

3.国有独资公司董事会的组成与任期

国有独资公司的董事每届任期不得超过3年。

董事会设董事长一人,可以设副董事长。董事长、副董事长由国有资产监督管理机构从董事会成员中指定。国有独资公司必须设立董事会。董事会是国有独资公司的常设经营管理机构。国有独资公司的董事会成员为3~13人,其中应当有公司职工代表。

第四节 经理机构

一、经理机构及其地位

经理又称经理人,是指由董事会做出决议聘任的主持日常经营工作的公司负责人。作为董事会的辅助机关,经理从属于董事会。经理的职权范围通常是来自董事会的授权,只能在董事会或董事长授权的范围内对外代表公司。

董事会与经理的关系是以董事会对经理实施控制为基础的合作关系。其中,控制是第一性的,合作是第二性的。

二、有限责任公司与股份有限公司的经理机构

(一)经理机构的职权

从本质上讲,经理被授予了部分董事会的职权,经理对董事会负责,行使下列职权:①主持公司的生产经营管理工作,组织实施董事会决议;②组织实施公司年度经营和投资方案;③拟订公司管理机构设置方案;④拟订公司的基本管理制度;⑤制定公司的具体规章;⑥提请聘任或者解聘公司副经理,财务负责人;⑦聘任或者解聘除应由董事会聘任或者解聘以外的管理人员;⑧公司章程和董事会授予的其他职权。

(二)经理的义务与责任

经理对公司所负的义务与董事基本相同,主要对公司负有谨慎、忠诚的义务和竞业禁止义务。

(三)经理的选任与解聘

作为董事会的辅助执行机构,经理的选任和解聘均由董事会决定。对经理的任免及报酬决定权是董事会对经理实行监控的主要手段。《中华人民共和国公司法》对经理的任职资格做出了与董事相同的要求。

解聘不合格的经理,是董事会对经理进行事后制约的重要手段。

三、国有独资公司的经理机构

《中华人民共和国公司法》规定,国有独资公司设经理,由董事会聘任或者解聘。经国有独资监督管理机构同意,董事会成员可以兼任经理。

对于国有独资公司来说,经理是必须设置的职务。

关于董事会和总经理的关系,我国的法律法规规定如下。

第一,总经理负责执行董事会决议,依照《中华人民共和国公司法》和公司章程的规定行使职权,向董事会报告工作,对董事会负责,接受董事会的聘任或解聘、评价、考核和奖励。

第二,董事会根据总经理的提名或建议,聘任或解聘、考核和奖励副总经理、财务负责人。

第三,董事会可将其职权范围内的有关具体事项有条件地授权总经理处理。

第四,不兼任总经理的董事长不承担执行性事务。在公司执行性事务中实行总经理负责的领导体制。经理由董事会聘任或者解聘,向董事会负责,接受董事会的监督。

四、监事会制度

监事会制度是根据权力制衡原则由股东选举监事组成公司专门监督机关对公司经营进行监督的制度。

监事会是公司的监督机关,是由股东会(和职工)选举产生并向股东会负责,代表股东对公司经营(公司财务及董事经理人员履行职责行为)进行监督的机关。

一般情况下,公司监事会的监督职能主要表现在三个方面。

第一,监事会是公司内部的专职监督机构。监事会对股东大会负责,以出资人代表的身份行使监督权力。董事、经理人员不得兼任监事。

第二,监事会的基本职能是监督公司的一切经营活动,以董事会和总经理为监督对象。监事会成员必须列席董事会会议。监事会向股东大会报告监督情况。

第三,监事会监督的形式多种多样。监事会不仅要进行会计监督,而且要进行业务监督。不仅要有事后监督,而且要有事前和事中监督。

五、有限责任公司的监督机构

(一)监事会的组成

《中华人民共和国公司法》规定,有限责任公司设监事会,其成员不得少于3人。股东人数较少或者规模较小的有限责任公司,可以设1~2名监事,不设监事会。监事会应当包括股东代表和适当比例的公司职工代表,其中职工代表的比例不得低于三分之一。董事、高级管理人员不得兼任监事。

监事的任期每届为三年。监事任期届满,连选可以连任。

(二)监事会的性质及职权

监事会是对董事、经理执行业务的情况进行监督的专门机构。

根据《中华人民共和国公司法》的规定,监事会或不设监事会公司的监事行使下列职权:①检查公司财务;②对董事、高级管理人员执行公司职务的行为进行监督;③当董事、高级管理人员的行为损害公司的利益时,要求董事、高级管理人员予以纠正;④提议召开临时股东会会议,在董事会不履行法律规定召集和主持股东会会议职责时召集和主持股东会会议;⑤提案权一向股东会会议提出提案;⑥依照《中华人民共和国公司法》的规定,对董事、高级管理人员提起诉讼;⑦公司章程规定的其他职权。[①]

(三)监事会的议事规则

监事会每年至少召开一次会议,监事可以提议召开临时监事会会议。监事会决议应当经半数以上监事通过。

六、股份有限公司的监督机构

(一)监事会的组成

监事会是《中华人民共和国公司法》明确规定的公司必设机关。股份有限公司设立监事会,其成员不得少于3人。

---

①杜斌.公司法人治理结构存在问题及对策探析[J].山西农经,2020(09):118+120.

监事会应当包括股东代表和适当比例的公司职工代表,但董事、高级管理人员不得兼任;监事。其中职工代表的比例不得低于三分之一。监事会主席和副主席由全体监事过半数选举产生。

董事、经理监事的任期每届为三年。监事任期届满,连选可以连任。

(二)监事会的性质及职权

与有限责任公司监事会的职权相同。

(三)监事会的议事规则

监事会会议分为定期会议和临时会议,定期会议每六个月至少召开一次会议,临时监事会会议由监事提议召开。监事会会议决议经过半数以上监事通过。

七、国有独资公司的监督机构

国有独资公司的监事会制度是由国有资产监督管理机构派出监事组成专门外部监督机构对公司经营进行监督的制度。国有独资公司的监事会由国有资产监督管理机构代表政府派出,对派出机构负责,不受企业控制。也称为外派监事会。

(一)监事会的组成

国有独资公司的监事会成员不得少于5人,监事会成员包括国有资产监督管理机构派出的专职监事和职工代表出任的监事。国有资产监督管理机构派出的专职监事,由国有资产监督管理机构任命。监事会成员中职工代表的比例不得低于三分之一,职工代表出任的监事为兼职监事。

监事会设监事会主席,监事会主席由国有资产监督管理机构从成员中指定。

(二)监事会的职权

与有限责任公司、股份有限公司监事会的职权,除第四、第五条外其他相同。列席董事会会议,并对董事会决议事项提出质询或者建议。发现公司经营情况异常时可以进行调查,必要时可以聘请会计师事务所协助工作。

第四章 计划

第一节 计划与目标设定

一、目标设定与计划概述

目标是指一个组织希望达到的未来状况。目标是非常重要的,因为组织存在是有目的的,而目标定义并阐述了这个目的。计划是目标达成的蓝图,并详细说明了必要的资源分配、时间表、任务及其他行动。目标描绘了未来的结果,计划详述了今天的手段。制定计划这一概念通常包括两个意思:一方面它意味着确定组织的目标;另一方面它界定了实现目标的方法。

(一)目标与计划的层次

计划的过程始于组织的正式使命,该使命为组织,尤其为外部的公众界定了组织的基本目的。使命是战略(公司)层面的目标与计划的基础,战略(公司)层面的目标与计划塑造了战术(分公司)层面与运营(部门)层面的目标与计划。高层管理者通常负责制定战略目标与计划,这反映出对组织效率与效果的承诺。中层管理者,如主要部门负责人或主要职能单位负责人等负责战术目标与计划的制定。为了实现高层管理者所制定的战略计划,部门经理须制定出着眼于本部门必须采取的主要行动的战术计划。运营目标与计划对应组织的较低层次,如单个部门与员工所需的具体步骤或过程。基层管理者与主管制定着眼于具体任务与过程的运营目标与计划,这有助于实现组织的战术与战略目标与计划。每一层面的目标与计划都对其他层面的目标与计划起支持作用。

(二)组织计划过程

第一,管理者通过清晰的定义使命和战略(公司层次)目标为组织制定总体计划。

第二,他们将计划转化成行动,包括定义战术目标与计划、制定与目标相匹配的战略地图、形成权变计划与情景计划、并组建情报小组以便对主要竞争对手的相关情况进行分析。

第三,管理者安排达成目标所需的运营因素,包括修正运营目标与计划、选择用来评估事情是否走向正轨的测量指标与目标值、管理者还需制定可能采用的延展性目标和危机应对计划。

第四,目标实施的工具包括目标管理、绩效仪表盘、单一用途计划和分权。

第五,管理者定期评估计划,在结果中积累经验并按需对计划进行调整,接着便又开始一个新的循环。

二、组织中的目标设定

总体计划过程始于使命陈述和组织整体目标的确定。目标不会在组织中自然出现,而是由社会构建出来的,即它们是个体或群体定义出来的。管理者通常对目标应该是什么有着不同的想法,因此他们会通过讨论与协商来确定该追求怎样的目标。

组织开展大量活动并同时追求许多目标以完成一个总体使命。但是谁来决定该追求什么样的使命与目标? 追求某些目标意味着需要将其他目标暂时搁置,也意味着管理者常常就目标的优先级产生分歧。例如,在浙江吉利控股集团收购沃尔沃汽车公司后,中国与欧洲的管理者分歧极大。欧洲管理者希望继续为原有市场提供安全的、可靠的家庭友好型汽车。而新的中国所有者与管理者希望大举进军顶级豪华汽车市场。由于双方目标有冲突,所以管理者不得不进行协商以就公司的发展方向达成共识。

能够团结员工的强有力且鼓舞人心的目标通常不是源自单个管理者,而是由一个联盟制定出来的。联盟管理包括建立员工联盟,这些员工支持管理者的目标并且能够带动其他人也接受该目标并为之努力工作。成为一名有效的联盟管理者需要以下三个关键步骤。

第一,与顾客及其他管理者沟通。建立一个联盟需要同时与组织内和组织外的人沟通,联盟管理者需要征求员工与关键客户的意见。他们要与组织内的所有其他管理者沟通从而了解员工关心什么,员工正面临什么样的机遇。管理者要了解哪些人相信并支持一个既定方向与目标,谁又在反对它们以及反对的原因是什么。

第二,解决冲突。优秀的管理者不会让凌驾于目标之上的冲突日益发酵以致阻碍目标的实现或对组织造成伤害。例如,日本丰田公司近期的一次召回危机暴露了一个长期存在的内部冲突,即一部分管理者希望追求更快的增长速度以及更高的边际利润率,另外一部分管理者则坚信快速增长将会削弱公司确保质量与可靠性的能力。每个阵营都将此次危机归咎于另外一个阵营,但真正该怪罪的却是管理者没能团结员工使之朝着一个共同目标迈进。

第三,打破边界并推广跨界合作。最后的步骤是打破边界,促使员工合作,并促进部门间、分公司间以及不同层级间的协作。例如,在鲍威尔任美国参谋长联席会议主席时,他会定期召集陆军、空军、海军以及海军陆战队的首领,这样他们便能了解彼此的想法并能达成关键的共同目标。跨企业边界的理解与合作是很重要的,因为它能使整个组织联合起来并为实现预期目标而努力。

(一)组织使命

使命处于目标与计划层级中的最高层,它是组织存在的理由。使命描述了组织的价值观、抱负和存在的理由。一个良好定义的使命是制定所有目标及计划的基石。没有清晰的使命,目标与计划会显得杂乱无章,无法将组织领向它需要去的方向。成功公司的特征之一是它们拥有一个能够引领决策和行动的清晰使命。当管理行动与决策背离使命时,组织便会陷入困境。

正式的使命陈述是对目标的公开陈述和定义,它将本组织与其他类似组织区分开来。Holstee是一家位于纽约布鲁克林的销售环保型服装和配饰的公司,它的创始人为公司制定了一条鼓舞全世界的使命陈述。Holstee的使命陈述用以提醒所有创始人和员工,没有任何事情比追求你热爱的事业更重要。

尽管大部分共同的使命陈述不像Holstee公司这样宏大并鼓舞人心,但一个设计良好的使命陈述能够提高员工积极性与组织绩效。使命陈述通常描述了公司的基本业务活动和目标以及公司的价值观。一些使命陈述也会描述公司特征,如目标市场与顾客、产品质量选址与设施以及对待员工的态度。

(二)目标与计划

战略目标,有时也称为官方目标,是描述组织未来目的地的公开陈述。这些目标适合组织整体而不是某些特定分公司或部门。

战略计划定义了公司用以达成战略目标的行动步骤。战略计划是明确实现目标所需的组织活动及资源分配(包括资金、人员、空间和设施等)的蓝图。战略计划一般是长期的,可能规定了未来2~5年内的组织行动步骤。战略计划的目的是在既定时间内使组织目标转化成现实。

战略目标形成后,下一个步骤便是确定组织中的主要分公司和部门要实现的战术目标。这些目标适用于中层管理者,描述了主要分公司和部门为实现组织的总体目标必须做些什么。

战术计划的设计是为了协助执行主要的战略计划及实现公司某个特定的战略。战术计划通常比战略计划的时间更短一年左右。"战术"一词最初来源于军队。在一家公司或非营利组织中,战术计划确定的是组织中的主要分公司或部门在实施组织战略计划时将要做些什么。例如,乔氏连锁商店选址部门的战术目标可能是一年内挑选出三个地址,这些地址要适合乔氏连锁商店的目标市场,即有教养的、富有冒险精神的顾客并且他们能够支持开设一家乔氏连锁商店。战术目标和计划能帮助高层管理者实施他们的整体战略计划。通常,中层管理者的工作是执行宏观的战略计划并制定具体的战术计划。

各部门、工作小组和员工个人期望得到的结果就是运营目标。它们是精确且可测量的。"每周处理150单销售申请""准时送货率达到90%""开发两个新的会计学网上课程"都是运营目标的实例。乔氏连锁商店的商品开发部的一个运营目标是每周找到十款新的吸引人的商品并将其逐步投入店铺。人力资源部门的一个运营目标可能是将每年的员工离职率控制在5%以内,这样店里就会有更多与顾客关系紧密的长期员工。

运营计划是由组织中较低层次的管理者制定的,它确定了为实现运营目标、支持战术计划所需的行动步骤。运营计划是部门经理日常运营与每周运营的工具。目标是以量化形式来定义的,运营计划描述了目标是怎样达成的。运营计划详细说明了针对部门经理、主管和员工个人的计划。时间表是运营计划的重要组成部分。时间表为组织的战术及战略目标下每个运营目标的完成设定了精确的时间安排。运营计划必须与预算相符,因为资源必须被分配到所有需要的活动中。

(三)使用战略地图来使目标协调一致

有效设计的组织目标是一致的,也就是说,它们是一贯且相互支持的,因此低层目标的达成使高层目标的达成成为可能。组织绩效是这些相互独立的元素高度一致带来的结果,因此个人、团队和部门都在协力工作并追求某些细化目标,以帮助组织达成高绩效并实现它的使命。

一个日益流行的整合目标的方法是战略地图。战略地图是组织成功的关键驱动因素的直观表达。因为战略地图展示了每个领域内的细化目标和计划是怎样联系的,它为管理者提供了一个观察目标与计划之间的因果关系的有力方法。战略地图阐明了有助于一家公司长期成功的四个关键领域:学习与成长、内部业务流程、客户服务和财务绩效以及每个领域不同的目标与计划是怎样与其他领域的目标与计划相联系的。其主要理论是学习与成长目标是实现卓越的内部业务流程目标的基础。实现业务流程目标能帮助组织实现客户服务与满意度目标,这有助于组织实现财务绩效目标并使股东价值最大化。

在战略地图中,组织拥有的学习与成长目标具体包括开发员工、实现持续学习与知识共享以及培育创新型文化。实现这些将有助于组织建立内部业务流程,从而与供应商和合作伙伴建立良好关系,提高运营的质量与敏捷性,建立创新型产品与服务的开发优势。实现内部业务流程目标使得组织能够与顾客维持牢固的关系,使得组织成为质量与可靠性方面的领头羊,并能针对新兴客户的需求提供创新的解决方案。在战略地图的顶层,低层目标的实现有助于组织增加在现有市场的收入,提高生产率与效率,通过销售产品与服务以及服务新的细分市场获得发展。

在现实的组织中,战略地图通常会更复杂,并会阐明特定业务的一些具体、细致的目标。然而,一般战略地图告诉我们,管理者怎样筹划目标与计划才能让其互相支持。战略地图也是沟通目标的一个绝好方式,因为所有员工都能看到在帮助组织实现其使命的过程中,他们发挥着怎样的作用。[1]

三、运营计划

管理人员利用运营目标来引导员工和资源去努力实现特定的结果,从而使得组织发挥出效能和效率。其中一个问题是如何设立　个有效的目标。所以,管理者会运用一系列的计划方法,包括目标管理法(MBO)、单一用途计划法以及常用计划法。

(一)高效目标的标准

相关研究对高效目标的特征进行了分析。首先,目标必须是明确并且可

---

①姬辉. 企业计划统计信息管理系统的流程再造[J]. 中小企业管理与科技,2022(01):139-141.

测量的。如若可能,最好使用量化术语来表达运营目标,例如,利润增加两个百分点,未完成订单数量为零,或者教师平均效率评级由3.5上升至3.7。并非所有目标都能量化,但含糊不清的目标对员工没有什么激励作用。因此,目标势必要做到定性且定量,关键在于对目标进行精确定义并使得测量过程成为可能。高效的目标还需界定一个时间周期,明确说明将在此期间内评估目标达成情况。比如,为了改善教师效率评级,学校行政人员可能将最后期限设定在2013学年的期末。当一个目标的时间区间为2~3年,设定完成部分目标的具体日期是个绝佳的方式,这能确保员工都在朝着目标迈进的正确轨道上。

目标应该覆盖关键结果领域。目标无法涵盖员工行为或者组织绩效的每一个方面,即便能,数量太多也会使目标无意义。因此管理者应基于部分选择的明确的理念制定目标。少数经慎重挑选,清晰且直接的目标能够集中组织的精力与资源,管理者应该设定既具挑战性却又切实可行的目标。不切实际的目标会将员工引向失败,并会消磨员工的斗志。但如果目标过于简单,员工可能会失去动力。另外,目标应与奖励相联系。目标的最终影响取决于加薪、晋升机会以及奖励在多大程度上基于目标的完成程度。员工关注的是在组织内怎样可以引起注意并得到奖励。

(二)目标管理

著名管理学家彼得·德鲁克在他1954年的《管理的实践》一书中指出,目标管理仍是明确目标、监控过程的一种广受欢迎且强有力的方法。目标管理是一个系统,凭此管理者和员工可以为每个部门、项目及个人制定目标并监控后续绩效。以下四项主要活动可以确保目标管理法的成功。

1.设定目标

设定目标要涵盖所有层级的员工且不能仅着眼于日常活动,制定目标者需要回答这个问题:"我们想要努力实现什么?"管理者要注意前文所述的高效目标的特征并确保为达成目标分配了职责。然而,目标应该共同制定。员工与管理人员共同协商能够激发对达成目标最强有力的承诺。在团队中,要让所有团队成员都参与设定目标。

2.制定行动计划

一套行动计划定义了为达成既定目标所需的行动。行动计划是为个人和部门制定的。

3.评估过程

定期的过程评估对于确保计划正常运行非常重要。这些评估可以是管理者和下属间的非正式评估,组织可能希望在一年内进行三次、六次或者九次月度考核。这种定期考核能观察管理者和员工是否在正确的轨道上,是否需要纠正偏差。但管理者和员工不应受限于预先设定好的计划,必须要乐于采取一切能够产生有意义结果的措施。MBO的关键在于达成目标,在目标未达成时可以更改行动计划。

4.评价总体绩效

MBO的最终步骤是评估个人与部门的年度目标是否均已达成。目标达成与否可以成为绩效评价系统、加薪及其他奖励的一个组成部分。对部门和整个公司绩效的评价可以勾勒出下一年的目标。MBO循环每年都在进行。

当管理者和员工的努力都集中在公司的目标上时,这些目标更容易实现。利用MBO这样的绩效测评系统有助于员工观察他们的工作及绩效如何对业务做出贡献,能够让他们有主人翁意识并勇于承担责任当员工专注于实现目标并富有积极性时,他们的绩效会有所改善,因为是他们决定了期望的结果是什么,并可以轻而易举地获取资源。低层次的目标与高层管理目标相匹配并使实现高层管理目标成为可能。

然而,与其他系统相似,不恰当地使用MBO会造成一些问题。例如,过分强调"实现目标"可能会使实现该目标的方法变得模糊不清。人们为了达成目标可能会走捷径,忽略潜在的风险,或者做出不道德行为。此外,MBO无法独立存在,它只是有效管理员工达成目标的一种工具。

(三)单一用途计划与常用计划

单一用途计划是为了实现未来不太可能重复的目标而制定的。常用计划是持续使用的计划,它为组织内部重复出现的任务或情景提供指导。单一用途计划一般包括规划与项目;基本的常用计划有政策、规则以及程序。常用计划通常适合员工生病、缺岗、抽烟、惩罚、招聘和解聘这样的事项。许多公司正在探索制定有关社交媒体的常用计划。根据美国人力资源管理协会的调查,40%的被调查组织都有一套正式的社交媒体政策,并且超过半数的公司都有监控社交媒体使用情况的公司权利声明。良好的社交媒体政策都是清晰、简洁且具体的。它们定义了什么是恰当的行为,详细说明了哪些行为是禁止的,让员工知道公司能够监控他们的网上活动,并阐明了违反规则的后果是什么。

四、计划的优点与局限

一些管理者相信提前进行计划对于完成一切事情都是很有必要的,另一些管理者则认为计划会限制个人与组织的表现。两种观点都有可取之处,因为计划是优劣势并存的。研究表明,计划通常会正向地促进公司的绩效。理由如下。

第一,目标与计划是积极性与承诺的源泉。对于员工而言,计划能够降低不确定性并阐明他们应该完成的任务。缺乏清晰的目标会削弱员工的积极性,因为员工不清楚他们在为什么而努力。

第二,目标与计划能指导资源分配。计划有助于管理者决定将资源(例如员工、资金和设备)分配至何处。

第三,目标与计划是行动的指南。计划侧重于具体目标,并引导员工朝着重要的结果努力。计划有助于管理者及员工了解为实现目标他们需要采取何种行动。

第四,目标与计划为绩效设定了标准。由于目标与计划明确了期望的结果,它们也就设定了绩效标准,这样一来,管理者便能判定事情是否维持在正确的轨道上。目标与计划提供了评价标准。

尽管计划有以上优点,一些研究者仍认为计划会在某些方面损害组织绩效。因此,管理者应该考虑到计划的局限性,尤其是当组织在动荡不定的环境中运作时。计划的局限性如下。

第一,目标与计划会带来一种错误的确定感。拥有计划会让管理者有一种错误的确定感,即他们能够预知未来是什么样的。然而,所有的计划都是基于假设的,管理者无法预知本行业或竞争对手、供应商和客户的未来。

第二,目标与计划在动荡不定的环境中可能会造成僵化。计划带来的一个问题是,它会使组织陷入特定目标、计划和时间框架中,从长远来看不适合组织发展。多变及不确定情境下的管理需要一定的灵活性。坚信"坚持到底"的管理者通常会死守一个有缺陷的计划,即使此时的环境已经发生了巨大变化。

第三,目标与计划会阻碍直觉和创造力。成功常常源于直觉和创造力,而过多的中规中矩的计划会阻碍直觉和创造力。例如,在提到的MBO的设定目标这一步骤中,员工可能会为求安稳地达成目标而故意不提出有创造性的点子。类似的,管理者有时会压制员工提出的具有创意却与事先制定好的计划不符的点子。

五、动荡环境中的计划

考虑到计划具有局限性,管理者该如何应对?管理者既能利用计划的优势同时又可以控制其局限性的一种方法是,使用与当下动荡环境相协调的创新型计划方法。有以下三种方法能够帮助组织应对意料之外的,甚至是无法想象的事件,它们是权变计划、情景构建与危机应对计划。

(一)权变计划

当组织运行于高度不确定的环境中,或面临的时间周期较长时,做计划就像在浪费时间。确实如此,当面临技术、社会、经济或其他环境的迅速变化时,不灵活的计划可能会阻碍而非帮助组织提高绩效。在这种情况下,管理者应制定出多种可替代方案以帮助他们制定更具适应性的计划。

权变计划明确了当遇到紧急事件、挫折或者意料之外的情形时,公司可以采取的应对措施。为了制定权变计划,管理者要识别出环境中的关键因素,比如说可能的经济下滑、市场衰退、供应成本增加、新技术的开发,或者安全事故。管理者随后要对最可能发生且影响最重大的紧急事件做出一系列应对行动计划。管理者要关注最糟糕的事件。例如,如果销售额下跌20%同时价格降低8%,公司会如何应对?管理者应制定出权变计划,它可能包括裁员、紧急预算、新的销售行动或者开发新市场。一个来自奥斯卡颁奖典礼的真实事例是,如果在奥斯卡年度颁奖典礼开始前的一刻作家或者演员罢工了该怎么办?美国电影艺术与科学学院必须有权变计划,如播放电影短片、介绍历史背景或者采用其他不同寻常的点子以使典礼正常进行。美国电影艺术与科学学院的主席锡德·甘尼斯说:"我们有义务以艺术的形式来呈现奥斯卡奖,因此我们必须考虑到因罢工或未达成共识而使颁奖典礼没法进行的可能性。"

(二)情景构建

情景构建这种预测技巧是权变计划的延伸。情景构建包括透视时下的趋势、突变以及看到未来的可能性。管理者应该思考未来可能发生什么,而不仅仅是观察历史和思考过去。给公司带来最大伤害的是那些没人能想到的事件。在当今杂乱无序的世界里,传统计划无法帮助管理者解决大量会对组织造成影响的迅速变化且复杂的不确定因素导致的问题。

管理者无法预测未来,但可以预设一个框架,未来按此框架来管理事件。

一些管理者将已经出现的全球情景,例如欧洲债务问题、亚洲经济衰退,或者全球气候变暖作为情景构建的出发点,以分析可能会影响他们所在行业的模式和驱动因素。这种简化的情景思维能够使管理者在"假设……会……"的问题上拥有先行一步的优势,从而在各种情景出现前增进对它们的理解。然后,大多数管理者会基于对可能影响到组织的不同因素的预测在心中列举各种情景。情景就像是可供选择的具有生动画面的故事,这些故事描绘了未来会是什么样以及管理者将如何应对。通常,管理者会根据每个系列因素构建2~5个情景,从最乐观的情景到最悲观的情景。

(三)危机应对计划

许多组织热衷于危机应对计划,这能让它们应对突发的灾难性事件。如果管理者没有准备好适当的快速应对措施,那么这种事件可能会毁灭一个组织。组织内部的许多事情都可能会出问题,因此大部分航空公司,都有致力于制定危机应对计划的工作团队。

航空公司并不是唯一需要为潜在危机事件未雨绸缪的组织。2012年危机频发,例如,东海岸的飓风"桑迪"给纽约和新泽西造成了巨大破坏;日本的地震、海啸以及核危机;科罗拉多州奥罗拉电影院内《黑暗骑士崛起》首映时的爆炸事件;英国石油公司墨西哥湾漏油事件等。

1.危机预防

危机预防阶段包括管理者尽力预防危机发生并甄别潜在危机的预警信号。预防阶段的关键在于与主要利益相关者(如员工、顾客、供应商、政府、工会和社区等)构建公开、相互信赖的关系。通过培养良好的关系,管理者通常能够预防危机的发生,对于那些无法避免的危机,管理者也能够有效地应对。

2.危机准备

危机准备阶段包括当危机发生时解决这一危机的所有具体的计划。准备阶段的三个步骤分别是:指派危机管理团队和发言人,制定具体危机应对计划,以及建立有效沟通系统。比如,危机管理团队是一个跨职能小组,当危机发生时,该小组成员要积极行动起来。组织还应指派一位发言人充当危机期间组织的代言人。危机管理计划是一个具体的、成文的计划,它详细说明了当危机发生时应该采取的步骤及由谁采取。危机管理计划应包含处理不同类型危机的步骤,例如像地震和火灾这样的自然灾害,像经济危机、工业事故、产品和服务缺陷这样的常发事故以及像行贿或恐怖袭击这样的非正常事件。关键在于危机管理计划应该是按需定期修订、应用、更新的与时俱进的文件。

六、创新的计划方法

为了与迅速变化的环境和员工态度相协调,计划的过程一直处于变化中,正如管理的其他职能一样。一种计划的新方法是让组织中的每个人都参与计划过程,有时还可让外部利益相关者参与计划过程。这种新方法的演变始于向分权计划的转变,这就意味着计划专家与主要分公司或部门的管理者一起制定目标和计划。全公司的管理者针对问题提出自己有创意的解决方案,更加努力地跟进计划的实施。随着环境变得愈发动荡,通过让计划专家直接与一线管理人员及一线员工针对迅速变化的需求共同制定动态的计划,高层管理者能进一步看到推行分权计划的好处。

在一个复杂且具有竞争性的商业环境中,战略思维和执行力成为对每一个员工的期望。当员工参与制定目标与决定实现目标所用的方法时,计划会更有活力。下面介绍一些关于创新计划的指导方针。

(一)设定追求卓越的延展性目标

延展性目标是合理却又雄心勃勃的目标,它是清晰的、让人兴奋的、具有想象力的,能激励员工并激发卓越绩效。延展性目标通常都是超越现有水平的,要想达到此目标,人们必须寻找创新的方法。思考下面这个亚马逊公司的例子。

要求一群工程师开发Kindle电子阅读器便是詹姆斯·柯林斯和杰里·波拉斯所提出的"宏伟、艰难和大胆的目标"。"BHAG"这个词由柯林斯和波拉斯在1996年的文章《构建你的公司愿景》里首次提出。从那时起,它便演化成一个术语,用于描述宏伟的、振奋人心的、跳出常规的、击中人们的灵魂并改变他们思维的目标。但是,目标必须被认为是可实现的,否则员工会气馁消极,并且某些员工为了实现目标可能会做出极端或不道德的行为。

延展性目标和"宏伟、艰难和大胆的目标"都变得越来越重要,因为世事变幻莫测。一家循规蹈矩地改善产品、流程或系统的公司将会被淘汰。管理者可以利用这些目标来迫使员工从新的视角考虑问题,这能带来大胆的,创新的突破。

(二)使用绩效仪表盘

人们需要一种方法来观察计划进行得怎么样,并朝着实现目标的方向前进。组织开始将业务绩效仪表盘作为管理者追踪关键绩效指标的方法,例如,目标销售额、缺货产品数量或是在指定时间内的客户服务应答百分比。绩效仪表盘变成了组织级的系统,它有助于协调、追踪企业内的目标。

绩效仪表盘的真正力量源自它可在全公司得到应用,甚至可应用于工厂或销售柜台,这样,所有的员工都可以跟踪目标的完成进度,观察到哪些事情做得不够,并找到一些有创意的方法使之回到正轨,朝着特定目标的方向前进。例如,在美国急救医学协会里,一个由医生组成的医疗小组负责管理纽约和新泽西州所有医院的急救室,绩效仪表盘使得这些医生能够观察各家医院的病人候诊时间这个绩效指标是否被突破。有些公司的绩效仪表盘系统还植入能让使用者进行情景模拟的软件,从而可以评价不同可选方案对达成目标的影响。

(三)部署情报团队

预测与管理环境中的不确定性与动荡性是计划至关重要的一部分,这意味着管理者需要高质量的情报来对目标与计划做出明智的选择。越来越多的领先公司正利用情报团队来应对这种挑战。情报团队是一个由管理者和员工组成的跨职能小组,通常由一个富有竞争力的情报专家领导,这些人为获得对某个特定业务问题的深入理解而共同工作,他们的目标是提出见解和各种可能性并提出与该业务问题相关的目标与计划的建议。当组织面对一项重大情报挑战时,情报团队是非常有用的。比如,一个大型金融服务公司了解到一个更强的竞争对手有可能在其主营业务领域与自己直接竞争,该公司高层管理者就有可能组建一个情报团队,去了解这可能在何时及如何发生,以及它将如何影响整个组织。情报团队能够提供许多见解,这有助于管理者做出有关目标的明智决策,并有助于策划与主要战略事项有关的权变计划和情景。

第二节 战略制定与实施

一、战略性思维

什么是战略性思维?战略性思维意味着长远地、宏观地看问题,包括看到组织及其竞争环境,并思考组织如何才能适应竞争环境。战略性思维对于营利性组织和非营利组织都很重要。在营利性组织中,战略计划通常包括市场中的竞争行为。在非营利组织中,例如美国红十字会或者救世军中,战略计划适合外部环境中的各类事件。研究表明,战略思维和计划能促进公司绩效和经济成功。《麦肯锡季刊》的一项研究证实,大部分管理者非常清楚战略计划的重要性。在缺乏正式战略计划的受访高管中,有51%的高管说他们对公司的战略并不满意,而在有正式战略计划的公司高管中,仅有20%的高管表示不满意。成功企业的首席执行官将战略思维和计划作为管理的首要任务。对于一家想要成功的企业而言,其首席执行官只有做出艰难的选择和权衡,才能明确公司的战略并支持该战略。然而,如今领军企业的高管们希望中低层管理者也拥有战略性思维。理解战略的概念和战略的层次是战略性思维的重要开端。

二、战略管理

战略管理是指用以制定与实施战略的决策与行动的集合,它为组织及其环境提供了适应竞争的最优匹配,从而保证组织目标的实现。管理者会提出如下问题:竞争性的环境出现什么样的变化与趋势？我们的竞争对手是谁？他们的优势与劣势是什么？我们的顾客是谁？我们该提供什么样的产品与服务,我们如何才能最有效地将其提供给顾客？我们所在行业的未来是什么样的？我们如何才能改变游戏规则？回答这些问题有助于管理者做出判断:相对于竞争对手,组织在环境中具有什么样的定位。较卓越的组织绩效并非因为幸运,而是得益于管理者做出的选择。

(一)战略目标

战略管理的第一步是制定一个明确的战略。战略是指描述资源分配及应对环境变化所需的行动的计划,用以获得竞争优势并实现组织目标。竞争优势是指将本组织与其他组织区别开来的特性,这些特性为满足市场中的客户需求提供了独特的优势。制定战略的本质是选择使组织变得与众不同的方式。管理者必须决定组织是否采取与众不同的行动,或者是否以不同于竞争对手的方式去实施相同的行动。战略必须随着时间而变化,从而适应环境状况。为了获得竞争优势,企业制定战略时会涵盖各个要素,包括选择目标客户、开发核心竞争力、获得协同效应、传递价值。

1.选择目标客户

一个有效的战略必须明确组织的客户及必须满足的那部分需求。管理者可以从地理上定位一个目标市场,例如为某个国家某个地区的顾客提供服务;也可以从人口统计学的角度去定位目标客户,例如以特定收入范围的民众或13岁以下的女孩为目标客户;还可通过其他很多方式去定位目标客户。有些企业把目标客户定位为主要通过网络购物的人群,有些企业则把目标客户定位为那些喜欢在小商店购物的人,这些小商店仅提供有限种类的高质量的商品。西南航空公司成立时,管理者将其目标客户定位为定期乘坐巴士的旅行者,这些人想要通过一种便捷、低成本的方式从一地到达另一地。沃尔沃的新老板和管理者正在瞄准一群新的目标客户,并改变公司的战略。它不再将目标客户锁定为那些喜欢购买安全、可靠、声誉好的家庭用车的人,该公司新的中国老板李书福有志于进军豪华车市场。沃尔沃尤其重视中国及其他海外市场新兴的富裕阶层消费者。李书福希望沃尔沃拿出更具创意、震撼人心的设计来赢得喜爱华丽、奢侈的新一代客户的欢心。

2.开发核心竞争力

一家企业的核心竞争力是指与它的竞争对手相比,该企业做得尤为出色的地方。核心竞争力代表一种竞争优势,因为这意味着该企业具备其他竞争对手所不具备的专长。核心竞争力可能存在于杰出的研发、专业技术诀窍、流程效率或者附加客户服务等领域。例如,家多乐和西南航空公司的企业管理者关注的核心竞争力是使企业保持低成本的运营效率。盖洛德酒店在许多州都有大型酒店和会议中心,并在田纳西州纳什维尔市附近的欧普兰有一幢综合大楼,这些设施因为大型会议提供高质量服务的战略而运作良好。罗宾逊直升机公司的成功在于拥有制造小型两座直升机的先进专有技术,这种直升机的用途极其广泛,从洛杉矶的警察巡逻到澳大利亚牧民放牧,都可使用。在这些例子中,领导者明确了公司做得尤为出色的领域,并由此制定战略。

3.获得协同效应

组织的各个部分相互影响从而产生一种共同的效应,这种共同效应大于各个部分独立行动产生的影响总和,此时,协同效应便产生了,组织可能会获得诸如成本、市场地位、技术或者管理技能等方面的特殊优势。若管理得当,协同效应能够使组织利用现有资源创造出附加价值,大幅提高盈利水平。例如,协同效应是卡夫食品公司收购吉百利公司的动力,也是甲骨文公司收购太阳微系统公司的动力。卡夫食品公司可以在新兴市场利用吉百利公司已经建立的分销网络,通过共用卡车和商场销售更多的卡夫产品。甲骨文公司通过收购太阳微系统公司拥有庞大的硬件业务,能够以一个一体化的解决方案为客户提供他们所需的大部分技术。

4.传递价值

将价值传递给客户是战略的核心部分。价值可以定义为获得的利益与付出的成本的结合。管理者通过修订战略,开发核心竞争力并获得协同效应来帮助公司创造价值。例如,时代华纳和康卡斯特这些有线电视公司以更低的价格为用户提供大礼包,其中包括有线电视、数字付费节目、点播视频、高速互联网、数字电话服务。一些电影院正尝试通过"晚餐加电影"模式来提供更多价值。在电影院吃晚餐为人们度过良宵提供了一种更节约时间的方式,相比在电影播放前后去餐馆就餐,它的价值更合理。

(二)战略的层次

战略管理的另一个方面是战略适用的组织层次。战略管理者通常认为战略有三个层次。

第一,处在哪个业务板块?管理者在制定公司层战略时需要考虑这个问题。公司层战略涉及组织整体,也就是把构成整个公司实体的各个业务单元与产品线组合在一起。这一层次的战略行动通常关系到新业务的获得;业务单元、厂、产品线的增加或撤销;与其他企业在新领域的合作。公司层战略的一个例子是美国高明公司。由加里·伯勒尔和高民环创建的高明公司最初为大众所知是因为其独立的全球定位系统设备。高明公司现已成长为一家国际企业,拥有一个消费者产品事业部;一个为汽车市场制造嵌入式汽车全球定位系统的事业部;一个为飞机和船舶制造导航和航空电子设备系统的事业部;一个提供移动气象解决方案的事业部;一个专注于个人监测技术,例如为运动和健康产品制造计步器和心率监测器的事业部。

第二,如何竞争?业务层战略涉及每个业务单元或者产品线。这个层次的战略决策涉及大量的广告、研发的方向和水平、产品革新、新产品开发、设备和器械以及产品和服务线的扩张和收缩。由于许多人使用自己的智能手机来查看方向或地图,高明公司的全球定位系统设备的销售额下降,因此高明公司的消费者产品事业部决定制造一款自己的手机。该公司与电脑制造商华硕公司合作,开发内置全球定位系统的高明牌智能手机。另外,高明公司的消费者产品事业部开发了一款适用于 iPhone 的 App,这款 App 几乎能够让用户在手机上做所有的事情:从查看交通拥堵情况到在维基百科上寻找目的地信息。

第三,如何支持业务层战略?职能层战略涉及各业务单元的主要职能部门。职能层战略包括所有主要职能,如财务、研发、市场营销和制造。Gap 公司市场营销部的职能层战略之一就是利用移动技术为消费者提供有针对性的交易。Gap 公司开发出一款移动 App,它使用全球定位技术,当客户在 Gap 实体店附近打开这款 App 时,它会告诉你附近的大减价活动。

三、战略管理的过程

战略始于高管们评估公司现有使命、目标和战略的定位。然后他们审视组织的内部和外部环境,并识别出可能需要变革的战略问题。

对于所有的组织,内部或外部发生的事件有时暗示着需要重新制定使命或目标,或者需要制定新的公司层、业务层或职能层战略。在动荡的环境与迅速变革的行业中,管理者必须对需要做出改变的战略问题保持警觉,从而适应内部与外部变化。[①]

战略制定包括计划和决策,目的在于设立企业的目标,制定具体的战略计划。战略制定包括评估外部环境与内部环境,从中识别出战略问题,随后将这些结果整合到目标与战略中。这个过程与战略实施不同,战略实施是使用管理和组织工具,将资源引到达成战略结果的方向。战略实施是战略计划的管理与执行。管理者可能会利用说服、新设备、组织结构变革或者修改薪酬体系来确保员工与资源的使用使制定的战略成为现实。

四、制定公司层战略

制定公司层战略的三个方法是组合战略、波士顿矩阵以及多元化战略。

(一)组合战略

个人投资者常常希望其投资组合多样化,组合中既有高风险股票、低风险股票、成长型股票,也有一些收益类债券。类似地,公司喜欢有一个平衡的业务分部组合,即战略业务单元。一个战略业务单元有其独特的业务使命、产品线、竞争对手及与公司的其他战略业务单元相关的市场。负责整个公司的高管们通常会确定一个整体战略,然后通过战略业务单元的集聚,融合去实现整体战略。管理者不喜欢过于依赖某个业务单元。组合战略涉及业务单元与产

①张恒. 国有企业战略制定和实施过程中的问题及对策[J]. 北方经贸,2019(11):157-158.

品线的组合,两者通过符合逻辑的方式组合在一起,为公司带来协同效应与竞争优势。

(二)波士顿矩阵

应用组合战略的一种简单方法是波士顿矩阵。波士顿矩阵从两个维度来组织业务:业务增长率与市场份额。业务增长率是指整个行业的发展速度。市场份额是指一个业务单元占领的市场比竞争对手多还是少。

(三)多元化战略

进入新产品线或开展新业务的战略称为多元化,例如联合健康公司购买医疗团队的服务,搜索引擎领军企业谷歌通过购买 YouTube 进入新领域。多元化的例子还有苹果公司通过 iPhone 进入手机行业、亚马逊通过 Kindle 电子书阅读器进入电子产品行业、雀巢公司通过购买 Ralston 进入宠物食品行业。

多元化的目的是丰富企业的业务,生产出具有新价值的产品或服务。如果新业务与企业现有的业务相关,则该企业实施的是相关多元化战略。例如,联合健康公司进入医疗服务行业,雀巢公司进入宠物食品行业,它们的新业务都与现有的业务相关。不相关多元化是指企业向一个全新的行业扩张,例如通用电气进入传媒行业,食品公司 Sara Lee 踏足内衣行业。如果实施不相关多元化战略,企业的新业务和现有业务之间就没有相关性,因此战略的成功变得艰难。大部分企业放弃了不相关多元化战略,卖掉不相关业务,专注于核心领域。

一家企业的管理者可能会追求多元化的机会,通过垂直一体化战略创造价值。垂直一体化是指企业进入生产产品或服务所需的原材料领域,或者进入为消费者配送、销售产品或服务的领域。近年来出现了明显的垂直一体化趋势,许多大企业纷纷进入那些能使它们有更多掌控权的原材料、生产及配送领域。

五、制定业务层战略

(一)竞争环境

不同类别的业务其竞争环境不同。大多数的大企业拥有很多独立的业务线,它们会对每一条业务线或每一个战略业务单元做产业分析。例如,Mars 公司拥有六个业务单元:巧克力、宠物保健、口香糖和糖果食品、饮料、信必优科学(动物保健、植物保健)。巧克力事业部的竞争环境与信必优科学事业部的竞争环境是不同的,因此管理者要对每一个业务单元做竞争环境分析,考察诸如竞争对手、消费者、供应商、来自替代产品或服务的威胁、潜在的新市场等因素。

(二)波特的竞争战略

为了找出在特定业务环境中的竞争优势,波特建议企业采取这三种战略:差异化、成本领先、聚焦。

1.差异化

差异化战略是指企业试图使其产品或服务不同于行业中的其他企业。企业可能会利用有创意的广告、独特的产品特征,非同寻常的服务或者新技术,使得消费者感觉到其产品的独特性。从差异化战略中获益的产品有哈雷摩托车、苹果电脑和手机、Gore-Tex面料等,这些产品让人感觉其在市场中是独一无二的。

差异化战略能够减少企业与对手之间的竞争,且不存在替代产品的威胁,因为消费者对其品牌具有忠诚度。然而,差异化战略需要许多高成本的活动,例如产品的研发、设计以及大量广告。企业需要强大的营销部门和富有创造力的员工,且必须给予这些部门和员工以时间和资源去追求创新。

2.成本领先

通过成本领先战略,企业积极寻求高效的设备、追求成本节约、进行严格的成本控制、生产出比竞争对手更高效的产品。虽然成本领先不总是意味着低价,但大部分成本领先企业能保持内部低成本,故而能够以低价为消费者提供产品和服务,同时保持盈利。成本领先的定位意味着企业能够以低于竞争对手的价格提供产品,保持产品的高质量并有合理的盈利。

3.聚焦

通过聚焦战略,组织能够集中于某特定区域市场或者客户群。企业的差异化战略或低成本领先战略都仅面向一个小的目标市场。集中成本领先战略的一个例子是家多乐公司。家多乐公司的主要品牌,如汰渍、高露洁的产品价格比其他超市低20%~40%。该公司把店铺设在廉价的,简朴的建筑里,例如街边店,其目标客户是年收入为35000美元左右的人群,而不是高端客户。出生于墨西哥的玛丽亚·康特里拉斯斯威特创立了Proamerica银行,它成功地运用集中差异化战略,主要服务于洛杉矶西班牙社区的大型家族企业。玛丽亚相信这家由拉美裔创立的银行可以通过与客户建立密切的个人关系与大型商业银行(例如美国银行)区别开来。

管理者应该谨慎地思考哪一种战略能够为企业带来竞争优势。吉普森吉他公司以其创新的、高质量的产品闻名于音乐界。该公司发现,转向成本领先战略去与日本竞争对手竞争,如雅马哈、Ibanez等,实际上对公司是有害的。管理者意识到人们想要吉普森的产品是因为它的好名声而不是低价格,于是他们又回到差异化战略,并投资于新技术和新营销。

在波特的研究中,他发现一些企业没有主动采取这三种战略,并缺乏战略优势。由于企业没有竞争优势,与那些采取差异化、成本领先或者聚焦战略的企业相比,前者只能获得低于平均水平的利润。类似地,"常青树项目"对上百家企业的管理实践开展了为期5年的研究,发现一个清晰的战略方向是管理者成败的关键。

六、制定职能层战略

职能层战略是各个主要部门使用的行动计划,用来支持业务层战略的实施。重要的组织职能包括营销、生产、财务管理、人力资源管理和研发。各个主要部门的管理人员采用与业务层战略协同的战略以实现组织的战略目标。

例如,假设一家公司采取差异化战略,推出一种预期销售量会快速增长的新产品。人力资源部门必须采取适合这种情况的战略,这意味着需要招聘更多的员工,并为这些新员工培训中层和基层管理者;营销部门必须开展试探性营销、积极的广告促销和消费者产品试用活动;财务部门必须制定贷款计划,处理大额现金投资,批准建造新设施。

一家拥有成熟产品或者采取成本领先战略的公司会有相应的职能层战略:人力资源部门必须制定能留住和发展、稳定的队伍的战略;营销部门必须强调品牌忠诚度和发展现有的可靠的分销渠道;生产部门必须采取大规模生产、标准化程序和降低成本的战略;财务部门必须关注净现金流和正现金余额。

七、全球战略

很多组织在全球运营并且把关注全球业务作为它们追求的一个独特战略。高层管理者试图制定统一的战略使全球的运营带来协同效应,从而实现组织共同的目标。管理者必须考虑的一个问题是全球标准化和本土响应性之间的战略悖论。企业迈向国际化的第一步是向选定国家出口国内生产的产品。因为企业专注于国内市场，只出口一部分产品，所以管理者几乎不必关注本土响应性或全球标准化问题。追求进一步国际扩张的组织必须确定是每个海外分支机构自主行事，还是所有海外机构的一切活动都标准化和集中化。这会导致管理者做出一个基本的战略选择，例如是采取全球化战略还是多国战略，一些公司可能会试图通过跨国战略实现一定程度的对全球标准化与本土响应性的兼顾。

（一）全球化战略

一旦一个组织选择了全球化战略，就意味着它的产品设计和广告策略在全球都是标准化的。这个战略基于消费者和产品都存在单一的全球市场的假设。该假设认为，不管哪个地方的人都想买同样的产品，都有同样的生活方式，也就是说，不管哪个地方的人都想要吃麦当劳的汉堡包，都想使用iPhone，全球化战略能够帮助组织通过标准化产品设计和生产，使用共同的供应商，在全球更快地推广产品、协调价格、撤掉多余的设备而获得效率。例如，吉列拥有大量的生产厂，利用共同的供应商和流程来生产剃须刀和其他产品，这些产品的技术规格在全球都标准化了。

（二）多国战略

一个组织一旦选择了多国战略，就表示每个国家分支机构的竞争都是独立进行的，与其他国家的分支机构毫不相干。也就是说，一家跨国公司会在很多国家有分支机构，它鼓励这些分支机构修改其营销、广告、产品设计，以适应每个国家特定的需要。很多企业拒绝全球标准化的观点。例如，它们发现法国人早餐不喝橙汁、墨西哥一些地方的居民用洗衣粉洗刷碗碟、中东国家的民众喜欢辣味的牙膏。卡夫食品公司在很多国家都会根据当地的口味开发新产品，重新设计原料搭配和包装。例如，在中国，卡夫的饼干有绿茶味、冰激凌味、芒果味和橙子味；乐之饼干的口味有"美味炖牛肉"和"超辣鸡肉"，并且装在杯子状的便携式包装中出售，这种包装很像拉面盒。服务型公司也需要认真思考它们的全球战略。7-11便利连锁店使用多国战略是因为它的产品组合、广告手段和支付方式必须适应全球不同地区的偏好、价值观和政府规定。例如，在日本，顾客喜欢在便利店支付水电费和其他的费用。7-11的日本店对此做出响应，提供该项服务，并且让人们可以在就近的7-11商店里收取和支付他们在网上购买的商品。

(三)跨国战略

跨国战略寻求兼顾全球标准化和本土响应性。但是真正的跨国战略是很难实现的,因为既需要密切的全球协作,又需要本土的灵活性。很多企业发现,日益加剧的竞争意味着它们必须实现全球高效率,不断增加的满足当地需求的压力要求它们做出本土响应。同时高效地实现了跨国战略两个目标的公司是可口可乐。这家软饮巨头公司通过在全球生产、宣传和分销可口可乐、芬达和雪碧等著名品牌实现了高效率。CEO穆泰康推动公司在这些著名品牌上进一步扩张,生产出适合当地口味的产品。该公司在全球出售400多种饮料。例如,在俄罗斯,可口可乐版的传统的KvasD成为销量增长最快的软饮。

虽然大部分跨国企业希望实现一定程度的全球标准化以降低成本,但即使是全球产品也需要做出某些调整以迎合各个国家的政府规定或消费者的偏好。另外,日益加剧的竞争意味着很多企业必须利用好全球机会,并对国际市场的差异性做出回应。

八、战略的实施

战略管理过程的最后一个步骤是战略实施,即如何执行战略或者如何将战略转化为行动。很多公司的文件柜里放满了制胜战略方案,但它们仍然在生死线上挣扎。为什么呢?有丰富实践经验的管理者提醒我们,"战略制定出来很简单,但是实施起来非常困难"。确实,很多战略专家一致认为战略实施最重要,它是战略管理中最困难的部分。

不论制定的战略有多么宏伟,如果不能巧妙地实施,那么公司将无法受益。有效战略实施的一个关键点是联结,以使组织中所有的方面都能与战略保持一致,并且所有部门和所有人都朝着达成战略目标的方向合作。联结从根本上意味着所有人都朝着同一个方向行动。宏伟的目标必须转化为清晰的蓝图,这样每个人的行动才能与管理者的战略意图保持一致。管理者要确保所有的目标都一致,他们也要检查组织的方方面面是否协同一致,是否都支持为实现目标而制定的战略。

(一)明确清晰的领导

有效实施战略的关键是优秀的领导。领导是影响人们做出新行为的能力,这种行为能使战略变成行动。领导者积极地使用劝说、激励等技巧,充分利用支持新战略的文化价值观。他们可能会向员工做演讲,建立支持新战略方向的员工联盟,劝说中层管理者按照公司愿景行动。最重要的是,他们以身作则。皮克斯动画工作室有一项对领导的规定,用以支持制作极具创意的动画电影的战略:工作室没有管理者。皮克斯的领导者是那些有创造力的艺术家。这个规定维护了"没有老师的电影学院"的工作室文化,从而给予员工最大的自由去开发和追求独特的、创新的点子。在皮克斯,每个人,从门卫到审计员,都被鼓励为新电影提出自己的想法。

(二)清晰的角色和责任

人们需要了解他们的个人行为如何为实施战略做出贡献。试图实施一个与组织结构设计,尤其是与管理者的角色、权力和责任冲突的战略,是把战略变为行动的最大障碍。为了有效地实施战略,高层管理者需要清晰地为个人界定角色和权力与责任,界定团队中谁将对结果负责。

(三)坦诚的沟通

管理者开放、热情地推销他们的战略设想,他们也倾听其他人的想法,并且鼓励他人提出反对意见和开展讨论。他们会创建一种开放和真诚的文化,鼓励跨层级和跨部门的团队合作。有效实施战略需要企业管理者与股东、顾客和其他利益相关者之间坦诚沟通。谷歌的创始人谢尔盖·布林和拉里·佩奇每年轮流给股东写一封简明扼要的公开信。第一封信是为了首次公开募股(IPO)而写的,清晰地表达了谷歌不会想尽办法使它的季度表现"变得好看",就像某些上市公司做的那样。与顾客坦诚沟通也是之前提到的彭尼公司战略的一个方面。

(四)恰当的人力资源管理方法

组织的人力资源就是它的员工。组织通过招聘、筛选、培训、薪酬、调动、晋升和裁员这些职能来实现战略目标。管理者要确保人力资源实践与战略一致。例如,布罗德莫饭店是美国历史最悠久的五星级度假酒店,其管理者强调对员工的审慎筛选和长期培训,以保证酒店有"杰出的人才",这些员工将提供超乎寻常的服务。人力资源管理实践连同愿景式领导也是美利肯公司实施新战略的关键。美利肯公司曾经是一家传统的纺织品生产商,但是现在已成为一家多元化的利基产品生产商和特种化学品生产商。

第三节　决策

一、决策的类型和问题

一项决策是从众多备选方案中做出的选择。例如,一名财务经理要从柯林、塔莎和卡洛斯三个人中选出一位担任初级审计师,这就是个决策。很多人认为做出选择是决策的主要工作,实际上它仅仅是决策的一个组成部分。

决策是一个发现问题和机会,然后解决问题和把握机会的过程。决策包含选择前后的努力。所以,究竟是选择柯林还是选择塔莎或卡洛斯,要求财务经理确定是否需要一名新晋初级审计师,是否有潜在的候选人,然后面试候选人以获得必要的信息,最终从中选出一位并了解他进入组织后的社会化情况,以确保决策的成功。

(一)程序性和非程序性决策

管理者的决策通常可以归入以下两类:程序性决策和非程序性决策。程序性决策是指某类情景经常发生,因而可以制定决策规则,并可将这些决策规则用于未来的决策。程序性决策是针对重复发生的组织问题做出的。当存货下降到一定的水平时,需要订购纸张和其他办公用品,这就是一个程序性决策。程序性决策还包括从事某项工作所需的技能、增加库存的再订购点和产品运输的路线选择等。管理者只要制定了决策规则,下属和其他员工就能够在相应的情景中做出决策,管理者可以腾出时间去完成其他的任务。例如,在安排宴会服务人员时,很多酒店规定,如果是就座用餐,则每30个来宾分派一名服务员;如果是自助餐,则每20个来宾分派一名服务员。

非程序性决策是为了应对那些独一无二的、难以明确定义的、在很大程度上非结构化的,但会对组织造成重大影响的情景。Sprint Nextel 公司销售iPhone手机就是一个很好的非程序性决策的例子。如今,苹果公司对移动网络运营商具有很大的影响力,要求它们做出长期大量采购iPhone手机的承诺。Sprint的管理者需要决定是否同意在四年内花200亿美元购买至少3050万台iPhone手机,不管公司是否能够找到足够多的消费者来购买这些产品。对于Sprint来说,这是一个很大的赌注。多年来,公司不断地流失客户,没有盈利。

Sprint管理者意识到,为了销售这些iPhone手机,他们需要使公司的签约客户数量翻倍,并且要让所有的签约客户都购买iPhone。但是如果不销售iPhone,则意味着Sprint将失去战胜AT&T和威瑞森这样的竞争对手的机会。管理者最终决定与苹果公司签约。正如有人对Sprint的决策过程评价的那样,这是"拿整个公司作为赌注的决策"。

(二)面对确定性和不确定性情景

程序性决策和非程序性决策的一个主要区别在于管理者在决策时面临的确定性程度。在一个理想的世界里,管理者拥有决策所需的所有信息。但是在现实生活中,有些事情是不可知的,因此有些决策可能无法解决问题或者达到想要的结果。管理者试图获得相关信息以减少决策的不确定性。每一种决策情最都可以按其信息的可得程度和失败的可能性进行分类,有四种情景:确定性、风险、不确定性和模糊性,程序性决策能够在高确定性的情景下做出,而管理者每天处理的很多事务至少包括一些不确定性,所以需要非程序性决策。

确定性表示所有决策者需要的信息都是充分可获得的。管理者拥有关于运营情况、资源成本或者制约条件、每一条行动路径和可能结果等的信息。例如,如果一家公司考虑在新设备上投资1万元,并且确切地知道该设备会在未来的五年内每年节约4000美元的成本,那么,管理者就能算出其税前回报率大约为40%。如果管理者将这项投资与一项每年节约3000美元成本的投资做比较,就会果断选择那项40%回报率的投资。但是,在现实生活中几乎没有决策是确定的,大部分包含风险和不确定性。

不确定性是指管理者知道他们想要达到的目标,但是备选方案及未来会出现什么情景等信息不充分。一些会影响决策的因素,例如价格、生产成本、需求量或者未来的利率,都是难以分析和预测的。虽然管理者可能因为错误的假设而做出错误的决策,但他们仍然需要基于假设做出决策。美国财政部前部长罗伯特·鲁宾把不确定性定义为使得一项正确决策带来不良结果的情景。管理者每天都要面临不确定性。很多问题没有明确的解决办法,但是管理者可以依靠创造力、判断、直觉和经验来做出反应。

二、决策模型

决策的古典模型基于理性经济人假设和管理者对理想决策的信念。这个决策模型起源于管理方面的文献,认为管理者必须做出经济合理、能为组织带来最大经济利益的决策。该模式基于以下四个假设。

第一,决策者要追求的目标已知且已达成共识,要解决的问题得到明确表达和界定。

第二,决策者努力争取确定的形势,搜集完全的信息。所有备选方案及其可能结果都是可以计算出来的。

第三,衡量备选方案的标准是已知的。决策者选出的方案要使组织的经济回报最大化。

第四,决策者是理性的,并且能够有逻辑地对各个备选方案赋值、排序、评估,做出决策以使企业能够最大限度地达到目标。

传统的决策模型通常被认为是一种主观规范性的决策方式,它规定了决策者应该如何做决策。它并不是描述管理者怎么做决策,而是为组织提供如何实现理想结果的准则。这种理想理性的古典模型在真实组织中通常是无法实现的,但这个模型有它的价值,因为它能使决策者更理性,在决策时不会完全依赖个人的偏好。实际上,麦肯锡进行的一项全球调查发现,管理者在决策时如果能够进行深入的分析,他们就会得到更好的结果。在调查了2000多名高管关于其公司如何制定某一具体决策后,麦肯锡得出结论,详细的分析、风险评估、财务模型和考虑类似的情景等技巧通常会带来更好的财务和运营结果。

古典模型在程序性决策和带有确定性或者风险性的决策中最有效,因为相关信息是完全的,并且各种可能性可以计算出来。例如,新的分析软件会自动进行很多程序性决策,诸如冻结未付款客户的账户、确定最适合某个客户的电话服务计划、处理保险理赔使案子得以高效解决。

利用计算机进行量化决策的兴起拓展了古典模型的应用。例如,纽约市警察局应用计算机制图以及对逮捕方式、发薪日、体育赛事、音乐会、下雨、放假和其他变量的分析去预测潜在的"热点事件",然后决定向哪些地方派遣警力;塔吉特商店、沃尔玛和科尔士等公司根据对销售、经济和人口数据的分析,做出如何仓储和定价的决策;航空公司利用自动化系统来优化库位定价、安排航班和分配机组人员。[1]

---

①刘家辉. 战略制定和实施过程的企业战略风险探讨[J]. 现代国企研究,2019(08):49-50.

三、决策的步骤

当管理者面对某个问题或者某个机会时,就出现了决策需求。当组织没能达到既定目标,即有些方面的绩效不能令人满意时,就出现了问题。当管理者看到潜在的成就可以超过当前的既定目标时,即管理者看到了提高绩效、超越当前水平的可能性时,机会就出现了。

认知到问题或机会是决策的第一步,之后管理者要监控内部和外部环境,从中发现值得关注的那些问题。这个过程类似于军事上"搜集情报"这一概念。管理者必须仔细审视周围的环境以判断组织是否很好地朝着既定的目标前进。

管理者看到某个问题或某个机会后,需要对情景做出良好的判断。诊断是决策过程中管理者分析与决策情景相关要素的步骤。

四、个人决策框架

具有指导型决策风格的人通常喜欢简单、清晰的问题解决方案。具有这种风格的管理者通常能够快速决策,因为他们不喜欢处理很多的信息,他们一般只制定一两个备选方案。他们通常高效、理性,喜欢依靠现有的规则或程序来做决策。

具有分析型决策风格的管理者喜欢搜集尽可能多的数据,据此想出各种复杂的解决方案。这种人会仔细地考虑各种备选方案,通常将他们的决策建立在从管理控制系统和其他渠道获得的客观、理性数据的基础上。他们会根据已有的信息寻找最佳方案。

倾向于概念型决策风格的人也喜欢分析大量的信息。但是,与具有分析型决策风格的人相比,他们更具社会导向,他们喜欢与其他人讨论这些问题及可能的解决方案。具有概念型决策风格的管理者可能会想出许许多多的备选方案,所需信息往往来自员工和组织系统,他们喜欢用创造性方法解决问题。

具有行为型决策风格的管理者通常十分关心他人。这种人喜欢一对一地与人交流,以了解别人对问题的感受,并考虑某一特定决策对他人的影响。具有行为型决策风格的人通常会关注他人的个人成长,并且会做出帮助他人达到他们目标的决策。

五、管理者为什么会做出错误的决策

因为受到首因效应的影响。决策时人的大脑会特别重视最开始接收到的

信息。这些最初的印象、数据或者估计就成为后续思考和决策的错。这个锚既可能是同事一个随意的评论,也可能是在报纸上看到的一个统计数据。过去发生的事件和事物的发展趋势也可以成为锚。例如,在企业里,管理者总是根据前一年的销售额来估计下一年的销售额。过于重视过去可能会导致错误的预判和被误导的决策。

因为想证明过去决策的正确性。很多管理者掉进了去证明以往决策正确性的陷阱,即使在这些证明工作已经不再有效的时候。设想一下,管理者花费大量的时间和精力想提高一位问题员工的绩效,而实际情况是他们从一开始就不应该把这名员工招进公司。另一个例子是管理者希望出现转机,于是不断地把钱投到一个失败的项目上。对产品研发所做的一项调查发现,支持某个新产品开发的那些管理者更倾向于在该产品被证明失败的情况下,继续给予资金支持。人们不喜欢犯错误,所以,他们会继续支持有问题的决策,以证明过去的决策。

因为看到的是你想看的东西。人们总是寻找那些能支持自己目前的直觉或看法的信息,回避那些与此相悖的信息。

六、创新的决策

头脑风暴法是指利用小组成员面对面的互动使其自发地提出决策的各种备选方案。有效头脑风暴的关键在于人们能够在他人想法的基础上进一步提出自己的想法;所有的想法都是可接受的,不管它听上去有多疯狂;不允许批评和评价。这样做的目的是产生尽可能多的想法。头脑风暴法被认为对快速形成解决问题的大量备选方案十分有效,但它也有很多缺点:一是同一个小组的成员往往会遵从他人所说的话,有些人可能比较关注取悦老板或者给同事留下深刻的印象;二是社会抑制会使很多有创造力的人不能完全参与小组讨论,或者很难在小组环境中想出办法来。事实上,一项研究发现,当要求四个成员独自进行头脑风暴时,他们想出的办法通常是形成小组进行头脑风暴想出的办法的两倍。

使用真凭实据有助于消除决策过程中的情绪因素,把人们从错误的假设中解放出来,防止管理者受"看到的是你想看的东西"这一偏见的影响。循证决策法是指努力根据最可靠的事实和证据做出更明智、更合理的决策。这意味着要警惕潜在的偏见,仔细地寻找证据。管理者在做循证决策时,要认真、细致地去思考,而不能粗心大意地依赖于假设、过去的经历、经验法则或者直觉。例如,创建和管理SAT和GRE的美国教育测试服务中心创立了一个任务小组审核公司新产品、新服务的决策流程。该小组发现,很多决策是在缺乏明确的有关知识产权、产品生命周期甚至预期的市场机会等信息的情况下做出的。接着,该小组与管理者一起建立了一个更系统化的循证决策流程,包括利用表格的形式来描述每个方案的具体优点和相关信息,确定标准以获取该产品或服务符合教育测试服务中心的战略和市场需求的强有力的证据。

第五章 组织

第一节 设计适应性组织

一、组织纵向结构

组织过程导致组织结构的产生,组织结构规定了任务的划分和资源的部署。组织结构定义为:①分配给个人和部门的一系列正式任务;②正式的报告关系,包括职权链、决策责任、层级数以及管理者的管理幅度;③为确保跨部门员工间有效地协调而进行的系统设计。确保部门间的协调与公司创建之初各个部门明确的分工同样重要。缺少有效的协调系统,就不能形成一个完整的组织结构。①

二、部门化

组织结构的另一个基本特征是部门化。部门化是把同类岗位归类成部门,把部门整合成组织的基础。管理者必须做出决策,即如何利用指挥链对员工进行归类以使其完成任务。纵向职能制、事业部制和矩阵制都是传统的方法,它们根据指挥链来确定各个层级的部门化归类方法和汇报关系。两种有创意的结构设计方法是团队方式和虚拟网络方式,它们是在动荡的全球环境中面对变化的组织需求应运而生的。

三、横向协调的组织

团队式和网络式结构被越来越多使用的原因之一是许多管理者意识到了传统纵向组织结构在快速变化环境中的局限性。总体而言,组织的发展趋势是进一步打破部门间的边界,许多组织会根据工作流程而不是部门职能来构建横向结构。不论采用何种结构,每个组织都需要横向一体化和协调的机制,

---

①周华清,蒋蔚.企业组织能力评价体系构建及其应用探析[J].台州学院学报,2022,44(01):50-56.

但组织结构如果没有纵向结构,也是不完整的。

四、影响组织结构选择的因素

纵向层级依然受到重视,因为它们让组织受益匪浅。要有效地组织大量的员工以合作的形式完成复杂的任务,某些程度的纵向层级通常是必需的。如果没有纵向结构,大型全球企业中的员工就不知道该做些什么。然而,在当今的环境中,组织的纵向结构通常需要与强有力的横向结构平衡以实现卓越的绩效。

管理者如何知道究竟是应该设计一个强调正式纵向层级的组织结构还是设计一个强调横向沟通和合作的组织结构?答案在于组织的战略目标及其技术特点。外部的战略需要,比如环境状况、战略方向和组织目标,为组织设计带来了自上而下的压力,即组织必须适应环境并实现战略目标。组织结构的选择也必须考虑自下而上的压力,即在组织的产品和服务的生产过程中所采用的技术和工作流程。

第二节 变革和创新

一、创新和变化中的工作场所

组织变革被定义为组织采纳新的观点或行为。有时变革和创新是由来自组织外部的力量所激发的,比如,一位强势的客户要求价格每年有所下降,一个关键供应商破产了,政府的一项新政策生效了。在中国,组织处于政府要求提高工资以帮助工人应对不断上涨的生活成本的压力之下。在美国,所有组织的管理者都面临变革的需求,以与美国最高法院于2012年通过的新《患者保护与平价医疗法案》(原来的《健康医疗法案》)于2010年3月订立中的规定保持一致,保险公司不得不将其理赔范围覆盖以前存在的各种伤病。小企业被要求为其员工购买健康保险,否则就要被罚款。各州政府正在评估究竟是扩大医疗保险覆盖的范围还是设立一些人们买得起的新险种。医护机构之间及与保险公司之间正在结为合作伙伴来消除法令和价格控制带来的财务压力。

二、产品革新和技术革新

组织必须接受各种各样的变革。创新的一个重要方法就是引入新产品和新技术。产品革新是组织产品或服务产出的变革。产品和服务创新是组织适应市场、技术和竞争变化的主要途径。新产品的例子包括亚马逊公司的Kindle Fire平板电脑、伊莱克斯公司生产的北极牌两眼煤气灶(在标准的30英寸(1英寸约等于2.54厘米)煤气灶上安装两个灶眼)、都乐公司生产的Yonanas牌水果冰淇淋机(能将冰香蕉变成香蕉冰激凌)、第一家综合移动电视服务企业HBO Go是服务创新的例子,本科生和研究生在线教育项目也是服务创新的例子。由于管理者对在线教育的创新性再造,新罕布什尔南方大学在《最快速发展公司》评出的全球最具创新性的前50家公司中跃居第12位。新罕布什尔南方大学校长保罗·勒布朗雇用了一名在线客户关系公司的前CEO,他按照ZapposD网站的风格重新组织学校的运营活动,目的在于提供卓越的客户服务。但他并没有就此止步,"我们想要创建一种能把我们现有的商业模式发扬光大的商业模式,因为如果我们不这样做,别人就会这样做。"勒布朗说。

产品和服务的变革与组织中的技术革新息息相关。技术革新是与组织的生产流程相关的变革,生产流程是指组织完成其工作的过程。技术革新是为了使产品的生产或服务的提供更有效率。Hammond′s Candies公司通过实施员工建议的技术变革每年节省了成千上万美元。例如,机械齿轮啮合技术的变革将装配线上所需的员工从5人减少到4人。另一项创意是包装棒棒糖的方法,这种方法保证了棒棒糖在运送至商店途中不会断裂。其他技术革新的例子还有西南航空公司在飞机上采用了能提升效率的翼梢小翼、美国邮政总局采用自动邮件分拣系统、强生制药公司的研发部门利用生物模拟软件对新药进行测试。[①]

三、人员与文化的变革

成功的变革包括人员与文化的变革。人员与文化的变革是指员工如何思考,即心智模式的改变。人员变革仅仅涉及少数员工,比如送一些中层管理者去参加一个培训课程,以此来提高他们的领导能力。文化变革涉及整个组织,比如,国税局将自己的基本定位从一个主要是收税和按章办事的组织转变为

[①]汤开轩. 组织变革频率、工作重塑与员工适应性的关系研究[D]. 电子科技大学,2022.

致力于告知、教育以及服务顾客(纳税人)的机构。大规模的文化变革并不容易,实际上,管理者经常称对人员和文化实施变革是他们最艰难的工作。例如,通用汽车公司的新高管因将公司从破产边缘救了回来并取得了非凡的财务成果而备受称颂,但连 CEO 丹·埃克森也承认,从变革官僚体制、传统文化的角度来衡量,他们仅仅达到目标的 25%。埃克森的一个目标是让更多女性参与高层工作,部分原因在于他相信女性能够带领通用汽车公司进行必要的根本的文化变革。如今,公司 12 名总监中有 4 名是女性,一名女性领导着全球产品开发业务,公司一些最大的工厂也由女性运营。两种能使文化变革平稳进行的具体工具是培训与开发计划以及组织发展规划。

四、实施变革

(一)变革的必要性

许多人只有在面对问题或危机时才愿意变革。危机感或对变革的强烈需要会降低变革的阻力。通用汽车公司与全美汽车工人工会关系的变化就是一个很好的例子。通用汽车公司的管理者与工人建立一种更合作的关系的努力一直遭到汽车工人工会领导人的抵制,但是,公司面临破产的困境证明了这种合作关系的必要性。有时候并没有引发变革的明显的危机,大多数问题都是很微妙的,所以管理者必须认识到这一点,并使其他人理解变革的必要性。变革的必要性就是目前水平与预期绩效水平的不一致。

(二)变革的阻力

使员工了解变革的必要性是实施变革的第一步。大部分的变革会遇到一定的阻力,创意倡导者通常会发现其他员工对他们的新想法并不怎么热情。当规则导向型组织中的管理人员不支持或不批准他们的变革时,创业团队成员就无法推进变革。不参与创新的管理者和员工通常是因为安于现状。人们抵制变革的理由多种多样,了解这些原因有助于管理者更加有效地实施变革。

第三节　人力资源管理

一、人力资源管理的战略作用是提升组织绩效

最好的人力资源部门不仅服务于组织的战略目标,也为提高组织绩效而积极地设计一套可持续的综合性方案。研究表明,人力资源管理、人力资源战略和组织战略方向的协调一致对组织绩效有积极影响,比如会产生更高的员工工作效率和更好的财务表现。

二、政府立法对人力资源管理的影响

有效地进行人力资源管理对于管理人员来说是一项复杂的挑战。首先,法律环境在不断改变,人力资源经理必须随时关注可能产生法律后果的事项。管理人员必须了解并应用一系列已被批准的法律,来保证公平就业机会,这是极其重要的。这些法律的目的是解决针对特定群体的歧视问题,由指定机构来执行这些法律。有关公平就业机会的立法旨在解决男女收入不均的问题,为不同种族、宗教、国籍和性别的人提供平等的就业机会,对不同年龄的人平等对待,同时解决残疾人歧视问题。

三、职业生涯性质的改变

在组织与员工的传统社会契约中,员工向组织贡献他们的能力、知识、忠诚和付出,期望得到工资、奖金、工作机会、职位晋升和贯穿职业生涯的培训。但是现在环境的剧烈变化使得这一契约不再成立。

四、寻找合适的人

现在让我们来关注人力资源管理的三个主要目标:招聘、发展以及保持一支高效的劳动力队伍。招聘合适员工的第一步就是人力资源计划,在这一过程中管理者或人力资源经理会根据目前的职位空缺来预测对新职员的需求。第二步是根据招聘程序与应聘者进行沟通。第三步是选出最适合这个岗位的应聘者。第四步,欢迎新的成员加入组织。

五、人才管理

培训与发展项目是指组织为了促进员工学习工作相关技能和行为所付出

的有计划的努力。《培训》杂志的行业报告显示,在2011年,美国的公司在正式的培训项目上花费了597亿美元,相比前一年增加了13%。课堂教学这种传统方法仍是最流行的培训方式。有意思的是,报告显示,这种培训方式的占比高达41.6%,相比于2010年的27.7%有明显的增加。通过社交媒体与移动设备开展的培训项目的占比有所下降,但是强制性和义务性的培训经常通过这种方式进行。[①]

六、留用高效的劳动力队伍

薪酬是指员工得到的所有现金报酬、所有替代现金的物品和商品报酬。一个组织的薪酬结构包括工资、福利,比如健康保险、带薪休假、员工健身中心等。制定有效的薪酬体系是人力资源管理的重要组成部分,因为它可以帮助企业吸引和留用有才干的员工。除此之外,一个公司的薪酬体系对战略绩效也有影响。人力资源经理要通过设计薪酬体系来促进公司战略的执行,并尽可能实现薪酬公平。

有效的薪酬计划需要的不仅仅是金钱,工资是薪酬计划中重要的组成部分,福利也同样重要。

法律要求组织必须提供某些福利,比如社会保障、失业救济、工伤赔偿等。至于其他形式的福利,比如健康保险、休假、内部托儿所和教育费用报销等,尽管法律没有强制规定,但是提供这些福利有助于公司留用高效的劳动力。大公司提供的福利计划一般会满足所有员工的需求。

第四节 迎接多样化挑战

一、工作场所中的多样化

面临稀缺的资源、低迷的经济以及日益严峻的国内和国际竞争,管理人员努力实现突破性的创新来远远甩开他们的竞争对手。在竞争环境中取胜的重要法宝之一就是一支多样化的劳动力队伍。事实证明,那些培育了多样化劳动力队伍的管理人员更容易帮助他们的组织获得成功。有效运转的多样化团

①李玲. 大数据背景下事业单位人力资源管理改革创新路径探索[J]. 黑龙江人力资源和社会保障,2022(14):113-115.

队可以将个体的优势汇总起来,使得总体效果大于部分之和,从而更好地为组织创造价值。

二、管理多样化

多样化是指人们存在差异的各个方面。以前对多样化的定义并没有如此广泛。数十年以前,许多公司按种族、性别、年龄、生活方式或者残疾等来定义多样化。这种定义方式可以帮助人们对多样化有更加清晰的认识,改变人们的想法,并为很多人创造新的机会。如今,公司正在接受对多样化更加广泛的定义,这种定义认识到员工工作方式、沟通交流方式、获取工作满意度的方式和对自己在工作场所中地位的认知方式等方面的差异。

三、造成个人偏见的因素

为了获得多样化优势,组织正在努力寻找那些有催化剂作用的管理人员来促进组织的多样化进程、减少和消除女性和少数族裔员工可能面临的障碍。为了成功地管理一个多样化的工作群体,为所有的员工创建一个积极的、高效的工作环境,管理者首先需要了解组织中已经存在的或是员工带到组织中来的一系列复杂的态度、观点和问题。其中包括个人偏见的一些要素:成见、歧视、刻板印象和民族中心主义。

四、影响女性职业生涯的因素

(一)玻璃天花板

当女性第一次占据这个国际就业市场上的大半部分职位。当她们沿着职业生涯的阶梯向上攀爬时,起初男性和女性的数量相当,女性占据了底层和中层的管理、专业岗位的51%。但是很少有女性可以冲破玻璃天花板,担任高层管理职位。事实上,《财富》500强公司中,只有3.6%的公司拥有女性首席执行官。玻璃天花板是指女性和少数族裔员工面临的无形的障碍,这一障碍限制了他们在组织中晋升的可能性。他们可以透过玻璃天花板看到高层管理职位,但是主流思想和刻板印象构成了他们晋升路上无形的障碍。更为极端的是,亚裔管理人员在晋升时会面临"竹子天花板",这是一种阻碍亚裔员工职业发展的文化的、组织内部的双重障碍。

(二)女性优势

一些人认为,女性实际上可能成为更好的管理人员,部分原因是她们更加合作。不过于重视等级并且是关系导向的,这与今天全球化与多元文化的环境相符。随着时代的转变,人们的态度与价值观也不断变化,女性似乎天然就拥有的一些特质可能会导致组织中出现持续的性别反转现象。比如,在美国的教育行业中就出现了惊人的性别反转现象,从幼儿园到研究生院,几乎都是女孩扮演领导的角色;各种族裔的女性获得学士与硕士学位的人数超越了男性;在绝大多数高等教育机构中,女生占到了所有注册学生的58%;在25~29岁的青年人中,32%的女性拥有学士学位,男性的这一比例为27%;女性获得硕士与博士学位的比例也在快速提高,女性占据了全美法律系学生的半数,本科商科学生的半数,以及MBA申请人的30%。总体来说,女性在劳动力队伍和公民事务中的参与比例从20世纪50年代中期开始稳步提升,与此同时,男性的参与比例缓慢且稳步下降。①

五、实现文化竞争力

步骤1:发现组织中存在的多样化问题。绝大多数的医生在检查病人之前不可能做出医疗诊断。类似地,组织如果不先调查企业文化目前所处的位置,就无法对实现文化竞争力的流程进行评估。文化审计这种工具可以用来识别企业文化中存在的问题和需要改进的领域。可以通过询问员工下列问题来完成文化审计:不同类型员工的晋升比例如何? 同一工资等级的经理中是否存在薪酬不平等? 是否有玻璃天花板限制女性与少数族裔员工的晋升? 这些问题的答案可以帮助管理者判定组织的文化竞争力水平,并帮助他们将注意力集中到特定的问题上。

步骤2:加大最高层管理人员的参与度。一项成功的多样化战略,最重要的组成部分就是管理人员的参与、领导和支持。最高层管理人员可以通过以下方式展示对多样化行动的支持:为多样化活动分配时间和资金,支持问题解决小组的建议以及通过演讲、构建愿景、使命宣言等方式展现对于多样化的参与度。参与度很高的最高层管理人员可以通过言传身教的方式带动其他人,使得多样化占据优先位置。

步骤3:选择适合均衡战略的解决方法。对多样化问题,最佳的解决方法就是处理好上述步骤1中发现的公司面临的最紧迫的问题。为了实现最有效的目标,应该根据均衡战略选择解决方案,并处理好三个要素——教育和强

①赵四化. 数字经济下的人力资源管理创新浅析[J]. 技术与市场,2022,29(05):169-170+173.

化。教育包括可以提高员工的多样化认知以及培养相关技能的新型培训项目。强化意味着对那些表现出新行为模式的员工给予激励,对那些违反多样化标准的员工采取惩罚行为。一个很好的例子就是丹尼斯快餐店。20世纪90年代初,在遭遇一起歧视诉讼案后,丹尼斯开展了多方面的多样化项目,其中一项内容就是为那些显著提高聘用、提拔少数族裔员工比例的高层管理人员提供25%的奖金。接触包括让传统的管理人员与非传统的同事接触,来打破陈旧的观念。

步骤4:要求结果,重温目标。"没有衡量,就没有完成",这一简单的法则同样适用于针对多样化的付出。多样化的绩效应该通过量化目标来衡量,从而保证提出的解决方案被成功地实施。量化目标可以证明多样化与企业目标相关联。量化目标的例子包括记录薪酬水平的变化、晋升比例、女性与少数族裔员工占据的管理职位等。但是这些人事数据不能全面衡量公司培育文化竞争力的进程。其他的测量方法包括:与多样化努力相关的生产率和利润率,员工对同事的认知,以及对公司为所有员工提供令人满意的工作环境的能力的评估。

步骤5:维持改进企业文化的动力。前面四步中任何一步的成功,对于继续进行多样化的努力都是强有力的促进因素。公司应该将这些成功作为前进的动力,并为更多的进步提供激励。

六、多样化方案与项目

组织的许多政策原本是为了满足典型男性员工的需求而设计的。如今,许多领先的公司开始改进组织架构与政策,以加速和支持多样化的发展。绝大多数的大型组织为了防止种族与性别歧视,制定了正式的政策以及结构化的投诉流程和申诉审查程序,也制定了一些政策来支持多样化员工的招聘和晋升工作。很多公司设立了一个叫做首席多样化官的高层管理职位,主要负责为女性和少数族裔员工创造一个好的工作环境。约60%的《财富》500强公司都设有首席多样化官这一职位。同时,越来越多的公司,如宝洁、安永、好事达保险等,将经理的奖金和晋升与员工队伍的多样化联系在一起。

第六章 领导

第一节 领导的本质与作用

一、领导的本质

"领导"一词有两种比较常见的解释。第一种解释:作为名词,是指领导人、领导者,即利用影响力带领组织达成组织目标的人。一个组织当中的领导者犹如一场晚会的总导演,他可以影响每一位台前幕后的成员,让他们的才艺得到最大限度地发挥。在他的指挥和协调下,每一个节目都紧密衔接,每一个伴奏都恰到好处,使整个节目有条不紊地进行,为观众带来了动听的歌声、优美的舞蹈、欢快的笑声。第二种解释:作为动词,它是管理的一项重要基本职能和计划、组织、控制、协调是相并列的,在组织的管理者制订了详细的计划和目标、建立了有效运行的组织机构以及人员配备之后,下一步就需要领导,促使组织按照既定的计划朝着目标迈进,之后实施监测,对组织运行进行相应的控制和协调。因此,在管理过程中,领导是处在计划、组织之后,控制、协调之前的。这样的中心位置,使领导职能既能够承前(计划、组织工作),又能够启后(控制、协调工作),确保了整个管理过程的流畅运行。本章所讲的领导,主要是针对管理中领导职能所展开论述的。

实施领导职能需要具备三个必要条件,领导者、被领导者和一定的环境。领导的本质就是,在某一特定的环境下,对组织内每个成员的行为进行引导和施加影响力的活动过程,其目的是使组织成员能够自觉自愿并且充满热情地为实现共同确定的目标持续努力。

二、领导者与管理者的区别

在现实生活中,领导者和管理者、领导职能和管理职能经常被一般人士、业内学者交混使用,其实它们之间是既相互区别又相互联系的,不能把他们完全等同。具体体现如下。

(一)所代表的含义有所差异

管理者不一定是领导者,领导者也不一定是管理者,但是一个有效的管理者应当成为一个领导者。因为领导是管理中密不可分的组成部分,而且大部分管理职位都提供了成为领导者的机会,一个管理者要想变得卓有成效,就必须拥有优秀的领导能力和特质,懂得领导的技巧和艺术。一个管理者如果缺乏领导能力,即使他在其他方面都做得很好,也难以对组织成员起到真正的影响力,无法调动员工内心真正的积极性,从而影响达成组织目标的效率。但是,领导者不一定要具备管理者的能力,领导者的形成可能是由管理者而来,还有很多情况是自发形成的,比如非正式组织当中的领袖、企业当中资历比较深的员工等,他们都不是正式任命的管理者,但是他们都扮演着领导者的角色,影响着那些追随他们的人。正如雷莫·W·纽尔密认为:"经理人员可以通过任命的方式产生,但是经理人员的领导地位必须在自己的工作中树立。领导不是组织中的某一职位,而是一种积极、有影响的力量。领导地位的获得不是基于某个职位或身份,而是基于领导者的威信和声望。领导地位可能来自于个人的热情、权威、知识、技能或者超凡的能力。总而言之,它来自领导者对下属所产生的影响力。"

(二)所要求的能力有所不同

管理是在特定的环境下,对组织既有的各种资源进行计划、组织、领导、控制,凭借各种手段和途径实现既定的组织目标。它强调的是整体性以及如何解决问题,综合利用、整合资源的能力。现实工作中,管理往往不是严格按照计划、组织、领导、控制的顺序进行,而是各个职能之间相互交叉、重叠,增加了管理的复杂性。管理者的权力大多是它所处的特定职位所赋予的,利用职权来管理一个组织或者部门,而管理者的对象是组织当中的下属。与之不同,领导是管理的一项职能,主要是对人施加影响,对组织成员进行引导激励。它强调的是为组织设计愿景、激发员工工作的动力、增强组织的凝聚力。因此,领导往往致力于改革和长期目标的实现,注重意义和价值,关注最初的愿景和选择的道路是否正确。

领导者能够运用来源更为广泛的权力,面临的对象是那些被领导者或者跟随者,能够促使他们义无反顾地跟随自己前进。领导者能够在不知不觉中对被领导者形成引领,激励他们以最大的潜能自觉自愿又充满信心地实现组织目标。正如美国前总统尼克松在《管理者》一书中所描述的:"伟大的领导者是一种特有的艺术形式,既需要超群的力量,又需要非凡的想象力。"尽管领导需要技术,但领导远远不是有技术就行。就某种意义来说,管理好比写散文,领导好比写诗。在很大程度上,领导者办事必然是靠符号、形象,以及成为历史动力的、能启发觉悟的思想。人们可以被道理说服,但要用感情感化。领导者必须既能说服人,又能感动人。管理者考虑的是今天和明天,领导者必须考虑后天。管理者代表一个过程,领导者代表历史的方向。因此一个没有管理对象的管理者就不能称之为管理者,但是一个领导者即使失去了权力,也能对其追随者发号施令。

(三)所作用的结果不同

管理不仅包括领导,还包括计划、组织、控制、协调,所以管理比较注重如何解决所遇到的问题,怎样在各个职能之间进行分配任务、协调工作,它更加看重解决难题的方式方法、安排工作的流程和取得的结果,追求的是秩序性、条理性、规范性。管理的基本任务之一是维持组织运行的稳定,更加倾向于让组织成员保持现状,并且通过事前、事中、事后的种种监察和测量确保组织既定的活动方案在计划的轨道上运行。而领导比较注重人的因素,更加关注组织成员的尊严、价值、潜能、发展。因为领导不同于其他职能,领导者不是独来独往,而是要通过与被领导者进行沟通、交流才能够完成工作。作为一个领导者,如果与组织成员之间缺乏交往或者交往不当,都不是真正的领导者。雷莫·W·纽尔密认为:"一名管理者是否可称为领导者,与他如何来诠释他的角色有关。"通常,那些成功的人士都把自己看成是领导者,而不仅仅是管理者。这就是说,他们从各个方面关注其所在的组织,关注它如何成长为优秀的团队。他们的观点都是以组织的愿景为导向的。他们没有将自己的注意力局限在怎样去做或者一个萝卜一个坑这样的事情上。他们考虑的是所要采取的行动应该具有的特点以及做正确的事情,尤其是那些与客户的需求、创新的培育以及组织成员的培训和开发有关的事情。在今天的国际管理中,判断领导者的领导是否成功,就要看他是否能在最大限度上给予公司上上下下的人发展的机会。领导者更多的是制订愿景并且激励组织成员去实现愿景,追求的是突破、变革、创新。[1]

---

[1]李海峰,张莹,杨维霞,武永生.管理学[M].北京:人民邮电出版社,2018.27-29.

三、领导的作用

领导处在管理的中心环节,所发挥作用的重要性自然是不言而喻的,它能够影响组织中每个成员的行为和思想,对组织目标的实现具有关键作用,这主要表现在以下四个方面。

(一)指挥作用

有人把领导者比作是军队的最高统帅,能够调动三军,联络八方,指挥大大小小的战役,直至取得最后的胜利。组织为实现组织目标而活动,就如同军队为实现胜利而进行的作战一样,因此组织当中就需要有一个头脑清醒、思维敏捷、着眼大局、深谋远虑、运筹帷幄的领导者,向组织成员宣明组织所处的现实环境和态势,明确组织所要达到的各级目标和终极目标,确定达到这些目标的方法和途径,并且指导下属制订更为详细的计划、方案。领导者应该时刻关注全局的变化和外界的动态,走在适应环境的第一线,这样才能引领和指挥组织成员迅速地融入多变的环境中。

(二)协调作用

领导的协调作用主要体现在解决组织当中对于人与人、部门与部门、个人与组织所发生的矛盾和冲突上。由于每个组织成员的经历、能力、性格、工作态度等都不相同,在工作当中难免会产生不和谐的地方,这时候就需要领导者既能知人善任又能够处理产生的问题;各个组织的部门往往只顾自己的利益,各扫门前雪,甚至相互推脱责任,这不仅严重影响了组织运行的稳定性和效率,而且很容易导致组织工作半途而废,这就需要领导者统筹调度,合理制订各部门的职责任务,协调他们在工作当中的交接和合作问题;组织中,个人目标往往不能与组织目标完全吻合,当个人目标与组织目标发生冲突时,领导者要及时协调好双方的关系,既能够不打折扣地完成组织目标,又能兼顾个人目标的实现。

(三)激励作用

对于组织的成员来说,几乎所有人都有积极工作、为组织做出贡献的愿望,这是因为他们认为能够从组织当中获得他们想要的东西,但是要想让组织成员持久拥有这种愿望,就需要领导者不断地实施激励来满足它们的愿望。现在社会的竞争越来越大,个人生活的压力也在增大,不管组织成员是在生活上遇到什么难题、还是在工作中遇到挫折,都会影响他们在组织当中的表现,这时候领导者就需要既像朋友一样关心问候他们,又能够切实给予他们精神和物质上的帮助,最大限度地激发他们工作的热情和信心,增强他们对于组织的认同感和归属感,深深投入组织工作当中。

(四)沟通作用

信息沟通在领导者和其追随者之间发挥着重要的作用,领导者一般是组织当中的首脑或者管理者,他们是组织当中信息最重要的传播者。通过沟通,领导者可以在组织各个层之间下达命令和指示,确保组织成员能够准确无误地获得信息,而且通过沟通,领导者能够避免过于书面化的材料,可以切身了解员工真正在想什么以及他们真正需要什么,这样对于领导者实施激励就更有针对性。

四、领导者权利的来源

领导者能够影响组织成员的基础是权力,没有权力的领导者如同巧妇难为无米之炊,如同傀儡皇帝一般,虽有其名,没有实权,这样的领导者是难有大作为的,也不可能带领组织成员达成组织目标。领导者所具有的权力,可以按来源不同划分为以下五类。

(一)职位权力

职位权力是与领导者所处的职位密切相关的权力,这是一个组织赋予特定职位合理合法的、固有的、正式的权力。这与领导者个人因素没有多大关系,不管是谁处在该职位,都具有同样的权力。通过职位权力,领导者可以直接命令下属执行职责范围内的任务,并要求他们按时按质完成任务,比如一个企业的人力资源经理,他可以为该部门成员分配各自的任务,谁负责招聘,谁负责培训,谁负责绩效考核,还要对他们完成的工作进行检查。可以说职位权力是领导者能够影响他人的最基本的权力。

(二)强制权力

强制权力是与职位权力息息相关的,主要指领导者对组织成员的惩罚,可以表现为通报、批评、警告、降职、罚薪、开除等措施。因为权力分配的不平等,组织中的成员害怕自己的行为与领导者所要求的行为不符,会遭到领导者的惩罚,因此他们大都能按照要求行事,但是不管哪一个组织,总会有违反组织规定或者不按要求工作的人,比如:企业规定上班时间为早上八点,那么总有人会出现迟到的情况;要求上班时间不准玩手机,也总会有人违反规定……要对这些行为进行控制,就需要强制权力的实施。但是强制权力的成本一般是比较高的,不仅包括监督检查所花费的费用,还包括对人员惩罚所产生的负面影响带来的损失。

(三)奖赏权力

奖赏权力和强制权力一样,都是与职位权力息息相关的,主要是指领导者对组织成员的奖励,可以表现为表扬、嘉奖、记功、升职、奖金等一些令人高兴的措施。奖赏权力来源于被领导者期望奖励的愿望,当组织成员认为他们出色的表现或者认真的工作态度能够从领导者那里得到肯定,给予他们物质上的奖励或者职位上的升迁等,那么人们就会更加肯定自己的行为,从而增加了他们为组织奋斗的动力。比如说,领导者承诺本年度第一个完成业绩目标的员工可以在年底的时候获得一次带薪旅游的机会,那么很多员工可能为了得到这个机会而更加努力地工作。可以说,领导者拥有的奖励手段越多,而且都是下属渴望得到的,那么领导者的影响力将会越大。

(四)专长权力

专长权力是指领导者具有某一方面或者某一领域的特长和知识而产生的权力,而这种特长和知识是其他被领导者所不具备的。专长权力是与领导者所处的职位没有多大关系的,这种权力是得到被领导者共同认可的,它一般都受到被领导者的尊重,因为人们知道领导者的这种专长可以为他们排忧解难、指明方向。比如软件公司的工程师,他可能在编写程序方面有独特的天赋,因而具有相当大的影响力。

(五)个人魅力

这是与领导者个人的能力、品格、素质、个性、知识、感情等相联系的权力。这种权力具有鲜明的个体性,可以说每个领导者的个人魅力都是不同的,因此他们具有的这种权力的大小都是不一样的。拥有魅力的领导者具有吸引别人的特点,可以起到很好的带头模范作用,比如一个品格优秀的领导者,会让人产生敬爱感;一个知识特别渊博的领导者,会让人产生崇拜感;一个懂得关心下属,时刻为员工着想的领导者,会得到每个人的爱戴。领导者因为个人魅力所产生的权力影响力是巨大的,组织成员会自发地向领导者看齐,甚至在日常生活和工作中都模仿领导者。可以看出,领导者所具有的权力来源是多途径的,以上五种是它的主要来源,我们将职位权力、强制权力、奖赏权力这三种权力称为正式权力,因专长和个人魅力所产生的权力称之为非正式权力。一个优秀的领导者应该既具有正式权力,也要具有非正式权力,因为只具有正式权力的领导者就如同一个指挥机器,而只具有非正式权力的领导缺乏权力的基础,没有权力的威严性和正式性,所以组织中的领导者应该兼具这两种权力,成为真正的领袖。

第二节 领导理论

一、领导特质理论

20世纪30年代对领导理论的研究主要集中在领导者个人,这时候的普遍假设是领导者具有某一方面的特质才使他们成为卓有成效的领导者,探讨一个优秀的领导者具有哪些特质,确定伟大领导者所共有的特质,是常用的研究逻辑。这些研究也在试图说明,领导者特质是造就伟大领袖和普通管理者的主要原因。按照领导特质的来源不同,可以分为传统领导特质理论和现代领导特质理论。传统领导特质理论认为,一个人具有的领导特质是与生俱来的、是先天的,是由遗传因素决定的。现代领导特质理论与传统领导特质理论正好相反,它认为一个人的领导特质是在后天的实践学习中获得的,即使一个先天资质不是很好的人,通过良好的教育培训、实践锻炼,都是可以培养出领导者共有的领导特质的。

斯托格迪尔在经过全面的调查分析后,总结出了与领导者个人有关的几个方面。①5种身体特征,包括精力、外貌、身高、年龄、体重。②2种社会性特征,社会经济地位、学历。③4种智力特征,包括果敢性、说话流利、知识渊博、判断分析能力强。④16种先天特性,包括有良心、可靠、勇敢、责任心强、有胆略、力求革新与进步、直率、自律、有理想、良好的人际关系、风度优雅、胜任愉快、身体健康、智力过人、有组织性、有判断力。⑤6种与工作有关的特征,包括责任感、事业心、毅力、首创性、坚持、对人关心。⑥9种社交特征,包括能力、合作、声誉、人际关系、老练程度、正直、诚实、权力需要、与人共事的技巧。

以上这些特质虽然没有完全列出一个优秀领导者的特质,但充分证明了领导特质理论研究成果的丰硕。显然,这些特征不可能完全出现在一个人身上,即使都是优秀的领导者,他们各自的特质也是相差很大,但是它至少可以帮助解释为什么某些人能够产生更大的领导者影响力,而另一些人却没有,因此也表明领导特质与领导的有效性之间确实存在一定的关系,发挥着潜在的作用,一个具有领导理论所强调的特性的人,成为有效领导者的概率要大得多。但是,通过对领导特质的分析来确定有效领导者与非有效领导者的方式是不全面的,因为它忽视了对领导效果具有重大影响作用的外界环境因素以及领导者与被领导者之间的关系。而且作为传统领导特质的理论已经不再为人们所认同,人们已经逐渐认识到某一领导特质是可以经过教育学习而获得的,要不然也不会有那么多的企业家参加各种技能培训,还有各大高校培养出来的企业家。领导特质理论还有一个不足需要指出来,它虽然列出了领导者应具备的特质,但并没有说明领导者应该在多大程度上拥有这样的特质。

二、领导行为理论

20世纪早期对于领导理论的研究局限在对于领导者所具有的特质进行分析,而这并没有找到领导者所共有的特质,到了20世纪60年代以后,人们研究的重点逐渐转到了领导者该如何行为上,由此发展为领导的行为理论。该理论认为,领导者通过恰当的、最佳的领导行为的培训和学习,再加上一定的实践,就可以更加有效地开展领导工作,发挥领导者的影响力。

领导行为理论试图分辨出优秀的领导者都在做什么?他们又是如何采取行动的?他们在制订计划、做出决策时是倾向于专制还是民主?领导者在带领组织前进的过程中,是把注意力集中在要把工作做好还是让下属感到满意?领导行为理论更加注重的是行为方式,它认为领导者的实际行动要比领导者所具有的特性更为重要。领导行为具有多样性的特点,理论的研究也比较丰富,这里就儿种比较具有代表性的理论进行介绍。

(一)领导方式理论

早期领导行为理论的研究主要是从领导者如何运用其职权的角度来区分不同的领导方式、风格的。大致可以分为专制型领导方式、民主型领导方式和放任型领导方式。

1.专制型领导方式

专制型领导方式又称为独裁型领导或者权威型领导方式,这种领导者独自掌控一切,自己制定计划,做出决策,然后命令下属毫不犹豫地执行自己的命令,要求下属对自己绝对服从。专制型领导行为的显著特点是领导者从来都是自行其是,遇到事情从不考虑别人的意见,也不容许下属参与到计划和决策的制订,主要通过行政命令进行发号施令,下属对决策信息知之甚少,只能察言观色,被动地接受命令,严格按照指示行事。这种方式也有其优点,制订计划和做出决策的速度比较快,不容易产生意见分歧,特别是在遇到紧急事故时,能够迅速地解决问题,比如消防员在救灾过程中,情况十分危急,就需要领导者当下独自做出决定,不需要与别人进行讨论,可以对灾情得到及时控制。但是它的缺点也是非常明显的,领导者与下属缺乏沟通,领导者又不经常参加集体活动,拉远了彼此之间的距离。领导者长久独自决策,下属的依赖性越来越强,对工作缺乏创造性和积极性,也增加了领导者工作的负担。

2.民主型领导方式

民主型领导方式可以理解为是集体参与式,领导者在制订计划,做出决策时不是单凭自己,而是以理服人,集思广益,广泛征求组织成员的意见,或者直接听取下属意见做出决断。民主型领导方式的主要特点是所有组织内的重大决策都是在领导者的鼓励和帮助下由群体协商而定,领导者权力实施的来源主要是非正式权力,很少有行政性的命令,在下达命令时多采用商量、建议的方式,分配工作任务时,充分考虑到个人的兴趣爱好以及工作能力,对工作的安排也不是那么的具体,留给下属一定的选择性和自由性,并且把反馈当作教导员工的机会。领导者经常参加组织内的活动,因此与下属之间的距离是比较近的。

民主型领导方式的优点是能够集所有组织成员的智慧,对计划的制订和决策的做出都经过反复的商讨、修订,最终能够得到质量较高的可行性方案,而且这样做出的方案容易被下属接受,有利于后期下属对工作的执行,同时员工参与制订方案,得到了组织的重视,增强了他们的自尊心和自信心,充分激发了员工的创造性以及工作的积极性。民主型领导方式对于组织内制订重大战略或者面临战术的调整是很适用的,通过众人的努力能够为组织寻找到正确的发展道路。缺点是耗费时间比较多、速度慢、过程长,领导者面对组织内众多不同的意见难以抉择,容易产生意见上的分歧,有些时候甚至为了不发生冲突而出现将就妥协的状况,难以达到真正的意见统一。

民主型领导方式还可以进一步划分为两种类型——民主咨询型和民主参与型。民主咨询型实质上是专制型领导方式向民主型领导方式的过渡,但是相对比较偏向于专制式领导方式。这种类型的领导者在制订计划和决策时也是广泛咨询员工的意见,允许他们提出不同的建议和问题解决方案,但不管组织内有多少种不同的意见,最终做出决策的是自己一个人,表现得非常独断。当下属对决策有疑义和问题时,领导者会以自己的方式来说服下属接受决策并且命令他们坚决执行。

民主咨询型领导方式对领导者自身的素质、能力要求比较高,需要在众多意见中进行选取、抉择,综合为自己的行动方案。民主参与型也是专制型向民主型的过渡,但是更偏向于民主型,在这种形态下,领导者对于自己的下属给予了非常大但并不是完全的信任,下属可以在一些问题中独自做出决策,也可以参与组织中重大问题的决策,在遇到困难时,领导者会尽可能地帮助他们,为他们出谋划策达成目标。

3.放任型领导方式

放任型领导方式的领导者把权力都授予下属,下属有完全的自由按照自己的方式工作,而领导者的职责只是提供信息和建议时给予帮助。放任型领导方式的主要特点是领导者完全成为幕后者,对组织的一切事物撒手不管,任凭下属自己制订组织计划和目标,进行必要的人事安排和调整,领导者几乎不参加组织内的任何会议、活动,多数情况处于被动状态。领导者很少制定组织的规章制度,完全靠成员个人的自觉性,一般工作事先没有布置,事后没有检查反馈。这种领导方式的优点在于可以培养员工的能力,每个人都能成为独当一面的人才,员工按照自己的意愿和想法行事,工作满意度比较高。缺点是组织内无纪律无约束,下属各自为政,遇到问题,难以统一意见,很难达到一个共同的目标。放任型领导方式很难得到普及,除非下属是非常优秀的人才,并具有高度的自觉性和积极的工作态度。

对于以上三种领导方式何者优越,美国学者做了一项实验,将一群儿童分成三组从事堆雪人活动,各组的组长被事先分别训练成按专制式、民主式和放任式进行领导。实验结果表明,放任式领导下的第一小组工作效果最差,所制作的雪人在数量和质量上都不如其他小组。采取专制式领导下的第二小组,堆的雪人数量最多,说明工作效率最高,但质量不如民主式领导下的小组。最后一个小组采用民主式领导,由于孩子们积极主动发表意见,显示出很高的工作热情和创造性思维,组长又在旁边引导、协助和鼓励,结果堆出的雪人质量最高,但工作效率不及第二小组,因为孩子们在商量如何堆出更像样、更好看的雪人时花费了大量时间进行讨论才达成一致意见。这次实验验证了专制式和民主式领导是利弊并存的,究竟采取哪种方式还要根据具体的情况而定,而放任式领导在通常情况下往往弊多利少,不宜采用。

(二)领导四分图理论

1945年美国俄亥俄州立大学通过对领导行为的广泛调查,设计出了一个领导行为描述调查表,表中给出了1000多种描述领导行为的项目,后来经过归纳总结将冗长的调查表缩减到130个因素。通过对调查结果的进一步分析和研究,最终确定为两个方面,即以人为重和以工作为重。

1.以人为重的领导方式

以人为重的领导者希望自己和下属之间建立一种长久的合作伙伴关系,领导者注重培养与下属之间的友谊,他们在工作当中尊重下属,信任他们,并给予他们更多工作上的自主性。领导者在带领组织成员实现组织目标的过程当中,并不是把组织成员看成是单纯地完成目标的工具,而是看成是一种更为宝贵的资本,他们尊重、体谅、关心和支持下属,通过建立良好的人际关系来促使员工更加心甘情愿地为组织工作。这种类型的领导者实施的大多是非正式权力,他们不乐于行政性地发号施令,命令指示大都是建立在领导者的专长和个人魅力的基础上,对下属优异的表现会给予表扬和奖励。

2.以工作为重的领导方式

这种类型的领导者是以任务目标为导向的,他们极度关心组织工作的完成状况,是否按要求达到了预定的目标,而对于组织成员却缺乏关怀、理解。以任务为中心的领导者注重组织内结构的建设,明确自己和下属的层级关系,他们为组织建立了完善的运行机构、严格的工作程序、命令传达方式等。领导者一般忽视员工的感情和意见,对他们提出的要求通常视而不见,他们大多依靠正式权力发号施令,让员工严格按照组织内的规章程序工作,明确了每个成员的任务以及要达到的目标,下属不能越级行事。领导者对工作时常进行监督检查,密切关注下属工作的进程和在工作中的表现,对完不成工作的下属,领导者会显得冷面无情,实施不同程度的惩罚。这种领导方式能够提高组织运行的效率,但也降低了人员的满意度,比较类似于专制型领导方式。[①]

通过研究发现,在以人为重的领导方式下,组织成员的满意度往往较高,组织内呈现出和谐的氛围,但是以人为重并不代表组织成员总能够带来提高

①陈慧敏.领导理论在现实管理中的实际应用探讨[J].商业文化,2021(09):46-47.

工作效率,相反,他们的工作效率比较低。然而在以工作为重的领导方式下,往往可以产生较高的工作效率,能够按时或者提前完成工作任务,但是,人员的满意度比较低,下属抱怨、牢骚增多,组织内人员流动比较大。其实,以人为重和以工作为重并不是一条连续带上的两个端点,这两个方面常常是同时存在的,只是对于不同的情况强调的侧重点不同,领导者的行为可以是这两个方面的任意组合。一个优秀的领导者应该是把以人为重和以工作为重结合起来,即四分图中的高关系工作,这样才能保证在高效率地完成组织目标的同时,也能够提高组织成员的满意度。

(三)领导方格图理论

领导方格图理论是在四分图理论的基础上发展而来的,将四分图中以人为重变为对人的关心,将以工作为重变为对工作的关心。对工作的关心表示领导者对工作当中各种事情所持的态度,比如计划的周密性、决策的质量、组织结构的合理性、人员的积极性和服务质量、工作效率、控制反馈是否及时等。对人的关心表现在要关心体谅员工、为员工制订职业规划、鼓励他们承担责任、给予他们培训教育、关注他们的日常生活、培养和谐的人际关系等。将对人的关心和对工作的关心用两条坐标轴表示,每个坐标轴上各划分9个等份,这样总共形成了81个方格,代表81种不同的领导方式。

在方格图的四个角落和中间位置形成了以下五种典型的领导行为。

第一,1.1型:贫乏式管理。这种类型的领导者既不关心人也不关心工作,他只做一些自己职责范围内最少的工作,试图以最低限度的努力来完成组织目标,只要不出大问题,能少一事就少一事,这样的领导者是不负责任的。

第二,1.9型:乡村俱乐部式管理。领导者对人表现出极度的关心,对工作表现出极度的不关心,领导者只注重搞好组织内的人际关系,强调自己与下属之间的感情,试图营造一种和谐的、愉快的组织氛围和工作环境,忽视了工作的效率以及工作的进展,难以完成组织目标。

第三,9.1型:任务式管理。和1.9型正好相反,领导者极度关心工作,而不关心人,它把全部精力都放到工作上,时刻关注环境的变化对工作的影响。他们不关心人的需求是否得到满足,尽可能地减少人为因素对工作的影响,注重对下属进行控制以提高工作效率。

第四,5.5型:中间式管理。这是一种中庸式的管理,领导者力图避免出现像1.9型和9.1型管理的极端情况,采取了折中的态度,他们既关心人又关心工作,程度适中,兼而顾之。这种方式的领导既能按要求正常完成工作,又能够保持一定的士气,提高组织成员的积极性,是一种平衡的领导方式。

第五,9.9型:团队式管理。领导者对人和对工作都极为关心,努力协调组织内的各种活动,确保组织目标能和个人目标有机地结合起来,使它们融为一体,让工作成为组织成员自愿的行为,努力参与到组织的决策制定中来。组织中的成员能够相互鼓励、相互帮助,依靠团结奋进的团队精神以更高的效率完成组织目标。管理方格论认为,9.9型团队式管理是一种最为理想的领导方式,应该作为领导者检讨和改进现有领导方式的努力方向。

三、领导权变理论

研究发现,即使领导者具备了某些特质和某些特定的行为,还是不能够确保领导者在实际工作中成为一个有效的领导者。比如一个领导者具有优秀的领导特质,通过学习和培训,领导行为也变得越来越成熟,但是每当他们处理具体问题的时候,总是显得捉襟见肘,不是那么的称心如意。后来人们得出结论,领导行为的有效性不仅取决于领导者的特质和他所采取的领导方式,更取决于处理具体问题时所处的情境。一种领导方式只有与特定情境相匹配,才能产生理想的效果,一味地生搬硬套,所有问题都用同一把螺丝刀解决,可能会适得其反,在这种情况下有用的领导方式,可能换一个情况,就不管用了,所以领导方式没有绝对的优劣之分,没有一种万能的领导方式,最有效的领导方式是因环境而权变的,这就是权变领导理论。

(一)费德勒模型

从1951年开始弗雷德·费德勒就开始研究领导方式与所处的情境之间的关系,经过15年之久的调查研究,他提出了有效领导的权变模型,他认为任何一种领导方式都可能是有效的,而有效性完全取决于与所处的情境是否相适应。他认为影响领导有效性的环境因素主要有三个。

1.职位权力

职位权力是指领导者所拥有的正式权力的大小,以及上级和组织是否支持他。组织赋予领导者的权力是否明确、充分,一个领导者对其下属的雇佣、解雇、奖赏、惩罚、提升等的直接决定权力越大,那么领导者越能够影响下属。

2.任务结构

任务结构是指组织分配给每个成员的任务是否明确,下属是否清楚地知道自己要完成哪些任务并达到什么样的标准。如果组织任务的分配具有规范化和结构化的特点,成员有章可循,那么领导者对工作的控制就比较容易,整个组织会井然有序地前进,否则,领导者将会处于被动地位。

3.领导者与下属之间的关系

领导者与下属之间的关系是指领导者和下属之间建立关系的程度,他们是否能够和谐相处,共同努力。领导者是否得到下属的支持与拥护,即下属是否喜爱、尊敬和信任他们,领导者是否能够关心、体谅、理解下属,领导者与下属之间的关系影响彼此的合作与领导者权力的运用。

费德勒将以上三个环境变量随机组合为8种组织工作环境,通过对1200个群体进行观察,搜集了将领导方式同对领导有利或不利条件关联起来的数据,得出在不同情境下,为了领导有效所应当采取的领导方式。

费德勒的研究成果表明,根据不同的工作情境,采取恰当的领导方式,可以把工作绩效提高到最大限度。在环境非常有利或者非常不利的情况下,采取以工作为主的领导方式比较好,在中等情况下,采取以人为主的方式效果比较好。有效的领导者必须充分认识到情境因素对领导有效性的潜在影响,并采取措施提高领导的有效性,一是改变领导的行为或者任用其他领导者以适应情境因素,二是改变领导者工作的具体情境,即重建组织结构、重新分配权利等,以使环境符合领导者的风格。

(二)情境领导理论

情境领导理论是在费德勒模型的基础上发展而来的,它研究的焦点是被领导者,主要研究对象是下属的成熟度。在进一步学习该理论之前,需要提出两个问题:一是该领导理论为什么会瞄准被领导者,二是成熟度到底代表什么意义。情境理论的研究者给出了答案,在组织的工作中,被领导者是可以接受或者拒绝领导者的要求和任务的,组织目标的达成取决于下属的行动,这个重要的因素是被众多领导者都忽视的。所以一个领导者必须知道下属现在的需求以及下属究竟有多大能力,来及时调整自己的领导方式,以免造成领导失误。所谓成熟度,指的是下属在执行某一特定任务时,承担自己所分配工作的责任的能力和意愿。

该理论仍然使用两个维度——任务行为和关系行为。任务行为是指领导者和下属为了完成任务而形成的关系,可以理解为任务需要指导的程度,关系行为是指在完成任务的过程当中,领导者给予下属支持和帮助的程度。由这两者,构成了四种不同的领导方式。

1.命令式(高任务—低关系)

这种领导方式适用于被领导者既无能力也无意愿承担责任的情况。这样的下属是最无能的,领导者需要给他清楚地指示和明确的方向,除此之外,领导者还需要告诉他该做些什么、如何做、何时何地做等,领导者事事安排,强调直接指挥。

3.说服式(高任务—高关系)

这种领导方式适用于被领导者成熟度中等偏低的情况,下属既有一定意愿也有一定的能力承担责任,但是二者的水平和程度都比较低,领导者的主要任务是恰当地给予他们工作上的指导,注重下属工作能力上的提升和进步,在下达命令时宜通过说服的方式让被领导者了解为什么采取这种决策,同时要激发他们工作的热情,给予一定的支持和帮助。

4.参与式(低任务—高关系)

这种领导方式适用于被领导者成熟度中等偏高的情况,下属承担责任的意愿和能力都达到了较高的水平,这时候领导者需要吸收下属一起制订组织计划和决策,让下属有更多的机会展示自己,领导者的重点可以放在组织的协调和沟通上。

5.授权式(低任务—低关系)

这种领导方式适用于被领导者高度成熟的状况,他们承担责任的意愿非常强又有超凡的能力,能够自己安排工作,解决所遇到的问题,通常能够按时或者提前完成任务,领导者把权力都授予了他,自己很少给予他们帮助和支持,一般只起到监督的作用。通过领导情境理论我们可以看出,有效的领导方式必须考虑下属的成熟度,随着下属从不成熟走向成熟,领导者行为也要随之改变,这样才能确保领导的有效性。

(三)路径—目标理论

路径—目标理论是由加拿大多伦多大学教授罗伯特·豪斯提出来的,该理论的基础是弗鲁姆的期望理论和领导的四分图理论,着眼点在于下属和外部情境,而非领导者,这是一种得到广泛认可、有大量经验数据支持的领导权变理论。它的一个假设前提是,有效的领导者主要通过洞察下属渴望从工作或者组织中获得什么,为他们指明完成工作目标的路径,然后用他们期望得到的结果来奖励那些完成工作的下属,来激励下属努力工作。路径—目标理论关注的是领导者如何影响下属对目标和达成目标的路径的认识,领导者的工作就是帮助下属实现他们的目标,同时提供必要的支持和指导,努力使他们的目标与组织的目标相一致。

豪斯认为,一个领导者没有固定不变的领导方式,领导者要根据不同的环境和不同的下属采取适当的领导方式。豪斯确定了以下四种不同的领导方式。

1.指令型领导方式

领导者会为下属确定要完成的目标,分配具体的任务并尽量使任务条理化,告诉他们所承担的角色以及应该如何去做,领导者会明确让下属知道对他们的期望是什么,并对下属的工作进行严密的监督。

2.支持式领导方式

领导者对下属的需求和愿望十分关注,不仅是关心他们的工作状况,而且也关心他们的生活福利。领导者对下属友善,理解体谅他们的难处,平等地对待他们。

3.参与式领导方式

这种类型的领导方式类似于民主型的领导方式,领导者在制订计划和做出决策时,鼓励下属积极参与,允许他们提出不同的意见,通过共同协商以期望能够找到令双方都能够满意的解决方案。

4.目标导向型领导方式

这种类型的领导方式是参与式领导方式的更高级,领导者主要关注如何激励下属,他们因此会设定富有挑战性的目标,鼓励他们勇敢地朝着目标努力,同时给予他们指导,期望他们能够达到最佳的状态,力求以最高的水平和效率完成组织目标。

路径—目标理论提出了两类能够影响领导行为和结果的重要因素。一是下属的个性特征,包括下属的经历、受教育的程度、对自己能力的认识、参与管理的积极性、承担责任的态度、自信程度等,领导者对于下属的特点一般是无能为力的。二是领导工作的情境,主要指工作本身的性质、组织的结构等。领导者的行为应该努力与下属的个性特征和工作情境相匹配,使领导更加有效。豪斯强调,当任务不明确时,指示型的领导能够给下属指明方向,提高下属的满意度;当任务结构清晰,下属已经知道该如何去做时,采取支持式或者参与式领导方式比较有效;如果组织可以根据绩效设置奖励,目标导向型的领导方式可以激发下属的潜力、提高工作效率。

第三节 人性假设与激励

一、激励的含义

所谓激励,就是在一定的过程当中运用某种措施或者手段来满足人们的需求和欲望,激发其工作的积极性和创造性,引导他们按照组织要求或者领导者期望的方式工作。组织的生命力和组织目标的达成,来源于每一个组织成员的努力,但并不是每一个组织成员都能够始终保持高涨的热情无限的激情来为组织服务,因此作为领导者的一个最主要的任务就是调动起组织成员的工作积极性、激发他们的工作动力、给予他们足够的信心。激励是领导的重要组成部分,领导者担负着人员激励的职责,不管领导者权力有多大,喜欢哪种领导方式,激励对于每一个领导者来说,都是不可忽视的问题。组织通过外部诱因来激发组织成员的内在动力,通过设计恰当的奖惩条例,借助于一定的规范和考核制度,配以合适的沟通,来引导、保持和规范组织成员的行为,以有效地帮助他们实现目标。

激励一般包括以下几方面内容:首先,激励是以满足员工的愿望为出发点的,组织设计的激励措施,既要考虑到下属的外在性需求,也要考虑到内在性需求,而且要奖罚并举。再者,激励是一项长久性工作,因此领导者必须要对下属充分了解,对于下属在不同时间段的愿望进行调查。最后,要保证组织中信息沟通的流畅,切实让每一个下属都了解组织的激励政策,确保自己的行为是组织所期望的行为。

那么激励对人的作用有多大? 美国哈佛大学的教授威廉·詹姆士做过一个实验。通过他的调查研究,在按时计酬的制度下,一个人如果没有受到激励,仅能够发挥其能力的20%～30%,如果受到正确的恰当的激励,其能力就可发挥到80%～90%,甚至更高。很明显激励可以调动起员工50%～70%的能力,这充分证明了激励在领导工作中具有不可替代的作用。

二、人性的几种假设

激励要想达到预期的效果,切实能调动起下属的积极性,就必须对人的本质有所了解,知道人为什么愿意做这件事,什么时候最愿意做这件事。对于人基本性质的研究主要有以下四种典型的理论。

(一)经济人假设

这种假设认为,人的一切行为都是为了获得某种利益,他们之所以工作是因为他们想用工作换取经济报酬来满足其他方面的需求,每个人都是理性的,他们善于对工作和生活精打细算。组织对他们的激励主要以经济性激励为主。

(二)社会人假设

这种假设认为,人是受到社会需求激励的,物质激励的方式只能作为次要的。这种类型的人最重视的是与上级和其他组织成员的关系,群体关系的好坏所产生的作用要比领导者的影响力更大。领导者要体贴下属,重视他们的集体归属感和人际关系。

(三)自我实现人假设

这种假设认为,每个人除了有社会需求和经济需求之外,都有一种想发挥自己潜力,在工作中充分利用自己的各种才能,实现自我提升、自我控制的需要。这是对人更高层次的假设,组织要把人看成是一种宝贵的资源,设置具有挑战性的目标,给予他们自身发展的机会。

(四)复杂人假设

这种假设认为,以上几种假设都过于片面,不能够把所有人都归为一类。现实生活中的人是更为复杂的,不能把他们硬性地定位于一种人,要因人而异,不同的人以及同一个人在不同的情况下都有不同的需求,这是一种权变的思想。组织要针对这种假设灵活地制订激励措施,以应对不同的情况。

三、激励理论

(一)内容型激励理论

1.需求层次理论

马斯洛的需求层次理论可能是影响力最大的激励理论,该理论有两个重要的基础:一是它认为人都是有需求的,这种需求取决于人已经得到了什么,还想得到什么,而对于他们还想得到的东西,是最容易实施激励的地方。二是每个人的需求都会有不同的层次,不同的人或者同一个人在不同阶段的需求层次都可能会有所差异,只有某一层次的需求得到满足之后,才会有更高层次的需求。基于这两个出发点，马斯洛按照重要性和先后顺序总结出了以下五个层次的需求。

第一，生理需求：生理需求是人最基本也是最优先的需求，表现在人们对于衣食住行等基本生活条件的追求。

第二，安全需求：主要指人对于自身安全、财产安全、生活环境安全、就业保障等的需求，同时也表现出对未来生活安全的追求。

第三，社交需求：人是一种社会性动物，每个人都具有自己的社交圈，人们希望具有良好的人际关系、美好的爱情、珍贵的友情等。

第四，尊重需求：尊重需求又可分为自尊需求和受人尊重的需求。自尊需求表现在人追求自主性、自立性、成就感上，受人尊重的需求主要指自己得到别人的认可，受到别人的关注和尊重等。

第五，自我实现需求：人们希望自己的潜在能力能够得到发挥，实现自身的成长与发展，完成个人理想，实现自身价值。自我实现需要可以产生巨大的动力，个人能够义无反顾地朝着自己设定的目标努力。

马斯洛认为，这些层次的需求是由低级到高级渐进发展的，每个层次都必须切实得到真正满足之后，才能进入下一层次的需求。在这五个层次中，生理需求和安全需求是较低层次的需求，社会需求和尊重需求是较高层次的需求，自我实现需求是最高层次的需求，通常情况下，层次越低的需求越容易得到满足，层次越高的需求满足的概率越低，而较低层次的需求主要靠外部诱因使其满足，高层次的需求主要靠内部诱因使其满足。

2. 双因素理论

美国心理学家赫茨伯格经过调查研究修正了以往传统的观点，传统观点认为工作满意的对立面就是不满意，他认为满意与不满意是有质的区别的，工作满意的对立面应该是没有工作满意，同样，工作不满意的对立面是没有工作不满意，而非满意。他将能够促使人满意的因素称之为激励因素，促使人不满意的因素称之为保健因素，这就是著名的双因素理论。

（1）保健因素

保健因素是指工作之外的因素，是造成工作不满意的原因。比如工作环境是否令人感觉舒适、组织的规章制度是否人性化、人际关系是否和谐、公司福利是否优厚以及工作安全、权力地位等，这些因素如果得不到满足，那么下属就会抱怨，产生不满，但是如果这些因素都满足了，也不一定能够激励员工努力工作,只会令员工没有不满意。

(2)激励因素

激励因素是与工作本身密切相关的因素,是造成工作满意的原因。比如工作是否具有挑战性,才能是否得到充分的发挥,承担多少工作责任,工作取得的成就有多少,获得晋升和职业发展的机会有多大等,如果组织给下属提供了这些因素,人们就会感到满意,反之,就没有满意。激励因素是真正能够调动员工积极性和创造性的因素。双因素理论告诉我们,领导在激励下属的过程中要针对不同的下属识别出哪些是保健因素,哪些是激励因素,要想调动和保持员工的工作热情,首先要有一定的保健因素,避免人员出现不满情绪,这是必不可少的。另一方面要提供真正对组织成员具有激励性的因素,重视工作内容的设计、任务的分配等,真正让员工具有满足感从而产生工作的内在动力。[①]

3.三种需要理论

三种需要理论也称为成就动机理论,是由美国哈佛大学教授戴维·麦克莱兰经过对人的需求和动机进行调查研究提出的。所谓动机,是人产生行为的真正原因。人的动机无论是有意识的还是没有意识的,都是因为想要得到某种东西而还未能得到,这就导致了人在心理和生理上产生不平衡,为了补偿这种失衡,人们就会努力追求他所需要的东西。从而,人们为了获得某种东西的需求就变成了促使人们产生特定行为的动机,人对某种东西的需求越大,他的动机就越大,产生的动力也就越高。通过细致的调查,麦克莱兰把人的高层次的需求综合为对成就、权力、归属的需求。

(1)成就需要

具有成就需要的人会企图去超越别人,对自己按照高标准要求,他们愿意接受挑战,勇于承担个人成败的责任,对于自己个人成就和目标的达成会具有巨大的满足感。有这种需求的人对待风险一般采取理性的应对措施,因为他们不喜欢成功率过高的工作,那样会降低他们的成就感,他们宁愿承担更多的责任,敦促自己设法解决问题。在工作当中,他们希望对正在进行的工作情况进行不断的反馈。

(2)权力需要

具有权力需要的人希望自己能够控制组织中的各种资源,用自己的能力

---

①万井江.基于人性假设理论的安全行为管理研究[J].现代职业安全,2022(01):72-74.

影响他人。具有这种需要的人一般都想谋得领导者的职位,他们头脑清晰,善于发表自己的意见,喜欢与别人争辩和议论,敢于提出别人不愿意提的问题以及解决问题的办法,经常对别人言传身教,企图以自己的方式影响别人。这样的人乐于处在具有竞争性和地位导向的环境中。

(3)归属需要

归属需要类似于马斯洛层次需求理论中的社交需求,他们渴望具有良好的社会关系和人际关系,认为人是在社会环境中成长的,具有权力以及获得了个人成就,如果得不到别人的认可、喜欢,那无疑是十分痛苦的。所以他们乐于与别人交好,维持和谐融洽的组织关系,在别人有困难时,及时伸出援助之手,与他们保持亲密的关系。

三种需求理论反应了人的不同偏好和行为动机的差别,对于一个组织来说,各方面需求的人都是必不可少的,领导者应该在具体的任务中协调好各种需求人的工作,争取做到最大限度地激励他们。麦克莱兰后来又发现,权力需求对于管理者来说是最重要的,最有效的管理者往往是那些有高度权力需要、适度成就需要和低归属需要的人。

(二)过程型激励理论

内容型激励理论主要以人需求的类型和内容为研究对象,与之不同,过程型激励理论对需求的内容不是很重视,而转向研究人从动机产生到采取行动满足需求的心理过程和行为过程。

1.期望理论

期望理论可能是最被广泛接受的过程型激励理论。期望理论认为,一个人是否会采取某种特定的行为,取决于他是否相信自己有能力通过自己的努力获得其认为有价值的东西,并且会对取得结果的可能性和所付出努力的程度做出判断。在采取某种行为或者从事某项工作之前,人们会对进行此项工作所得的报酬进行衡量,他们会问自己这项报酬对自己有多大的吸引力,得到这项报酬自己的生活和工作有什么样的改变,这就是人们对于目标实现结果的偏好,称为效价。除此之外,还有一个问题是必须要考虑的,就是行为人要预测自己得到这项报酬的概率,自己有几成把握完成组织所要求的目标,完成这些目标自己需要付出多少汗水,这种可能性的大小称为期望值。一个人所受激励程度的大小是与效价和期望值密切相关的,它们的关系如下:

被激励的程度=效价×期望值

从上式可以看出,一个人被激励的程度是一个动态变化的过程,效价越高,期望值越大,那么人被激励的程度越大。当一个人对组织中的某一目标漠不关心,结果对自己来说没有丝毫吸引力,也就是说效价为零,那么即使这项工作十分简单极易达成,对于他来说一点也不为所动,被激励的程度就为零。另一方面,如果组织的目标和对实现目标的奖励非常具有吸引力,组织成员都渴望得到这样的结果,但是经过判断,它几乎是一项不可能完成的任务或者说即使完成了任务,自己所得到的还不能够弥补自己所付出的努力,即期望值为零,那么人员被激励的程度仍然为零。所以组织在实施激励的时候,一方面要调查某项报酬对组织成员的吸引力,并尽可能增大这种吸引力。另一方面,要针对不同的成员分派不同的任务,使其形成通过个人努力能够达到结果的高期望值。只有这样才能使激励发挥最大的作用。

2.公平理论

公平是一种心理现象,公平理论重在研究人们对于自己在工作中投入与产出的内心感受。投入主要指自己为工作所花费的时间、精力,为组织所牺牲的个人利益等,产出主要指个人从组织当中得到的工资、奖金、荣誉以及发展机会等。组织成员都希望自己所获得的产出或者报酬与自己所投入的努力成正比。然而公平并不是根据自己与自己对比来实现的,而是在与他人的对比中实现的。即在组织当中,下属的工作动机和动力,不仅受到他们所得的绝对报酬的影响,而且受到相对报酬的影响,一个人不仅关心自己所得的绝对值,而且更关心自己收入的相对值。比如一个人的工资是3000元,他在应聘的时候对这份工资表示很满意,自己也愿意接受这份工资所带给自己的任务,但是当他进入公司,看到和自己一样的员工工资是3500元的时候,或者跟自己一个部门的同事整天迟到早退,干的工作和承担的责任比自己少,拿到的工资仍然是3000元的时候,那么他的心里立刻就会产生不公平感。它可能会采取以下几种行为一是减少自己的投入,和其他员工一样,能少干一点是一点,如果不平衡非常严重,可以直接辞职。二是增加自己的产出,员工可以向上司或者老板直接提出申请加工资或者升职。三是减少别人的产出,员工可以向上级反映其他人的问题,通过上级的调查做出决定减少别人的产出。可以看出,不论员工采取哪种行为弥补这种不平衡对于组织来说都是有害无益的。

作为一个管理者,可能都希望员工只关注自己的报酬,但是现实的情况却恰恰相反,员工总会无意或者刻意地与别人进行对比,而这种用来对比的对象是由他们自己选定的,个人主观性非常大,可以说是否公平可能就是他们自己内心决定的。而且员工在做对比的时候总会有一种夸大自己的投入和别人所得到的报酬的倾向,主观上又增大了这种不公平性。

3.强化理论

强化理论不同于前面几种已经论述过的理论,它不考虑需求、期望、公平等因素,试图避免人的复杂心理过程,而只关注人的行为与其带来的后果之间的关系。强化理论认为,人的行为是对外界刺激所做出的反应,而如何反映取决于特定行为的结果。主要有以下四种行为所带来的后果。

(1)正强化

是指人们的行为符合组织的要求或者领导者的期望,因此得到令下属满意的奖励或者刺激,能够使下属继续延续这种行为,引导他们做出同样的或者类似的行为。正强化其实就是奖励那些组织上需要的行为,从而加强这种行为。比如下属提前保质保量地完成预定的工作而得到组织额外的分红,每个月出满勤而得到全勤奖等,这些都是正强化。

(2)负强化

负强化是一种事前的规避,就是让员工明白不符合组织规定和领导者期望的行为会给自己带来不愉快的后果,下属为了不给自己带来麻烦和不合意的结果,而尽量按照要求行事,从而加强了那些符合要求行为出现的频率。比如组织规定上班迟到者罚款50元并通报批评,那么员工为了规避这种结果,就会准时上班。

(3)惩罚

惩罚是一种事后措施,指对那些违背组织规定或者领导者愿望的行为给予惩戒,通常包括批评、罚薪、降职、开除等措施。惩罚可以迅速减少不良行为的出现,以免类似的情况再次发生,但是惩罚也会带来下属的怨恨、抱怨,对组织的负面影响比较大。

(4)自然消退

这主要指对某种正强化的取消,下属已经做出了符合期望的行为,但是得到的鼓励却越来越少,领导者不再对这种行为做出表扬,甚至对这种行为根本不再理睬,那么久而久之,这种行为会出现得越来越少,直至不再出现。比如以前组织开会都是鼓励员工举手发言,但是换了一位领导之后,即使领导者看到员工举手想发言,也不让他发言,那么长久下来,就没有人再举手想发言了。

强化理论在影响和引导员工行为上具有重要作用。管理者应该把符合下属期望的奖励与想激励的行为结合起来,促使组织内的行为都符合规定,并且谨慎地使用惩罚,减少那些不良行为。同时管理者应该随时关注员工的行为变化,根据他们的表现,及时对强化措施做出调整,使每一次强化都能具有较大的行为刺激的作用。

第四节 协调能力

一、协调概述

(一)协调的概念

协调作为管理的一项职能,是理顺组织内外部关系,消除不和谐、不平衡状态,加强各方面合作,以便实现组织目标、创造良好环境的过程。组织目标的实现需要组织内部各方面的力量相互配合,需要组织内外部有关方面的支持,然而这种配合和支持不是自发形成的。相反,由于利益、认知、感情等方面的差异,不和谐甚至矛盾和冲突常常出现,从而影响组织目标的实现。管理者的职能之一,就是通过各种途径,理顺组织内外关系,获取各方面的支持与配合,形成有利于目标实现的组织氛围。

协调是为了实现组织目标,对组织外部环境和内部条件之间、组织内各组成部分之间以及个人的工作活动和人际关系进行调节,并化解冲突,使之相互配合、相互适应的管理活动。管理者协调能力包括工作协调能力和人际关系协调能力两方面。但是,由于组织内外部各项活动都是由人来进行的,工作的矛盾冲突往往表现为人与人之间的冲突,协调好人际关系有助于解决工作中的冲突;又由于人是组织中最活跃的因素,人在现代管理理论中占有越来越重要的位置,所以现代管理理论认为,协调实质上是人际关系的协调。

(二)协调的意义

1.协调是组织内部业务活动顺利进行的必要条件

组织是由若干部门和个人构成的整体,是以人为主的多层次、多因素、多序列、多职能的有机结构。这些部门和个人之间构成了错综复杂的关系网络,不同部门、个人的行为目标和方式可能和组织期望的行为方式不一致,有时候甚至是冲突的。只有把组织的个人与个人之间、部门与部门之间以及部门与个人之间的关系协调好,使管理处于有序的状态,才能保证组织目标的实现。尽管在其他管理职能如计划、组织和控制中已经考虑了这些问题,但是由于人的活动会随时变化,矛盾和冲突会随时出现,这就需要管理者进行沟通、协调,来处理突发事件,以实现各部门间以及个人之间的利益平衡,保障组织顺利开展业务活动。

2.协调是激发员工工作热情的重要保证

组织的工作环境直接关系到员工的工作热情,人际关系良好的工作环境能够极大地激发员工的积极性。但是由于个人认知、感情的差异总会引起人与人之间的误解、矛盾和冲突,就需要管理者履行协调职能,通过沟通,化解矛盾,解决冲突,营造良好的人际关系氛围,以维持良好的工作环境。

3.协调是建立良好外部关系的重要途径

任何组织都存在于一定的外部环境中,与外部的单位、个人有着各种各样的关系,既有利益一致的一面,也有利益冲突的一面。因此,管理者在处理组织与外部环境的关系时,就需要协调各方利益,以增进理解,改善组织外部环境和外部形象。同时,组织面对的外部环境呈现日益复杂化、多元化的趋势,无论组织目标确定还是资源配置,都需要根据外部环境的变化及时调整管理活动,寻求建立组织活动与外部环境相协调的状态。

(三)有效协调的原则

1.及时性原则

矛盾和问题一旦出现,应予以及时解决。若不及时协调,会积少成多、由小变大,最终甚至无法正常解决。有些问题当时只要稍加注意,用很少的时间和精力就可以解决。

2.关键性原则

一方面是要抓住重大和根本问题,另一方面是解决问题要标本兼治,不仅解决问题本身,还要找到引发问题的原因。

3.互相尊重原则

协调的实质是处理人际关系,协调的难点在于调解个人之间的矛盾。无论处理人际关系还是调解个人矛盾,其前提都是互相尊重、互相理解。无论是个人之间、组织之间或者上下级之间,互相尊重都是协调工作应遵循的首要原则。

4.合作共赢原则

坚持合作共赢的原则,首先是矛盾各方都要摒弃"零和"思维,有协调合作的意愿;其次是各方要有做出妥协让步的思想准备,考虑各方利益后,达成协调一致的解决方案;最后是协调活动的目标是使各方都能够获益,实现"共赢"的目标,使冲突能够得到有效化解。

5.信息沟通原则

在实际工作中,许多分歧、冲突都是由于缺乏信息沟通引起的,如果能及时、充分地沟通信息、交换意见,就能够增进相互了解,缓和各方矛盾。所以,在管理活动中,管理者要及时和员工进行沟通、交流,才能做出有效的协调方案。

(四)协调的类型

按照不同的标准,协调可以分为不同的类型。

1.按协调的范围分类

(1)内部协调

是指对组织内部各部门之间、部门与个人之间以及人际关系的协调,组织自己负责,比较易于协调。

(2)外部协调

是指组织与其外部环境各方面的协调,对组织有较大影响、与组织关系密切的个人和单位,都是外部协调的对象。比如,消费者、供应商、政府、媒体、社区等。

2.按照协调的内容分类

(1)人际关系协调

是指对组织内外部人与人之间关系的协调。由于人的性格、感情、认知的差异,往往会导致不和谐的人际关系,而消极的人际关系会影响人的工作积极性,所以从组织行为学的角度看,管理者协调工作的主要内容就是协调组织中的人际关系。

(2)工作协调

是指对组织内外部各部门之间的业务活动进行协调。由于分工和专业化,组织的各项业务活动由不同的职能部门承担,这就需要将不同职能部门的活动衔接起来,才能保证各部门顺利开展活动,进而实现组织目标。

3.按照协调的方向分类

（1）横向协调

是指对组织横向结构中的各管理部门的协调。主要涉及无隶属关系的单位或者个人之间的协调,如组织内部同级部门之间、同事之间的协调。

（2）纵向协调

是指对组织纵向结构的各管理层级之间的协调。包括由上到下或由下至上的协调。如组织内部上下级、不同层级部门之间的协调。

4.按照协调的对象分类

（1）组织间的协调

是指组织与外部组织之间如何加强有利于实现各自组织目标的沟通交流和博弈的过程。

（2）个体间的协调

是指组织中个体成员间相互沟通交流,以促成行为与目标相互协调,并且与组织目标相一致的过程。在组织中,个体之间的协调是构成组织协调最基本的内容。

二、人际关系协调

（一）人际关系的含义

人际关系的基本内涵。人际关系指的是人们在社会生活中,通过物质交往和精神交往而发生、发展和建立起来的人与人之间的关系。相互交往的形式叫人际交往,由此产生的心理关系叫人际关系。人际关系的好坏既是人际沟通的结果,也是影响人际沟通过程的主要因素。人际关系对人的影响是通过人与人的交往,群体舆论和监督来实现的。良好的人际关系无疑能使人心情舒畅。人际关系可以发生在个体之间、组织之间、个体与组织之间,并且随着时间的推移而发生变化。

企业人际关系是指企业在生产、工作、活动过程中形成的人与人之间的关系。它包括企业投资者与管理者之间的关系、企业高层领导与一般领导之间的关系、企业领导与企业职工之间的关系、企业职工与企业职工之间的关系等。

和谐的人际关系是指那种以人为本、人与自然双赢、人与社会双赢、相互关系协调和谐。和谐意味着和睦相处、和谐共生。古人对和谐的探讨认为,天、地、人三者的融通就是最大的和谐,即所谓"天地人和",在现代语言中就是,自然、社会与人的和谐发展。因此,建构和谐社会必须通过人际交往,尽力协调好人与人之间的关系。

(二)和谐人际关系的重要性

1.有利于增强企业内部的凝聚力和向心力

良好而和谐的人际关系,它使人处于一种良好的社会心理氛围之中,从而性情开朗、情绪饱满、精神振奋;它使每个人都体会到企业的温暖、群体的友爱,进而形成和谐的团体意识;它也有利于协调企业内部各部门和员工之间的合作关系,使企业成为一个统一的整体,从而增强企业的凝聚力和向心力。

2.有利于提高企业素质,增强企业的竞争力和协调力

企业能否顺利发展,不仅取决于企业所面临的外部市场环境,而且取决于企业的素质、企业的竞争能力以及企业各部门乃至每位员工的努力和相互协调能力。现代企业家更清楚地认识到:人是企业中最重要、最宝贵的财富;企业的竞争不仅是产品的竞争,最关键的是人的竞争;企业成功的秘诀在于对人的重视和有效使用;企业要在竞争中立于不败之地,必须建立一个良好的、紧密的人际关系,创造一个心往一处想、劲往一处使,为了共同的目标而团结协作、携手前行的良好人际关系环境。

3.有利于实现企业信息的交流和沟通,提高企业管理利益

人际关系学说创始人梅奥,通过霍桑实验证明,影响生产率提高的主要原因,不是物质环境,而是员工的情绪和态度,即"士气"。"士气"主要取决于员工的社会地位、员工各种需要的被承认和满足,以及企业中的人际关系。实践表明,良好的企业人际关系有利于企业内部信息的交流和沟通,吸引员工参与管理,从而有助于企业领导制定正确的经营决策和提高决策执行的效率;和谐的人际关系,使人们之间能够彼此理解、默契配合、密切协作,从而提高工作效率。

(三)和谐人际关系的影响因素

1.以自我为中心

人们在社会交往中往往自觉不自觉地把自己当作一个"圆点",以自我为中心,围绕家庭、朋友、单位、地域甚至国家等,在头脑中虚构出一个一个的同心圆,从个人的角度去分析、判断和处理问题。一个传统的圈子一旦形成,人们对自己所处的团体就会有一个潜意识的归属感，往往很难跳出它去思考问题。这种情况下，人们就会对处于随时变化的人际关系产生抵触情绪。

2.鸵鸟理论

这一理论来自海尔集团的张瑞敏，他这样说道："当两只鸡一样大的时候，别人肯定觉得你比他小；当你是只火鸡，别人是只小鸡，你觉得自己大得不行了吧？小鸡会觉得咱俩一样大。所以，千万不要把自己的力量估计得过高，一定要站在别人的角度去想。而往往一个人在评价自己的能力和贡献的时候总觉得自己是鸵鸟，别人是鸡。若有一天他有幸看到真的鸵鸟的时候，他一定会觉得这只鸡比我大点。"组织中一定会有总是高估自己能力的人，但是，同时也会有总是想让别人承认自己的能力的人，这对于维持和谐人际关系具有一定阻碍作用。

3.晕轮效应

它是一种影响人际知觉的因素，指在人际知觉中所形成的以点概面或以偏概全的主观印象。一些陷入晕轮效应的人，其认知判断首先是根据个人的好恶得出的，然后再从这个判断推论出认知对象的其他品质。如果认知对象被标明是好的，他就会被好的光圈笼罩着，并被赋予一切好的品质；如果认知对象被标明是坏的，他就会被坏的光圈笼罩着，他所有的品质都会被认为是坏的。对于由几个不同群体因资源整合或者工作需要而形成的新群体来说，每一个群体都有对另一个群体的初步印象。无论这印象是道听途说，还是耳闻目睹，都难免产生晕轮效应，以已有印象去评价、判断一个个体或者群体，会对人际关系产生消极影响。

4.嫉妒和猜疑

在人际交往中，通过与他人比较，发现自己的才能、名誉、地位等不如别人而产生的一种由羞愧、愤怒、怨恨等组成的复杂情感即嫉妒。嫉妒不仅危害自身，给自己带来痛苦，更危害人际关系，正如文学家巴尔扎克所说："嫉妒者比任何不幸的人更为痛苦，因为别人的幸福和他自己的不幸，都将使他痛苦万分。"猜疑则是一种由主观推测而产生的、不信任的复杂情感体验。猜疑心重的人往往整天疑心重重，从心理上设置一种"自我保护"的屏障。把自己封闭起来，拒绝他人的交往信号。猜疑心的产生主要是由于思考问题缺乏证据，从而对他人产生误会，或是听信流言等原因造成。这种情感一旦蔓延，就会造成与交往对象的对立情绪，甚至造成人际交往的恶性循环。所以，和谐的人际关系是企业发展的关键,每一个管理者应该重视企业内部的人际关系,尽力协调各种影响和谐人际关系的因素,为员工工作营造良好氛围。建立企业员工之间良好的人际关系,包括领导者、管理者、员工在工作中的和谐和默契,是企业内部软环境建设的重要组成部分,对企业实现健康协调可持续发展必将起到积极的促进作用。①

(四)人际关系协调与改善

1.增强沟通的有效性

人与人之间需要沟通,需要理解。企业要建立和谐的人际关系,就要加强人与人之间的交流、人与人之间的理解,同时还要增加互通信息的渠道,通过各式各样的交流,改善人与人之间的关系。强调沟通的有效性就是要改变过去仅仅依靠上级对下级的单向沟通,上级对下属说得越多,下属就越听不进去。下属要听的是自己想听的,而不是对方想说的。所以,有效的沟通就是要让员工说其想说的,而管理者需要理解员工的想法和认知,在此基础上加以协调。

2.准确把握员工需求

需要是指人对自身生存和发展的外界条件的依赖性和渴求状态,体现着人和外部世界的实际联系。人的行为是依据一定的时间、地点和条件下的最强烈需要决定的;当个体需要得到满足,其工作情绪就会高涨,当人的某种需要得到满足之后,这种需要就不再是个体行为的动因,其他需要就会显露出来。因此,企业管理者应该认真研究职工的需求结构及其变化发展的规律性,更具体、更有效地利用需求机制,通过对人们不同层次需要的满足,来建立和谐的人际关系。当然,在把握需要机制,满足人的需要方面,要注意两点:①既要注意职工需要的共性,又要着眼于职工需要的个性,把握住他们需要上的差异性,这样才能和不同文化层次,各种类型的人都建立起良好的人际关系;②应当对人们的需求观、需求欲望和行为加以积极的引导,使人们的物质需要和精神需要都得到合理的满足。

3.重视员工利益诉求

利益是需要的具体化,是人们通过社会关系表现出来的不同需要。利益有不同的种类和层次,但在人们各种利益关系中,最重要、最基本的是物质利益。物质利益是指社会主体为了满足自己的物质生活和精神生活的需要,而

①刘宏庆.企业协调化管理需求及其应用研究[J].经贸实践,2017(02):174.

占有一定数量和质量的物质产品,其中包括生活资料和生产资料。群体内的人际关系,它包含着利益关系。因此,管理者必须要重视个体间的利益平衡来达到人际关系和谐的目的。

4.重视员工感情因素

人是有感情的,且这种感情是丰富的、多层次的,人既需要得到经济、物质上的满足,也需要得到思想、感情上的满足。感情上的需要一旦得到满足,就会产生一股强大的力量,促使人际关系亲和,并从内心驱使人们积极地从事创造性的劳动。管理者要懂得并善于掌握人际关系的情感因素,重视情感协调,加强人际亲和力,通过营造人与人之间的情感共鸣来改善人际关系。同时,注意给人以宣泄怨愤的机会,减少或消除人际摩擦力。

三、工作协调

(一)工作协调的类型

工作协调主要包括横向协调和纵向协调。

1.横向协调

横向协调是指在组织横向结构中对各管理层级间的工作活动、资源配置进行协调。由于协调的都是平级关系,无法依靠权威与权力加以干预指导,因此横向协调更要注重沟通、交流活动。

2.纵向协调

纵向协调是指在组织纵向结构中对各管理层级间的工作活动、资源配置进行协调。工作纵向协调存在领导隶属关系,所以靠领导权威与权力加以干预会使协调工作更容易开展。但是影响协调的因素有很多,不能过分强调领导权威,有效地纵向协调应该坚持以下几点。①统一指挥。下级服从上级,整个组织服从最高管理者的统一指挥。②相互尊重职权。下级要尊重上级的职权,上级也要尊重下级的职权。③重视信息沟通。下级要多请示、多汇报,上级也要对下级多征求意见、容纳下级之间的差异。④建立清晰的等级链,明确划分各自的职责权限。

(二)工作横向协调

1.制度方式

①对组织中经常性业务与工作制定明确的标准、程序和规范,实现管理工作标准化、程序化,从制度上保证有效协调。这是制度协调的基本方法。②对

于需要各部门根据变化随机处理的问题,要通过例会制度进行协调。③建立有联系的横向部门之间的信息沟通制度,发生例外性问题,可进行跨部门直接沟通。④涉及多个部门的例外性问题。可采用联合办公和现场调度的形式进行协调。

2.组织方式

①对于需要部门共同参与完成的临时性任务,可依需要设立临时性工作团队。工作团队是由一群知识背景和技能完全不同的人员组成的一种特殊类型的工作群体,以成员高度的互补性、知识技能高跨度性和信息的差异性为特征。在工作团队的协调下,集中完成一项复杂的任务,当任务完成时,随即解散该任务小组。②对于需要多个部门长期协调的,就需要考虑采取整合部门的方法来进行协调。借助整合后的部门的协调,可以保证该项工作的有效实施。③对于职权相关的几个部门,可由一名上级领导来分管,以有利于这几个部门的协调。④对于需要经常性进行部门工作协调的,可设置专职协调部门,专司协调工作。

3.人际关系方式

①培养健康融合的组织文化,使各部门人员之间有共同的价值取向,建立合作、和谐的人际关系。这是最重要的人际关系协调方式。②对于需要密切配合的部门,应使其建立合作沟通的有效通道,促进人员协调配合。③建立基层管理运营组织,如专项工作小组、科研攻关小组,使组织成员密切配合。④直接沟通方式,即对出现的矛盾或冲突直接进行人际之间的交往与沟通,加以解决或融合。

(三)工作纵向协调

1.上级关系协调

协调好与上级的关系对于中层管理者开展工作十分重要。协调上级关系是获取上级支持的关键因素,与上级关系协调不好,得不到上级的信任与支持,会造成很大的心理压力,难以维系和谐的工作关系。

协调上级关系的方式主要有3个。①做好本职工作,能够胜任本职工作的管理者往往会得到上级领导的赏识,是取得上级信任的基础。②尊重上级职权。作为中层管理者,需要管理的事项会涉及组织不同的管理层级,"干事而不越位"是管理者必须遵循的准则,必须尊重与敬畏上级权威,服从并落实上级的指示和要求,不越位干预上级职权范围内的工作。③与上级主动沟通。

既要注重沟通的方式也要注意沟通的实效性,只有同时注意到这两方面,管理者和上级的沟通才是有效的,才能获得上级的信任。与上级冲突的处理。在共事的过程中,由于工作或认知、感情等因素会出现上下级之间的矛盾与冲突。这就需要管理者对冲突加以协调,如以事实为依据、分清是非与责任、并以适当的方式做出必要的说明;坚持下级服从上级、主动与上级沟通、修好关系。

2.下级关系协调

协调好与下级的关系对于管理者开展工作同样重要。因为协调下级关系是极为重要的经常性职责,卓有成效的管理者通常十分注重与下级的关系,与下级建立良好的人际关系,能够提高工作效率,打造有效的团队。协调下级关系的主要方式如下。①尊重员工。管理者必须时刻尊重员工的人格、认知和感情,关心他们的需要,理解他们在工作和生活中的困难。②充分信任。信任是协调人与人之间感情的润滑剂,只有在管理者充分信任的基础上,员工才可以能动地开展各项工作,有效地完成各项任务。③加强沟通。沟通是协调组织各种关系的桥梁,而且沟通必须是双向的,管理者不仅需要及时传达关于开展工作的各项指令意见,又要广泛听取并采纳员工的意见,这样才能达到沟通的效果。④一视同仁。管理者对员工无论亲疏远近,一定要一视同仁,只有平等地对待每一个人,才能顺利完成工作的协调。

(四)工作协调的方法

1.会议协调

会议是管理者进行工作协调的有效方法之一。但是,能够有效协调组织工作的管理者知道他们在会议中应该怎么做,也知道会议的目的是什么或者应该是什么。在会议开始时,要说明会议的目的和要达成的协调方案。同时会议要紧紧围绕主题,尽量激发每一个员工的发言热情,从而了解员工的工作动态和需要协调的部分。主要的会议形式有:①信息交流会。这是由各部门专业人员组成的会议,通过交流各部门业务活动开展过程中的信息,使组织成员达成一定共识,减少工作中的冲突。②信息反馈会。这种会议旨在让员工充分表达自己的观点、态度和意见,管理者在充分听取不同的意见之后,对之前的信息加以修改,解决之前的遗留问题,并提出新的意见。这种会议对于联络上下级之间感情具有重要作用。③培训会。这种会议旨在传达指令增进对员工的了解。对相关人员进行培训,并对即将开展的业务活动的计划、方案和程序进行解释,使员工十分清楚地接受自己的任务,其目的就是实现个人目标与组织目标相一致。

2.现场协调

现场协调是一种快速有效的协调方法。把相关人员带到问题的现场,请他们阐述问题产生的原因和解决问题的办法,同时可以采纳相关部门提出的要求。这种协调方式有利于统一认识,使问题尽快解决,但是管理者在这一过程中一定要做好调解工作,以免激化矛盾。

3.结构协调

结构协调就是通过调整组织机构、完善职责分工等办法,对工作的开展进行协调。对于那些处于部门与部门之间、单位与单位之间的"结合部",以及由于分工不清、职责不明所造成的问题,应当采取结构协调的方法。"结合部"可以分为两种形式:一种是"协同型"问题,它的存在是有关部门都有责任,又都无全部责任,这就需要通过分工和协作来明确各自职责。另一种是"传递型"问题,它需要协调的是业务流程中的业务衔接问题,这就需要把问题划给联系最密切的部门去协调解决,并扩大其职权范围。

第五节　沟通

一、沟通原理

(一)沟通的含义

沟通就是两个或者更多人传递和理解信息、观点、感觉等的过程。这一过程包括两部分:一个是沟通的发起者;一个是交换他们想法和观点的信息接收者。另外,沟通的第三个方面就是有效的沟通,是指信息发送者能够准确表达自己的本意,而这些信息和想法同样能够被接收者原原本本地接收和理解。这里我们强调的一点是有效的沟通,既包含信息的传递,也包含信息传递者的观点能够被准确地理解,而不是双方对信息达成一致的意见。换句话说沟通最基本的就是它依赖于源自信息接收者某种形式的反馈。

在信息全球化时代,人们可以通过不同的媒介传递信息,但是做到对信息准确理解就依赖于参与到这一过程中的人们对这些信息内涵的传达。例如,如果一个人和你讲孟加拉语,而你完全不懂孟加拉语,很明显这就不能视为沟通。沟通有两个基本模式,线性沟通模式和互动沟通模式,后者是经过前者发展而来的。

1.线性沟通模式

线性沟通模型是指,沟通行为是一种由领导者发出信息并且直接传达给信息追随者的单向活动。这一过程首先始于领导者通过编码的形式将其想法转换为一种符号,这种符号就有某些象征意义。例如,企业标志或者是电脑图标代表着一个企业的文化或者是电脑的一个程序或者是文件。然后这些符号就转换为信息进入分布在领导者与信息追随者之间的媒介中。线性沟通模式的缺点:这一模型的主要问题是单向沟通。在这一模型中最具有代表性的沟通活动就是邮件通知、刊物以及公告牌,但是它没有解释进行面对面沟通的问题。例如,如何知道员工真正读了组织发送的邮件,或者员工是否真正接受公司那些醒目的宣传标语。所以,这种模型的缺点在于它无法阐述在面对面沟通中,员工对信息的反应是什么样的。

2.互动沟通模式

互动沟通模型更加重视听者对信息的反馈。当他们接收到信息后,首先将信息进行解码以理解信息所要表达的意义。完成解码以后,信息接收者以某种形式将对信息的理解反馈给领导者或者上级,反馈的形式既包括语言沟通也包括非语言沟通。随后领导者或者上级修改反馈回来的信息,然后再将信息传达给其他的下属。这一模型同时还强调噪声的影响。噪声是指对信息的传递、接收或者反馈造成的干扰因素。噪声的典型示例包括难以辨认的字迹、电话中的信号干扰、接收者的疏忽大意,还有可能是没有收到信息、错发的邮件,或者是来自机器或同事的背景声音。不过,对意思的理解造成干扰的任何事情都可以是噪声,而且噪声能够在沟通中的任何时候都造成信息失真。在工作中,这种沟通模型不仅可以是面对面交流,也可以是通过电子邮件或者电话交流。这一模型的关键因素是面对面沟通以及可以不断接受来自别人的信息反馈。

(二)沟通的过程

沟通的过程开始于信息发起者向其他人(接收者)发布信息、意见或者其他消息,而不论信息是否是简单的、复杂的、具体的或者抽象的。下一步就是通过编码将信息的意义转换为适合情境的形式。编码可以采用文字、面部表情、肢体语言。

信息编码后,要通过适当的渠道或者媒介来传播。常见的媒介有会议、电子邮件、备忘录、报告、电话等。接收者收到信息后,它将被解码为对接收者有意义的形式,随后接收者根据自己的理解来解读信息所包含的内容。信息发起者通过反馈来了解他想传递的信息是否被对方准确无误地接受。

(三)沟通的作用

在管理者的工作中,会议、电话、交谈都是沟通的过程。优秀的管理者都十分重视与别人的沟通。所以沟通在管理中具有十分重要的作用。首先,沟通能够协调组织内的个体和要素,使组织成为一个整体;其次,沟通是领导者激励下属,实现领导职能的基本途径;最后,沟通是组织与外部环境之间建立联系的桥梁。除此之外,沟通还同规划、组织、控制、协调等基本管理职能直接相关。环境分析、时间协调和决策都需要沟通。组织变革和发展也需要通过沟通才能实现。在控制过程中建立标准、监督绩效和采取纠正的行动也需要沟通。沟通是管理活动中最普遍的部分。

二、沟通的形式

组织中常见的沟通形式包括人际沟通、组织沟通、电子沟通、非正式沟通。

(一)人际沟通

人际沟通通常采用两种形式,口头沟通和书面沟通。口头沟通是面对面的交谈、群体讨论、电话交谈和其他环境下进行的以言说的词语传达意义的行为。研究表明,绝大多数管理者将50%~90%的时间用于谈话。书面沟通是以备忘录、信件、报告、便条和其他书面形式传达意义的行动。虽然书面沟通可以解决口头沟通中的问题,但是书面沟通并不是管理者最为看重的沟通方式。研究发现,在经理们所收到的印刷邮件中只有大约13%是有用的。在另一项研究中,80%的经理们指出他们所收到的书面沟通品质一般或不佳。管理者应当选择哪种人际沟通方式,取决于管理情境。口头的或者电子邮件方式适合于个人的、非正式的和简短的信息。相反,则正式的书面沟通较为合适。管理者还可以结合两种方式的优点来选择恰当的沟通方式。例如,快速电话会议既便捷又可以获得即刻的反应,在会后可以通过电子邮件或者备忘录,保证与会者能够获得并理解会议上的内容。电子沟通方式模糊了口头沟通和书面沟通的区别,有助于提高两者的效益。①

(二)电子沟通

电子沟通是以计算机技术与电子通信技术组合而产生的信息交流技术为基础的沟通。虽然不断发展的科技已经成为组织所面临的环境不确定性的一个主要来源,但是电子信息技术确实使管理者能够以更有效的方式来协调员工的工作。它显著提高了管理者监控个体和团体工作绩效的能力,使员工能够掌握更完整的信息来制定更快速的决策,而且为员工提供更多的机会来进行协调和共享信息。现在,对管理沟通具有显著影响的两项信息技术是计算机网络系统和无线通信技术。

随着计算机网络技术的不断发展,组织能够通过计算机实现互联互动。通过互联的计算机系统,组织成员可以彼此进行沟通,也可以从该系统中获取信息,而不要求时间和空间的限制。同样,无线通信技术的发展也在改变着管理者和员工的工作。通过无线保真和全球微波互联接入设备,用户还可以登录互联网。如今,采用这些无线网络技术的场所越来越多。移动通信用户越来越多,员工们可以通过小型的移动设备就可以随时随地与其他成员进行沟通。

(三)组织沟通

1.上行沟通

上行沟通是指从下属员工流向管理者的沟通。它可以使管理者了解员工如何看待自己的工作,了解组织的人际关系情况,也可以依靠上行沟通或者员工对信息的反馈,进而了解改进工作的观点和建议。常见的上行沟通有员工提交的绩效报告、建议信箱、员工满意度调查以及正式的和非正式的讨论会。上行沟通的运用程度取决于组织文化。如果组织创建的是一种相互信任和尊重的氛围,并且采用参与式决策和分权,就会出现较多的上行沟通。在一种更加结构化和集权的组织环境中,仍然会出现上行沟通,但非常有限。

2.下行沟通

下行沟通是指从管理者流向下属员工的沟通。它被用来通知、命令、协调和评估员工。当管理者为员工分配工作任务时,他们就在使用下行沟通。当他们向员工提供工作说明书、告知有关公司的规定和章程、指出需要注意的问

---

① 张雪超. 企业内刊的组织沟通效果及改进策略[J]. 管理观察,2018(04):40-42.

题或者评估员工工作绩效时,也是在运用下行沟通。

3.横向沟通

横向沟通是指在同一组织层级的员工之间发生的沟通。在动态环境中,为节省时间和促进协调,组织通常进行跨部门的横向协调。例如,跨业务团队就非常依赖于这种形式的互动和沟通。但是前提是这些团队必须向其主管部门通报已经做出的决策和将要开展的行动。

4.斜向沟通

斜向沟通是指横跨不同工作领域和组织层级的沟通。比如一名信用部的信用分析师就某位顾客的信用状况直接与销售部经理沟通时,他们分属于不同的部门和层级,该分析师就是在运用斜向沟通。斜向沟通具有其他沟通所没有的效率和速度,所以对于组织顺畅沟通具有很大的帮助。但是,如果员工没有告知管理者相关内容,也会引起许多问题。

(四)非正式沟通

非正式沟通是指不被组织的层级结构所限定的组织沟通形式。

1.小道消息

小道消息是指员工之间的非正式沟通。任何组织中都存在这种沟通方式,虽然没有被官方所认可,但是它能够将所有员工联系起来。管理者应当承认小道消息的存在,并且管理好流言,在不消灭流言的情况下,使流言不会对组织造成破坏。小道消息虽然是一种非正式的,从某一位或者某一些员工那里散布出来的,有时还具有恶意攻击的性质,但是研究表明,小道消息具有极高的组织相关性和准确性。约70%~90%的小道消息细节都是准确无误的。

2.走动式管理

走动式管理是指管理者利用一些时间前往各个办公室,搜集最直接的消息,以获得更丰富和准确的员工工作问题,并及时了解员工工作困境的一种沟通方式。管理者不仅做到不断走动,还需要同人们——直接下属、业务员、工人以及其他公司业务人员进行交谈。例如,麦当劳的主管们,他们办公室的椅背都被锯掉,这样做的目的就是让他们多走动,通过敏锐的观察力发现公司存在的问题。

3.非语言沟通

无论一个观点或者信息有多么重要,如果不能被其他人准确地理解,这些观点和信息都是没有意义的。只有接受并且理解这些信息,沟通的发生才是有效的。而这其中非语言沟通也扮演着重要角色。非语言沟通就是不经由言语来进行的沟通。有些最有意义的沟通既非口头形式也非书面形式,而是通过姿势、面部表情或者是空间距离来进行的。在各种各样的非语言沟通中,最为人熟知的是肢体语言和语调。

肢体语言指的是传达意义的手势、面部表情和其他肢体动作。当一个人皱眉时,其所要表达的意思完全不同于微笑所要表达的意思。手势、姿势、面部表情都能够表达各种情绪或者性情。语调指的是个体为表达特定的意思而对某些单词或短语的强调。管理者应当重视非语言沟通的潜在影响。因为如果稍不注意,一个无意的声调、面部表情或者手势都会加强或者削弱信息,造成信息失真。

三、沟通管理

(一)有效沟通的障碍

1.物理障碍

物理障碍普遍存在于我们的沟通过程中。噪声就是一种物理障碍,因为噪声会干扰或者阻碍信息的传递。比如,一位主管也许无法和车间的工人进行正常的交流,因为机器的噪声会干扰他们的交流;有时沟通的媒介,比如连接到PC上的路由器也许会出现故障,这样管理者就无法通过电子邮件进行沟通。

2.语言障碍

在日常交流中我们使用的语言也会成为阻碍有效沟通的障碍。只有当用于沟通的语言相同时,信息的发起者和接收者才能够轻松而准确地理解信息的内涵。而往往在一个组织中,由于员工来自不同的背景,具有不同的言谈模式。即使是在组织中的同一部门中的员工,也常常具有不同的语言表达方式,他们既不能使别人准确理解自己的意思,也不能很好地理解别人要传递的信息。这样就会使沟通变得无效。

3.文化障碍

文化差异也会改变两个人之间交流的语境。在重视语境文化的国家,如中国、日本、沙特阿拉伯等国家,人们在彼此交流时更加依赖于非语言沟通以及微妙的暗示,往往没有说的内容比说出来的内容更为重要。与此相反,在德国、美国,沟通更加正式,语义十分明确。管理者在很大程度上依赖于报告、备忘录以及其他各种正式的沟通方式。

4.认知障碍

认知障碍包括选择性认知、晕轮效应以及投射效应。选择性认知就是指在沟通中,信息接收者只是选择性地关注自己既有的经历、兴趣和需要,这样的结果就是会导致接收者遗漏许多有效沟通所必需的客观性事物。晕轮效应是指信息接收者片面地理解沟通过程中产生的信息,最常见的就是断章取义或者以偏概全,这样会使信息发生严重的失真,误导沟通双方。

5.过滤

过滤是指故意操纵信息以使其更容易被接收者认同。例如,当一个人只向自己的经理汇报他想听的消息时,信息就在被过滤。或者更为常见的是,一条信息通过各个层级向上传达时会被发送者不断浓缩或者总结,这也是过滤。组织中发生过滤的程度,取决于组织的结构设计和组织文化。组织的结构设计层级越多,信息被过滤的程度就越大。如果组织采用协作和合作的工作安排,信息过滤问题就会得到一定的遏制。电子邮件具有直接沟通的特点,可以减少信息过滤。

(二)克服沟通的障碍

1.明确要传达的观点

在沟通过程中,来自信息接收者的反馈和反应依赖于他对信息的理解程度。所以管理者在传达信息时应该明确其想要传递的信息是否清晰。

2.以目标为导向

沟通的最终目标是获得来自信息接收者的反馈,但是这种反馈必须是及时的。

第六节　冲突管理

一、组织中的群体和团队

(一)冲突定义

冲突是指组织内部成员之间、不同部门之间、个人与组织之间由于在工作、生活方式、利益、性格、文化背景、价值取向等方面的不一致所导致的彼此抵触、争执、甚至于相互攻击等行为。

组织冲突的动因与危害,不同的管理学家有不同的观点和看法。一是传统的冲突危害论。这种观点认为组织出现冲突,本身就意味着组织内部的机能失调。由于组织机能失调、非理性、暴力、进而产生更多的破坏性的冲突,同时冲突又给组织带来消极因素与影响,从而影响组织的健康发展,因此组织要尽可能避免冲突。另一种是冲突的人际关系观点。持这种观点的管理学家认为,冲突是任何组织都不可避免的产物,冲突不可能消除,有时冲突甚至还会给组织带来好处,因此应该坦然接纳冲突。这一观点承认冲突在组织中存在的必然性和合理性。第三种观点,就是我们所说的冲突矛盾论观点,即相互作用观点。与人际关系观点相比不是被动接纳冲突,而是强调管理者要鼓励有益的冲突。

(二)冲突与管理绩效的关系

冲突与组织管理绩效之间存在十分重要的关系。管理者掌握和尽可能地控制组织中的冲突水平,对于组织管理绩效的提高有着十分重要的作用。

对于组织和组织的管理者来说,冲突需要适当的控制与利用。管理者不可能避免所有的冲突,也不可能解决所有冲突,但应当努力将冲突保持在一个适当的可控制的水平,以促进组织的变革并且使得组织受益,通过冲突的处理提高组织的管理绩效。这就要求管理者充分认识冲突的性质。对于建设性的冲突而言,它可以使组织中存在的不良功能和问题充分显露出来,通过处理冲突防止事态进一步发展和演化;同时可以促进不同意见的交流和对组织自身弱点的检讨,使组织的管理水平更上一个台阶;也更有利于促进和鼓励组织内部的良性竞争。但对于因认识等方面的不一致、组织资源和利益分配等方面的矛盾而引发的员工、管理者发生相互抵触、争执甚至相互攻击等破坏性冲突,则会对组织造成组织资源的极大浪费和破坏。破坏性冲突是组织内部极其严重的内耗,这种内耗对组织的管理绩效带来的伤害也是严重的。所以管理者一方面要善于利用冲突,一方面还要防止和控制出现后果严重的冲突。

二、组织冲突

(一)角色冲突

由于正式组织与非正式组织之间成员是交叉混合的,就必然出现非正式组织对正式组织的活动产生影响的角色冲突。出现角色冲突的正面影响可以满足员工在友谊、兴趣、归属、自我表现等方面心理上的需要,使得组织内员工之间的关系更加地和谐与融洽,从而增进组织成员之间的合作意识与合作精神,自觉维护组织正常的工作和生活秩序。但一旦出现非正式组织与正式组织的目标冲突,则会对正式组织的工作产生极其严重的负面影响,特别是在强调竞争的情况下,非正式组织可能会认为这种竞争会导致成员间的不合,从而抵制竞争。正式组织往往会要求成员行动保持一致,这很有可能压抑个人才智,束缚成员的个人发展,最终影响组织的工作绩效。

(二)权力冲突

组织中的管理人员一般以直线主管或者智囊参谋两种不同身份出现。管理实践中这两类人员之间的矛盾冲突往往是组织缺乏效率的重要原因。直线关系是简单的指挥与命令关系,具有决策和行动的权力;而智囊参谋关系则是一种服务和协调的关系,具有思考、筹划和建议的权力。在管理活动中保证命令的统一往往会忽视智囊参谋作用的发挥,这种智囊参谋作用的失当,又会破坏统一指挥原则。权力冲突容易导致出现直线人员和参谋人员互相指责,相互推诿责任。

(三)目标冲突

组织活动和工作的基本形式是团队,因此团队起汇聚各种信息、加强人员交流、协调部门关系等方面的重要作用。在一个团队中每个成员都有发言权,而这些成员既有个人的行为目标,也会代表不同集团或者部门的利益。在一个资源相对有限的组织中,利益目标又很难取得一致的情况下,团队成员之间就很容易产生矛盾和冲突。这种冲突会直接导致和影响团队的统一行动,致使组织的管理效率严重下降。[①]

充分认识冲突类型和分析冲突产生原因的目的,是做好冲突的管理和控制。从冲突发生的原因与管理绩效之间的关系来看,冲突控制管理主要是两个方面:个人冲突的控制策略与组织冲突的控制策略。

1.分析冲突原因

在管理实践中大部分的冲突是因为缺少有效的沟通或者相互误解而引起。如一个班级中农村同学与城市同学之间、男女同学之间、性格内向与性格

①张颖,荣世宇,熊普臻. 冲突管理方式、团队心理安全感与虚拟团队绩效研究[J]. 云南财经大学学报,2022,38(02):101-110.

外向同学之间多少都存在差异,交流不当就会发生冲突。管理者可以通过增加人们对冲突原因的认识而有效化解冲突。一旦冲突双方认识到他们冲突的原因只是因为不同的表达习惯,他们可以想办法使交流更加有效。组织中也会存在个性差异的冲突。如风险厌恶型的员工可能会对那些风险偏好型者的行为感到不可理喻,而喜欢冒险的员工则抱怨对方古板不思进取。

2.充分了解冲突当事人

管理者处理冲突问题时认真调查冲突当事人非常重要。卷入冲突的都是什么人?冲突的兴趣和利益是什么?双方价值取向、人格特点怎么样?资源因素如何?管理者如果能够花费一定的功夫看清楚这类问题,并且站在双方的立场上秉公处理,则成功化解冲突的可能性会大大提高。

3.选择自己的立场

根据冲突的不同情况管理者要妥当选择自己处理冲突的立场,同时还要正确选择有效的方式、方法来处理冲突。当冲突不可避免时,管理者可以采取回避的方式,以漠视或者无视冲突的态度,暂时从冲突中抽身或者置身事外,等冲突双方冷静下来后或者当时机成熟时再处理。当冲突双方情绪激动需要时间恢复平静或者处理冲突带来的潜在危害超过冲突解决后获得的利益时,采用这一策略非常有效。

当冲突的核心问题不是太重要,或者需要为以后的工作树立信誉时,可以采取迁就的策略来处理冲突。即放弃冲突一方利益满足另一方的需要来维持双方的关系,使冲突得以化解。有的冲突发生在处理和化解时,管理者要善于利用行政、权力等强制手段,迫使一方或者双方让步,以满足组织需要。也就是说管理者要善于利用职权,当需要对重大事件迅速做出决策、决断,或者处理冲突的方法别人赞同与否并不重要时,这种强制的方式往往会取得满意的处理效果。

三、冲突管理

冲突能反映组织的结构或者组织文化中存在的问题。管理者可以通过变革的方法来有效地解决和化解冲突。

(一)改变组织结构

不合理的组织结构是引起冲突的重要因素。管理者可以通过组织变革来打破原有的权力结构体系,重新组合工作团队,以提高工作流程的规范化程度,保证组织内部顺畅的沟通,增强内部各部门之间的相互依赖。如当原来的直线职能制组织结构不能适应现代管理的要求时,也可以采用项目小组等形式来进一步缩小组织规模,提高管理的针对性和灵活性,以减少组织的内部冲突。

(二)重塑组织(企业)文化

组织文化很多情况下是导致严重冲突的根源,管理者也可以通过改变组织文化来解决冲突。如要创建一个自我管理的团队,就需要相对地淡化管理者的角色意识和权力意识,如果还要继续强调下级服从上级的规范,则必然引起冲突。在解决冲突过程中,需要个人尊重他人的利益。这时逐步改进组织规范和价值观是有效的冲突管理策略。我们认识与处理冲突的最终目的是提高组织的管理绩效。因此对于冲突的解决、处理,一定要从组织的全局共同利益出发,从有利于改善组织成员之间的关系出发,从公正、公平的心态出发,理性地去解决冲突。管理者一定要通过对冲突的处理,全面提升组织群体的凝聚力和战斗力,通过对冲突的解决真正达到管理绩效上水平、上台阶的目的,使组织永远保持旺盛的活力。

第七章 控制

第一节 控制基本原理

一、控制概述

所谓控制,是对组织内部的管理活动及其效果进行衡量和校正,以确保组织的目标以及为此而拟定的计划得以实现的各项活动,以保证它们按计划进行并纠正各种实质性偏差的过程。预测、决策和计划提出了管理者追求的目标,组织提供了完成这些目标的结构、岗位设置与职责分工,领导与指挥提供了领导和激励的环境,而控制提供了有关偏差的认知以及确保与计划相符的纠偏措施。控制活动使得管理活动成为一个循环过程,如科研管理过程中,资助方对承担科研任务的组织进行年度或中期检查,以根据科研进展确定资金划拨计划,对进展不利的采取相应的措施。控制作为一项管理职能,是和其他管理职能交织在一起的,而不是孤立存在的。

从广义上说,控制的目的主要有两种:一是保持系统原有的状态,如果发生偏差,就要让它恢复;二是引导系统状态,使之变化到一种新的预期状态。控制的第一种目的与监督十分相近,但从第二种目的来看,它又不同于一般意义上的监督,具有更深的意义。监督主要针对已经发生的事实,控制则立足于事实并针对期望;监督是一种衡量的尺度,控制则是指导方向;监督是对目标的维护,控制则是对目标的促成。

从组织管理的角度来看,控制职能具有垂直性和强制性的特点。所谓垂直性,就是指控制职能只能在有隶属关系的组织或人员之间运用,无隶属关系的组织或人员也就谈不上控制;所谓强制性,是指上级组织对下级组织采取的各种控制措施,下级组织必须服从和执行。控制职能在管理中处于重要的地位,控制从序列上虽然处于管理职能体系的最终端,但在实施管理活动时,与其他职能是相互作用且密不可分。

计划、组织、指挥协调三大职能和控制职能的关系是相互影响、密切联系的。计划是控制的前提,控制是完成计划的保证;合理的组织机构、人员配备和责权划分是控制职能发挥作用的保障;正确的指挥和协调能够充分调动人的积极性,使人们自觉地进行控制,有了有效的控制,才能有效地指挥协调生产经营活动;有了通过控制而取得的各种信息,人们的职责分工、权责关系才能得到正确的处理和改善;组织、指挥、协调职能执行的效果,只有通过控制才能反映出来。

二、控制管理

(一)前馈控制

前馈控制,也称预先控制。是指针对下一步预计可能出现的偏差,提前采取修正行动,使未来的实际结果能够达到预定要求的控制活动。前馈控制实施的依据是被控制系统在未来的运行过程中可能出现偏差,其特点在于根据被控制系统运行的未来结果或可能性偏差去调整被控制系统的未来行为。

前馈控制的中心问题是预防组织中所使用的资源在质和量上产生偏差,控制的重点是企业资源的投入,即预先对组织的人、财、物、信息等合理配置,使其符合预期的标准,从而保证计划的实现。前馈控制具有显著的优点,因为控制是在工作开始之前进行的,所以可防患于未然,避免了事后控制无能为力的弊端。同时,前馈控制是针对某项计划行动所依赖的条件进行的控制,不针对具体人员,不会造成心理冲突,易于被员工接受并付诸实施。

前馈控制位于组织运行过程的首端,投入与处理过程的交点,对于整个组织活动过程具有特殊的意义。控制活动在这一交点引入,可以提高组织活动的效率,避免运行偏差。但前馈控制也有其自身的局限性,因为前馈控制是基于对未来正确预测的前提下进行的,所以,在实施过程中,无论哪一环节预测不准确,都可能导致整个过程前馈控制的失误,使被控制系统在未来期间的运行偏离既定状态,因此,前馈控制的局限性突出的表现是它的可靠性差和风险性大。

(二)现场控制

现场控制,即在计划执行过程中所实施的控制。现场控制是一种同步的、适时的控制,即通过对计划执行过程的直接检查和监督,随时检查和纠正实际与计划之间出现的偏差。管理者深入现场,亲自检查和监督,可以约束并指导下属人员的活动,同时可以在重大损失发生之前及时纠正问题,是基层主管人员所广泛采用的控制方法。

现场控制通常包括两项职能:一是技术性指导,即对下属的工作方法和程序等进行指导;二是监督,确保下属完成目标任务。现场控制有助于提高工作人员的工作能力和自我控制能力,但现场控制对管理者的素质要求较高,因为不适当的工作方法直接会产生很多弊端。因此,在进行现场控制时,首先,应遵从计划确定的组织方针政策和标准,避免单凭主观意愿进行工作,否则,将导致标准的多元化,无法统一衡量和评价。其次,现场控制的内容与被控制对象的特点密切相关,对简单劳动或是标准化程度很高的工作,严格的现场监督可能取得较好的效果;但对高级的创造性劳动而言,管理者应该更加侧重于塑造良好的工作环境和氛围,这样才有利于计划的顺利实施和组织目标的实现。

当前,由于计算机技术以及各种信息技术的广泛应用和发展,异地之间已经实现了实时信息的安全快速传送,从而使得现场控制突破了空间上的局限性,在异地之间也可以实现同期控制。例如跨国公司内部通过网络系统,把子公司的销售和财务信息同步传输到母公司那里,确保及时得到新的战略性指导或资金、原料等的补充;通过网络信息技术,各地的医学专家能够同时进行会诊,尤其在病人手术时,可以将病人各项生理指标传输给异地的专家小组,从而实现远程手术。①

(三)反馈控制

反馈控制又称事后控制,是在工作结束之后进行的控制。它的控制作用发生在组织活动之后,其特点是将注意力集中在行动的结果上,并以此作为改进下次行动的依据。反馈控制的目的并非是要改进本次行动,而是力求能"吃一堑、长一智",为了完善下次行动的方案,提高行动的质量。反馈控制的对象可以是行动的最终结果,如企业的产量、利润等;也可以是行动过程中表现出来的中间结果,如新产品的工序质量、产品库存等。前者可以称之为端部反馈,后者称为局部反馈。通过这种反馈能够发现被结果掩盖的一些问题,从而有助于以后类似行动的修正。但事后控制致命弱点在于其滞后性,从衡量结果,比较分析到制定纠偏措施及实施,整个活动已经结束,活动中出现的各种偏差已经对组织系统内部造成了伤害,只能由内部吸收并且无法补偿。

反馈控制虽然有一些不足,但在有些情况下,反馈控制又是唯一可选择的

①何展红.关于企业内部控制管理的研究[J].质量与市场,2022(09):58-60.

控制类型,尤其是在影响组织运行的许多关键性因素不确定程度较高的情况下更是如此。反馈控制能为管理者今后的计划制订与执行提供有用的信息。同时,人们也可以借助反馈控制认识组织活动的特点及其规律,为进一步实施前馈控制和现场控制创造条件,从而使控制工作实现良性循环,并使控制效果得到提高。

以上三种控制方式各有特点,需要相互配合,并与管理的其他职能相渗透。前馈控制通过事先做好准备可以防患于未然,但有些突发事件是防不胜防的,必须有现场控制的辅助,否则就会前功尽弃。而前馈控制一旦失误,就会使被控制系统的运行偏离给定状态,出现偏差,这就需要通过及时、适度、有效的反馈控制修正已出现的偏差。而且,无论前馈控制还是现场控制,都需要由反馈控制来检验,因为计划执行结果是否能与预期目标相吻合,需要由真实的业绩来衡量。

(四)集中控制和分散控制

1.集中控制

集中控制是指由一个中心实施本单位所有的控制工作,控制指令的发出和信息的传输都来自一个控制中心。集中控制的优点是便于整体协调,有统一的整体目标;缺点是工作效率较低,缺乏灵活性而且控制过程繁杂。

2.分散控制

分散控制是一种分级控制的体系,控制指令的发出、信息的传输都是多方向和多中心的。分散控制的优点是工作效率高,灵活性强,控制较简便;缺点是缺乏总体的目标,各部门水平差异很大,不易进行整体协调。鉴于集中控制与分散控制的限制,可以通过建立控制网络的方法将集中控制和分散控制有机地结合起来。如鄂尔多斯公司具有四大职能中心:投资中心、管理中心、财务中心、技术中心,这四大职能中最根本的是财务控制。该公司为了在财务控制上达到集中和分散相结合的目的,集团组建了专门的财务公司,它的主要职能可概括为"四统一分"。"四统"是指机构、人员、制度、资金统一。

机构统一:集团下属企业财务部门的设立全部由集团财务公司统一决定,大企业设部、中企业设科、小企业设股。

人员统一:全集团所有的财务人员由集团财务公司派驻和管理,实行垂直领导,人员的工资奖金、升迁、评职,全部实行垂直管理。

制度统一:财务方面的制度由财务公司统一执行。过去各成员企业报销制度各行其是,非常混乱。现在只有一个制度,各成员企业必须严格统一执行。

资金统一:全集团所有的资金由财务公司一个账户统一管理。所有下属企业在外的开户全部取消,成立内部银行,从源头管理资金的流向。

"一分":就是实行分别核算。各个成员企业仍旧是独立核算,自负盈亏。

"四统一分"法通过统一控制与分散控制相结合,把过去管不住、管不到位的地方从源头上把握住,从而有效地提高了企业资金的运营效率。

(五)目标控制和程序控制

1.目标控制

目标控制是指被控制对象只确定控制目标和相应的控制变量和参数,但不直接规定为实现目标具体采取方式行为的控制,被控制对象有较大的弹性和灵活性。如服装企业根据市场情况预先制定下一季度服装生产的任务量,但具体的生产方式可由各车间自行决定。

2.程序控制

程序控制是指控制对象不仅要达到预定的目标,而且要按预定的方式和方法进行的控制。

第二节 运营管理

一、运营管理概述

在经济理论中对于供求关系有一个基本假定,也就是价格的变动会使供求关系达到平衡:如果产品(商品)供大于求,价格会下降;反之,供不应求,价格会上升。这个假定在经济学领域(对于供求总量)或许是成立的,它是基于市场机制实现的。但在管理领域,从某个企业个体的角度看,要做到生产出来的产品恰好等于需求是极其困难的。或者说要做到这一点,至少需要满足两个要求:第一,企业的产品要能被市场接受,也就是企业的产品在品种、数量、时间、质量方面得到顾客认可,可以实现实物的转换过程;第二,市场上达到供求平衡的价格企业可以接受,即企业生产的产品成本比市场价格低、投入与产出相比有剩余,可以实现价值的增值过程。

所以,对于作为经济系统中个体的某一个企业来说,生产与需求的平衡不是靠市场机制这一"看不见的手"来实现的,而是靠组织中的管理这一"看得见的手"来实现的,是管理者通过对生产活动进行合理的组织以及有效的计划与控制来实现的,这些针对生产过程的管理活动就是运营管理。

因此概括地说,运营管理的主要任务就是力求实现供求平衡的组织企业的生产活动。但这个平衡涵盖两个方面:即不仅要满足产品能够适应市场需求(在品种、数量、时间、质量方面),而且成本要低,这些是运营管理活动的五项基本要素;同时,在目前充分竞争的市场环境下,多数商品基本是需求主导的市场,即买方市场。所以,五项要素具体表现为市场对企业的四项要求:质量(Quality)、成本(Cost)、交货期(Delivery,实际为时间要素)、灵活性(Flexibility,实际为品种与数量要素),这些要素正是企业生产系统力求具备的性能,但如何实现这些性能,需要解决诸多供求之间的协调问题。

可以从生产方式、计划与控制流程的组织、产品与流程的规划等方面对运营管理活动有一定理解,当然运营管理的内容还不仅限于这些。综合上述分析,我们可以将运营管理的概念简单地概括为:运营管理是指对企业产品形成与价值增值过程进行计划、组织与控制等活动。因此,运营管理的主要目标也表现为以下两个方面:一是保证能够高效、准时、优质的生产适应市场需求的产品,实现物质的转换过程;二是要尽力充分利用现有资源、降低运行成本,实现产品价值的增值过程。而且这两个目标往往是相互矛盾的,需要进行协调与平衡。现代大生产体系下的企业,生产过程呈现两个明显的特点:其一是社会分工逐步细化。每个企业都处于产品形成全过程(供应链)中的局部,很少有企业能够完成产品形成的全过程。

例如,目前大多数生产加工装配型产品的企业都采取大部分零部件外包的策略,自己主要负责产品的总装。因此,社会分工不仅是在行业之间划分,而且在行业内也得到进一步划分,这被称为产品内分工。这样一来,价值的增值过程也超出企业的范围,是在产业链条上逐步实现的,这种现象被称为价值链。其二是生产手段的技术含量不断提高。生产过程的机械化、自动化、信息化程度不断提升,不仅仅是机器替代体力劳动,而且计算机替代脑力劳动,管理领域也有信息技术的应用。因此,对于一门研究生产过程规律的学科而言,面对的研究内容及需要解决的问题都会发生变化,需要不断地探索新的理论与方法。这也是这门古老学科的生命力所在。

二、价值链管理

(一)价值链的内涵辨析

每一个企业都是用来进行设计、生产、营销、交货以及对产品起辅助作用的各种活动的集合。所有这些活动都可以用价值链表示出来。一个企业的价值链和它所从事的单个活动的方式反映了其历史、战略、推行战略的途径以及这些活动的根本效益。为了加深对价值链的理解和认识,现作以下几点说明。①价值链分析的基础是价值,而不是成本;②价值链是由各种价值活动构成的,即由基本增值活动和辅助性增值活动构成;③企业的价值链体现在价值系统的更广泛的一连串活动之中;④一条基本价值链可以进行再分解,如作为基本增值活动的市场销售就可再分为营销管理、广告、销售队伍管理、销售业务、技术文献、促销等活动;⑤价值链的各环节之间是相互关联、相互影响的;⑥在同一产业中,不同的企业具有不同的价值链,对于同一个企业而言,在不同的发展时期,会有不同的价值链。正确地理解价值链的内涵是进行价值链管理的有效基础。

从企业经济活动的角度分析,可以这样来定义价值链:价值链是企业为客户、股东、企业职员等利益集团创造价值所进行的一系列经济活动的总称。在价值链中,价值的概念可以从内外两个视角来理解,对外针对企业客户,指产品的使用价值;对内针对企业自身及其内部流程等,指产品能为企业带来销售收入的特性,其数量表现就是在特定时间、特定地点以及对产品起辅助作用的一系列互不相同但又互相关联的经济活动(如产品的售后服务等),或称之为"增值作业",其综合即构成企业的价值链。企业价值链实质上只是我们称为价值(链)系统的更广泛的一连串活动之中的一部分,这一价值系统还包括供应商价值链、渠道价值链和顾客(买方)价值链。[①]

这种新的价值链观点把价值链看成是一些群体共同工作的系列工艺过程,以某一方式不断地创新,为顾客创造价值。价值链思想认为企业的发展不只是增加价值,而是要重新创造价值。在价值链系统中,不同的经济活动单元(供应商、企业合作者和顾客)通过协作共同创造价值,而价值已不再受限于产品本身的物质转换。

考虑到随着科学技术的高速发展,工业型社会正在逐步向信息型社会过

[①]蒋彦青.绩效管理在公司运营管理中的应用策略分析[J].老字号品牌营销,2022(12):145-147.

渡,知识、信息在价值形成过程中的地位日益重要,我们需要对传统价值链的概念进行重新界定。我们认为:价值链是指一些相互关联的企业通过相互间和内部的各种联系而传递价值的网链结构模式。在这个定义中,价值的收集、组织、选择合成就是价值创造过程,而数据、信息、知识的传递过程同时也就是价值的流动过程。

价值链包括三个方面含义:其一,企业各项活动之间都有密切联系,如原材料供应的计划性、及时性和协调一致性与企业的生产制造有密切联系;其二,每项活动都能给企业带来有形无形的价值,如服务这条价值链,如果密切注意顾客所需或做好售后服务,就可以提高企业信誉从而带来无形价值;其三,不仅包括企业内部各价值链活动,而且更重要的是,还包括企业外部活动,如与供应商之间关系、与顾客之间联系。

(二)价值链的特征

1.价值链是增值链

在价值链上除资金流、物流、信息流外,根本的是要有增值流,顾客在购买商品时,实质上是在购买商品或服务所带来的价值。企业的生产过程,从材料采购,产品制造到产品分销,就是一个不断增加其市场价值或附加值的增值过程。因此,企业的价值链的本质就是增值链。价值链上每一环节增值与否,增值的大小都会成为影响企业竞争力的关键。所以要增加企业竞争力,就要求企业从顾客角度定义价值,尽可能消除一切无效劳动和非增值作业。在价值链上每一环节做到价值增值。传统的企业管理仅实现了本企业的增值,而价值链管理将上、下游企业整合成整个产业链,组成了一个动态的、虚拟的网络,真正做到了降低企业的采购成本、物流成本和经营成本,在整个网络的每一个过程中实现最合理的增值。

2.价值链是信息链

企业间的最终顾客信息、需求信息、库存状况、订单确认等集成的信息流将使价值链中每一个实体及时调整自己的行为提高其市场的响应能力,企业信息化的实现,可以消除因手工单据处理而导致的成本费用上升,由于信息延迟而导致管理决策失误,使价值链上的每一个环节在信息集成的基础上,实现协调、有序的互动,在更低成本下为企业创造更高的效益。因此,信息技术不仅是价值链构建的工具,而且是价值链的基础和保证。没有企业管理的信息化,就无法真正实现价值链。

3.价值链是协作链

价值链上任何一个节点企业的生产和库存决策都会影响其他企业的决策,价值链系统中一个企业的生产计划与库存优化控制不但要考虑其内部的业务流程和资源,更要从价值链系统出发,进行价值链系统优化和控制。因此,价值链系统要求所有成员能够消除企业界限,重新审视渠道机制和相互关系,从交易型向伙伴型转变,构建高效有序的价值链系统。实现系统整体协调运作,在动态、有序合作协调的运行机制下实现价值链系统内企业间的双赢和多赢。

4.价值链是虚拟链

价值链的实质是虚拟企业的扩展供应链。价值链在市场、生产环节与流通环节之间,建立了一个业务相关的动态企业联盟,利用因特网技术把过去分离的业务集成起来,虚拟成一个企业,覆盖了从供应商到客户的全部业务流程,实现了从生产领域到流通领域一步到位的全业务过程管理增值。这不仅使每一个企业保持了自己的个体优势,同时也扩大了其资源的利用范围,使价值链系统中的每个企业可以在联盟中实现资源共享,通过虚拟价值链的运行,运用灵捷工程和并行工程,使企业在激烈的市场竞争中,建立企业内部和跨企业的协作,保证了商品的及时生产、及时交付、及时配送,及时地交付到最终消费者手中,增加了联盟内所有成员的市场竞争力、敏捷互动的市场反应力和控制力,全面提升顾客的满意度。

三、全面质量管理

(一)质量管理的概念

质量管理是在质量方面指挥和控制组织的协调的活动。在质量方面的指挥和控制活动,通常包括制定质量方针和质量目标、质量策划、质量控制、质量保证和质量改进。这一概念可以从以下几个方面来理解。

第一,制定质量方针、质量目标,为实现质量目标实施质量策划、质量控制、质量保证、质量改进等全部活动,即为质量管理。

第二,质量管理职能是通过建立实施、保持和持续改进质量管理体系来实现的。

第三,质量管理必须由组织的最高管理层来推动才能取得成功,这是构成各项管理的重要内容。

(二)质量管理的发展过程

质量的历史可大致分为三个阶段:质量检验阶段、统计质量控制阶段和全面质量管理阶段。

1.质量检验阶段(20世纪初至20世纪20年代)

这一阶段的特点就是按照标准规定,对成品进行检验,即从成品中挑出不合格品,这种质量管理方法的任务就是防止不合格品流入市场。这个阶段的弱点在于:其一,无法预防废品产生,废品产生之后很难补救;其二,对成品进行全数检验,经济上很不合理,在某些情况下也不现实(如破坏性实验)。随着生产规模的扩大,这种弊端更加突出。

2.统计质量控制阶段(20世纪20年代至70年代)

统计质量控制方法利用数理统计原理,使质量管理的职能由专职检验人员转移给专业的质量工程师承担,这标志着将事后检验的观念转变为预测质量事故的发生并事先加以预防的观念。但在这个阶段由于过分强调质量控制的统计方法,忽视了组织管理工作,使得人们误认为"质量管理就是统计方法",并且由于数理统计方法理论比较深奥,因而对质量管理产生了一种"高不可攀、望而生畏"的感觉,认为是"质量管理专家的事情",在一定程度上阻碍了数理统计方法的普及和推广。

3.全面质量管理阶段(20世纪70年代至今)

全面质量管理早期也被称为全面质量控制,现在国际上通用全面质量管理(TQM)一词。全面质量管理首先由美国质量管理专家费根堡姆提出,他在1961年出版的《全面质量管理》一书中正式提出"全面质量管理"这一概念,指出:为了生产具有合理成本和较高质量的产品,以适应市场的需求,只注意个别部门的活动是不够的,需要对覆盖所有职能部门的质量活动进行策划。

综上所述,质量管理发展的三个阶段的区别在于:质量检验阶段靠的是事后把关,是一种防守型的质量管理;统计质量控制阶段主要在生产过程中实施控制,通过控制原因而实现预期的目标,是一种预防型的质量管理;而全面质量管理,则保留了两者的长处,以满足客户的要求为目标,对产品生命周期的整个过程实施管理,是一种"全面的、全过程的、全员参加"的质量管理。

(三)质量管理的基本内容

1.质量方针

由组织的最高管理者正式发布的该组织总的质量宗旨的方向。通常质量方针与组织的总方针一致,并为制定质量目标提供框架。

2.质量管理体系

质量管理体系是指实施质量管理的组织结构、职责、程序、过程和资源。质量管理体系是质量管理的组织管理。ISO 9000:2000系列标准确立了质量管理的8项原则:以客户为关注焦点、领导作用、全员参与、过程方法、管理的系统方法、持续改进、基于事实的决策方法以及与供方的互利关系。

3.质量策划

致力于制定质量目标,并规定必要的运行过程和相关资源,以实现质量目标。质量策划通常包括产品策划、过程、产品实现、资源提供和测量分析改进等诸多环节的策划。

4.质量控制

致力于满足质量要求。质量控制的目标是确保产品、体系、过程的固有特征达到规定要求的核心步骤。

5.质量保证

所谓质量保证,是指为使人们确信某实体能满足质量要求,在质量体系内所开展的并按需要进行正式的有计划和系统的全部活动。质量保证的核心思想是强调对用户负责,其核心问题在于使人们相信某一组织有能力满足规定的质量要求,给用户、第三方和本企业最高管理层提供信任感。

质量保证分为内部质量保证和外部质量保证。内部质量保证是质量管理职能的一个有机组成部分,是为了企业各层管理者确信本企业具有满足质量要求的能力所进行的活动。外部质量保证是为了使用户和第三方确信供方具备满足质量要求的能力所进行的活动。

6.质量改进

是质量管理的一部分,致力于增强满足质量要求的能力,是一个企业持续改进和提高的过程。

7.质量成本

质量成本是为了保证满意的质量而发生的费用以及没有达到满意的质量而造成的损失,它是总成本的一个组成部分。质量成本主要包括运行质量成本和外部保证成本两个部分。

第八章 技术创新管理

第一节 技术创新含义、类型与模式

一、技术创新的含义

(一)技术创新的相近概念

1.技术创新和技术进步

技术进步是指技术所涵盖的各种形式知识的积累与改进。在开放经济中,技术进步的途径主要有三个方面,即技术创新、技术扩散、技术转移与引进。而技术创新是"生产函数的移动",是一个科技、经济一体化过程,是技术进步与应用创新"双螺旋结构"共同作用催生的产物。目前,科技创新体系还更多地注重技术进步,对面向用户的应用创新较少给予关注。科技成果的转化率低、实用性和推广性差等很多科技管理体系的弊病都与此相关,技术发展与用户需求对接出现了问题,造成技术进步与实际应用之间的脱节。

2.技术创新和研究开发

经济合作和发展组织(OECD)把研究开发定义为:"研究和实验开发是在一个系统的基础上的创造性工作,其目的在于丰富有关人类、文化和社会的知识库,并利用这一知识进行新的发明。"研究开发是创新的前期阶段,是创新的投入,创新成功的物质基础和科学基础。

3.技术创新与模仿、扩散

模仿是指企业仿制生产创新者的产品。模仿是创新传播的一种重要形式,模仿不只是简单地仿制,它包含着渐进的创新、对原设计的不断改进。如录像机是美国公司的创新,但日本通过模仿掌握这项技术后,对产品进行了改进,使录像机性能有了很大的提高。扩散是指创新的成果被其他企业通过合法手段采用的过程。创新的潜在效应一般通过扩散逐渐得以发挥。正是因为模仿、扩散,创新才引起产业结构的改变。

（二）技术创新的特点

1.技术创新不是技术行为，而是一种经济行为

研究开发包括基础研究、应用研究和实验开发三种活动，这三种活动都是技术行为，其主体是科学家、发明家、工程师，其产出都是研发成果。而创新是一种经济行为，技术创新的核心是企业家，技术创新的产出成果是新产品和新工艺等，其目的是获取潜在的利润，市场实现是检验创新成功与否的标准，但研发活动是技术创新的源泉。

2.技术创新是一项高风险活动

外部环境的不确定性、技术创新项目本身的难度与复杂性、创新者自身能力与实力的有限性，导致技术创新活动达不到预期目标。

3.技术创新时间的差异性

不同层次的技术创新所需的时间因其性质不同而异。据统计，大部分技术创新需要2～10年的时间。其中，发展性开发属于短期创新，一般需要2～3年；应用性技术开发属于中期创新，大概需要5年；基础性开发需要的时间较长，为8～10年。

4.外部性

它是指一件事对他人产生有利（正外部性）或不利（负外部性）的影响，但不需要他人对此支付报酬或进行补偿。由于科技创新具有正外部性，因此对以技术创新为主要内容，具有高风险、高投入特征的高技术创新，需要政府给予恰当的资助和支持，以避免企业投入的不足。

5.一体化与国际化

技术创新主要是利用知识形态的技术要素，对元件产品和工艺设备等实体形态的技术要素进行创新活动。它的这种性质要求技术创新活动必须一体化，主要体现在两个方面：一是在企业外部，即产、学、研形成一体化，实现优势互补，保证技术开发的顺利进行；二是在企业内部，即技术开发部门与生产现场及质量管理和销售部门一体化。从国际化角度看，由于不同国家间的技术互补性有利于技术创新，而技术创新又需要追求最大限度的经济利益，这样就导致了技术创新主体的国际化。它也表现在两个方面：一是国际性地区性机构的作用及国家间的技术创新合作趋势正逐渐加深；二是技术开发机构的多国籍化，即跨国公司技术开发或技术创新的崛起。

二、技术创新类型

(一)按创新对象分类

根据技术创新对象的不同,技术创新可分为产品创新和工艺(过程)创新。产品创新是指在产品技术变化基础上进行的技术创新。按照产品技术变化量的大小,产品创新又可细分为全新(重大)的产品创新和渐进(改进)的产品创新。产品用途,及其应用原理有显著变化的可称为全新产品创新。渐进的产品创新则是指技术原理本身没有重大变化,基于市场需要对现有产品进行功能上的扩展和技术上的改进。一个例子就是复印机,创造出复印机以前,可以说单项技术都有了,但是把它组合起来,成为一个复印机,这是创造复印机公司的功劳。

(二)按创新程度分类

根据技术创新过程中技术变化强度的不同,可将技术创新分为渐进性创新和根本性创新两类。

渐进性创新是指对现有技术进行局部性改进所引起的渐进性的技术创新。比如 CDMA 手机,大家知道手机的第一代是模拟型、第二代是 GSM 型、第二代半是 CDMA 型、第三代就是 3G 了。根本性创新是指在技术上有重大突破的技术创新。它往往伴随着一系列渐进性的产品创新和工艺创新,并在一段时间内引起产业结构的变化。

(三)按技术创新的来源分类

根据技术创新的来源不同,可将技术创新分为自主型技术创新、模仿型技术创新和引进型技术创新三类。

自主型技术创新是指依靠自我技术力量,进行研究、开发新技术并实现其工程化和商业化生产的技术创新。自主型技术创新要求企业须拥有高素质创新人才和较雄厚的资金保障。模仿型技术创新指通过模仿已有技术成果的核心技术,并根据自我实际情况做进一步改进完善的技术创新。

三、技术创新模式

企业技术创新是企业投入知识、资金、人才等要素,创造出新产品、新工艺或新客户等的活动。有些企业是通过自主研发拥有的技术知识,而有些企业则是通过引进或兼并等方式获得的技术知识。若企业技术创新活动投入要素和产出成果的不同,企业的技术创新可以有多种不同模式。那么这些模式都有什么呢?

(一)原始创新模式

原始创新模式特点是企业能自主开发原创的核心技术,如中星微,自主开发并拥有若干项世界级多媒体核心技术,安波特拥有国际水平的研发能力,并有数项国际专利。

(二)赶超创新模式

赶超创新模式特点则是企业能较快提高自己的技术能力,虽未必是核心技术的首创者,但已初步掌握了开发能力,整体技术能力已经赶上一流领先企业,开始有了重要的原始创新。华为和中兴从20世纪80年代小型用户交换机起步,抓住移动通信技术从第一代向第三代升级的机会,实现了技术赶超。采取原始创新和赶超创新模式发展的企业,其核心竞争力的重要基础是企业有较强的技术能力。

(三)局部创新模式

局部创新模式特点是企业主要是从外部获得关键技术,技术能力与领先企业相比尚有差距,从而进行改良式创新。创新可能是产品创新,也可能是工艺创新。东方电气长期采取关键技术引进和局部创新的模式,从而确保获得参与重大市场的机会,并积极开展消化吸收和再创新,在若干领域的自有技术已达到国际先进水平。海信、TCL、宝钢和双鹤等通过引进生产线获得装配生产技术和能力后,进行产品创新或工艺创新,产品更适销对路,生产工艺成本更低,质量标准更高,在形成一定的技术和资金实力后开始逐步进行更高阶段的技术创新。[①]

(四)市场创新模式

市场创新模式是创新紧紧围绕发现新客户,针对客户需求,利用已有技术进行创新。如双鹤通过分析和临床试验,开发出若干已有药品的新功效,开拓了新的客户。

(五)标准领先创新模式

标准领先创新模式特点是针对市场空白提出技术标准,进而联合开发竞争前技术,通过技术标准在起步阶段就形成技术路线领导的地位。闪联技术

---

①徐向龙.数字化转型与制造企业技术创新[J].工业技术经济,2022,41(06):18-25.

联盟就是联想、TCL、海信等针对 3C 设备网络互联技术在国际上没有领先标准而提出并倡议的。

第二节　技术创新决策

一、技术创新决策的定义、特征

技术创新决策,是指以国家政策计划或市场为导向,以企业的能力、储备为基础,把科技进步与市场需求在企业行为中有机结合起来,或者以科技进步去响应和满足市场需求,或者以科技进步去刺激和重创市场需求,寻求建立这种结合的最佳方向、途径和方式的过程。通俗地讲,技术创新决策就是为了解决企业面临的生产技术和管理技术问题或者为完成某项技术创新活动,企业家选择技术创新项目和技术创新活动方案的过程。

完整的技术创新决策活动包括创新决策制定与创新决策实施两个阶段。就创新决策主体的职能来看,主要表现为创新决策方案的决断者以及创新决策实施的推动者。技术创新决策的主要特征如下。

(一)客户导向性

客户在哪里?客户需要什么样的产品?技术创新活动该如何进行?这些都是决策者应该认真考虑的问题。技术创新决策必须从市场出发,以客户需求为落脚点。

(二)技术与客户需求匹配的先进性和协调性

技术创新决策前,决策者要回答的是新技术与客户需求匹配的先进性和协调性如何?匹配的好坏,将标志着技术创新决策的优劣,也直接关系到技术创新的成败。

二、技术预测与技术评价

(一)技术预测

1.概念

技术预测是指对技术发展趋势、技术发明和技术应用的预计和推测。

2.预测内容

对于一项比较完善的技术预测来说,要回答以下四个方面的问题。

第一,实现某项技术的时间是多少? 这一时间可以是某一具体时间(如某一年),也可以是其一时间范围(如2015-2020年)。

第二,实现某项技术有哪些途径或方案? 这里的技术途径指实现某一技术功能的专门技术方法、手段等,例如,对为飞机提供动力这一功能来说,可能有活塞式发动机、喷气式发动机等途径。技术方案指为实现技术功能的一组技术方法、途径,它比技术途径范围要宽,例如,对照明这一技术功能来说,由白炽灯、荧光灯等"电灯"就构成了一种技术方案,而"气灯"则是另一种技术方案。

第三,能够实现某项功能的技术有哪些主要技术性能指标、参数? 预测者对这些技术性能指标、参数都要进行一地定位、估计。例如,对实现运输功能的技术来说,速度、载运量、能耗、对环境的污染程度等定量参数估计就是预测要回答的问题。

第四,某种技术出现或达到某种技术功能的时间、参数等的概率是多少? 或概率分布是怎样的? 决策者要做概率估计。

3.预测对象

技术发展趋势:对某一领域技术发展的方向、大致时间范围等的估计。例如,鉴于石油资源的有限性和对环境污染控制的要求,汽车技术发展的一个重要趋势是:节能、少污染、使用非矿物能源(如太阳能、可再生植物能源等)。新产品性能、结构,新工艺特性对可能出现的新产品的性能、结构,新工艺的工艺方法、特性等做出预测。例如,高清晰度数字彩色电视机将成为替代现在流行的电视机的新产品,其性能、结构如何,是技术、经济、社会界关注的问题,需做出预测。发现和发明的应用范围:对科学新发现、技术新发明的可能应用前景和范围做出预测。例如,当晶体管发明后,技术界和商业界纷纷对其应用做出推测。技术推广应用范围:对已应用的技术估计推广面、需求量、寿命期等。例如,对兴起的计算机网络技术,估计出其在通信、办公、家庭等领域的推广应用范围、数量等。[①]

---

①何正霞,曹长帅,王建明. 政策激励对新能源汽车技术创新的影响研究[J]. 科学决策,2022(05):71-85.

4.技术预测的意义

（1）技术预测是技术决策的前提

技术决策包括对技术途径、方案、时机的选择，技术决策的具体化表现为规划和计划。技术决策、规划、计划必须建立在科学预测的基础上。重大的技术预测与决策决定了一个企业甚至行业的命运，直接影响一个国家的经济发展。

（2）技术预测为经济、军事、社会发展所必需

技术预测不仅在科学技术领域，而且在其他领域也有广泛的需求和应用。①技术作为第一生产力，对经济增长方式、发展质量和速度有重大作用，因此，经济发展规划、经济改革规划都离不开技术预测。②科技发展规划必须建立在技术预测基础上。③为科技人才需求、教育和智力开发计划提供依据。④为军事和国防建设规划提供依据。⑤为各行业、企业发展提供指导。例如对高新技术的发展预测为高新技术产业的发展规划、新企业创业等提供了决策依据。

（二）技术评价

一般说来，从企业角度评价技术主要考虑以下几方面：①技术的先进性、可行性、连续性；②经济效果，包括近期效果和长远效果；③社会效果，包括就业、环境、资源利用、技术扩散等；④风险性及风险与收益的关系。

三、企业技术创新战略

企业技术创新战略包括技术和市场两方面，分别为技术战略和市场战略。技术战略要从战略视角来做出技术选择，即对企业主导性、基础性技术做出定位和选择。技术战略中还要通过对主要相关技术的成长阶段分析来判断技术跳跃的可能性并拟订相应对策。企业还可以借助技术路径图对技术发展做出阶段性的、前后衔接的安排。技术标准在竞争中的作用越来越重要，因此，在技术战略中也要加以考虑。市场战略要解决技术创新的市场定位问题、可能的市场策略选择问题，并在市场领先与跟随模式之间进行选择。

第三节 技术转移与技术交易

一、技术转移概述

(一)技术转移的含义

技术转移是指技术在国家、地区、行业内部或企业之间以及技术自身系统内输出与输入的活动过程。包括技术成果、信息、能力的转让、移植、引进、交流和推广普及。

(二)技术转移的特点

1. 定向性

技术在空间上发展的不平衡,是技术转移及其定向性的内在根据。从技术效率与功能的角度,可以把技术内容定性为尖端技术、先进技术、中间技术、初级技术、原始技术等五种级差形态。任何特定技术都能从中"对号入座"。当然,这种座次是变动不大的,随着技术的发展,大体呈依次后移的态势。正是技术效率与功能上的"级差",造就了不同技术所特有的技术"势位",也赋予它特有的运动"惯量"和特定的运动方向。只要技术形态之间存在着技术势位的"落差",技术就会由高势位向低势位发生转移,表现为技术上先进的国家、地区、行业、企业向技术落后的国家、地区、行业、企业实行技术让渡,前者是技术的溢出者,后者是技术的吸纳者。同时,技术转移实践表明,在技术定向转移过程中,技术转移的"惯量"、成本和效应与技术之间势位的"落差"呈正向变化,而转移的频率及成功率与技术势位的"落差"呈反向变化。

2. 功利性

人类社会的早期,技术转移多是一种无意识的活动。随着人类社会的发展,技术转移越来越呈现出功利性的特征,直到今天,我们很难看到漫无目的的技术转移现象。究其技术转移的功利性,主要体现在经济目标上。无论是技术的供给方,还是需求方,都瞄准技术转移所带来的市场机会和商业价值,这是不谋而合的,出于竞争目的而发生的技术转移,归根结底也是经济利益的需要。至于为达到某种政治、军事、环境等"超经济"目标而发生的技术转移,只不过是国家整体利益借以实现的途径或形式。因此,可以毫不夸张地说,当今世界,在国家、部门、行业、企业之间所发生的技术转移与功利性紧紧地联系在一起。

3.重复性

与实物商品不同,技术商品的使用价值在流转过程中具有不完全让渡性。它作为知识性商品,尽管有时以实物商品形态而出现,但实物形态只是技术的载体或物质外壳;交易完成后,虽然它的使用价值已让渡给对方,但让渡者仍然保留了这一技术知识的使用价值,至于以图文、技能、方法等非实物形态存在的技术转移,实质上只是使用权的转移,不影响让渡者对这种技术的拥有权。从这个意义上说,技术商品的使用价值在转移过程中具有显著的非完全让渡性质。正因为如此,技术的供给方能够不断重复出卖技术,如果不加限制,技术的购买者也可以连续不断地将该技术转卖出去,直至所有人都掌握这种技术。这就是技术转移的重复性特征,也正是技术转移的重复性,加速了社会的发展和技术进步,给人类带来巨大的物质利益。

4.市场化

一般来说,在社会发展的不同阶段,技术转移的方式是不同的,在古代,技术转移主要是通过上级流动来实现,产业革命后,主要是通过向外进行强制性的生产资本投资来实现。而今天,技术转移主要是通过市场化的商业形式实现的。因此,技术转移越来越显现出自身独特的市场化特征。

二、技术转移的基本模式

从技术内容的完整性上看,可以把技术转移区分为"移植型"和"嫁接型"两种模式"移植型"技术转移,是指技术的全部内容。跨国公司的海外扩张多是通过这种模式实现其技术转移的。这种模式对技术吸纳主体原有技术系统依赖性极小,而成功率较高,是"追赶型"国家或地区实现技术经济跨越式发展的捷径,但转移的支付成本较高。"嫁接型"技术转移,是指技术的部分内容,如某一单元技术、或关键工艺设备等流动而实现的技术转移。它以技术需求方原有技术体系为母本,与外部先进技术嫁接融合,从而引起原有技术系统功能和效率的更新。显然,这种技术转移模式对技术受体原有技术水平的依赖性较强,要求匹配的条件较为苛刻。虽然技术转移的支付成本较低,但嫁接环节上发生风险的频率较大。一般为技术实力较为均衡的国家、地区、企业之间所采用。

从技术载体的差异性上,可以把技术转移区分为"实物型""智能型"和"人力型"技术转移三种模式。

"实物型"技术转移,是指由实物流转而引起的技术转移。从技术角度看,以生产手段和劳动产品形态出现的实物,都是特定技术的物化和对象化,都能从中反观到某种技术的存在。因此,当实物发生空间上的流动或转让时,某种技术就随之发生了转移,这是所谓"硬技术"转移的基本形式。①

"智能型"技术转移模式,是指由一定的专门的科学理论、技能、经验和方法等精神范畴的知识传播和流动所引发的技术转移。它不依赖实物的转移而进行。通常把这种技术转移称为"软技术"转移。目前市场上的专利技术、技术诀窍、工艺配方、信息情报等知识形态的商品交易,都是这种技术转移借以实现的基本形式。

"人力型"技术转移,是人类社会较为古老的一种技术转移模式,它是由人的流动而引起的技术转移。如随着人员的迁徙、调动、招聘、交流往来、异地培养等各种流动形式,皆可引发技术的转移。这是因为,技术无论呈现何种具体形态,都是以人为核心而存在,为人所理解、掌握和应用。所以人力资源的流动必然伴随着技术转移。

从技术功能上看,又可把技术转移区分为工艺技术转移和产品技术转移两种基本模式一般来说,在产业技术系统内部,并存着工艺技术形态和产品技术形态两大系统,而每种技术形态又包含若干相关性极强的单元技术,它们共同构成社会生产活动的技术基础。从具体生产过程看,工艺技术是产品技术形成的技术前提和物质手段,直接决定着产品的技术性能和生产能力。而从社会生产总过程看,产品技术往往又构成工艺技术的单元技术(广义上说,工艺技术的实体本身就是特定的产品),它又影响着工艺技术的总体水平和效率。

事实上,任何产业技术就其功能而言,都不是万能的,而是有其不同的侧重点。当技术侧重于影响生产流程,具有提高效率和扩张产量作用时,我们把这种技术的转移称为工艺技术转移;而当技术侧重于影响生产过程的结果,有助于提升产品的技术含量及功能拓展时,我们把这种技术的转移称为产品技术转移。一般来说,农业、采掘业领域的技术转移多属前者,而制造业、信息产

---

① 由雷. 社会责任、知识吸收对企业技术创新的影响——以高新技术企业为例[J]. 科技和产业,2022,22(05):1-7.

业、建筑业等领域的技术转移多属后者。同时,工艺技术和产品技术在功能上又具有极强的相干性。因此,技术转移过程,又往往是通过工艺技术的转移来达到产品技术的升级,或通过产品技术的转移来实现工艺技术的改造。

三、技术转移的一般过程

做好技术转移,需要熟悉其步骤。有科学的步骤作为指导可以事半功倍。技术转移的一般过程分为以下六个阶段。

(一)感知与初步判断

技术需求方或供方受某些信息的启发、技术与市场分析、创造性想象等感知到寻求或推销技术的需求,经初步调查和分析之后做出初步判断。

(二)供需双方沟通

技术供需双方经其中一方或双方主动出击,或经中介介绍,双方沟通信息。

(三)评估

需方在采用技术、供方在决定提供技术之前,需对技术进行评估。包括三个方面:技术本身的评估;技术应用条件与环境的评估;技术应用的效益评估。

(四)谈判与协调

技术供需双方就技术转让的条件、方式、价格、期限等一系列问题进行全面谈判、协商,以求达到协调一致的目的。

(五)实施转移

技术供方准备好谈判中所规定技术的文本(图纸、资料等)及必要的仪器设备等,向需方移交,并协助需方培训、学习掌握所转让的技术。技术需方要做的主要工作有:资金筹集;场地、设备、配套协作条件的转备与落实;项目建设与实施;人员招募、培训;组织机构调整;其他辅助、配套工作。

(六)经营

技术转让项目建成后,须解决一系列问题后方能正常运营。包括:新产品鉴定、质量认证;经营战略实施方案制定;产品销售网络建设,促销方式制定;设备维修,备件落实;产品与工艺的完善与改进;技术体系与管理体系的建立与完善。

四、技术转移的典型形式

20世纪70年代联合国有关部门对技术转移活动进行有目的的考察与研究以来，到今天世界范围内不同行业、不同规模的企业、研究机构及政府都十分关注并广泛参与的战略性选择，技术转移有很强的转移动力。那么该如何运转这种动力机制，需要应用不同的技术转移形式，有哪些形式呢？

（一）商品交易型

商品交易型主要有以下两种方式。

1.集中交易场所的技术商品交易方式

各地的常设或定期、不定期举办的技术市场为技术供需双方直接洽谈提供了条件。通过这种方式扩散的技术也逐年增多。

2.中介撮合方式

是指由专门的技术中介沟通技术供需双方以达成技术转让的方式。技术中介在技术转移中发挥了重要作用，在我国已具有相当大的规模。

（二）供方推销型

这种方式是技术供给方，尤其是研究开发机构、大学等技术持有方，主动向显在或潜在的技术采用方推销技术。现在，这种情况已相当普遍。尽管研究机构、大学纷纷办起了公司，自产自销技术产品，但能将科技成果转化为产品的毕竟只占少数，且规模较小，大部分成果仍有待转让出去。

（三）需方寻求型

这种方式是企业主动向大学、研究院所、其他企业（包括国内、国外）寻求技术。这种方式比供方推销型更为普遍。企业，特别是小企业、乡镇企业对于技术的渴望与期望越来越强烈，引进国外技术的积极性更是有增无减。

（四）供需合作型

这种方式是技术需求方在技术开发阶段就与技术供给方合作，双方共同完成技术开发、生产过程，"产学研"合作就是其中最典型的形式。

五、技术市场与技术中介

作为科技体制的突破口，技术市场的开放使我国与世界同步进入了知识经济时代，从而使我国把握住了世界新技术革命浪潮的历史性机遇。技术市场到底是什么呢？技术中介又有什么类型？

(一)技术市场概述

技术市场是技术交换关系的总和,是各种形式的技术交易的概括,由市场主体、市场客体和市场载体构成。

技术市场作为市场的一种类型,具有一般市场的共有功能,同时又具有如下特殊功能:技术交易存在单向所有权让渡;技术接受方往往要求在技术产生实际经济效益后才付款;技术市场提供的服务功能具有广泛性和延续性;信息传输功能。

(二)技术中介类型

1.技术信息服务中介

技术信息服务中介(简称信息中介)的特点是,中介机构一般不拥有技术,只服务于供需信息的联络与沟通。信息中介有以下几种:非营利性的政府科技成果推广机构;大众传播媒体;商业信息中介。

2.技术转让代理机构

这类中介代理服务技术转移扩散特定领域的技术。它们与技术源有固定或相对稳定的联系。这类中介有盈利与非盈利两种。技术转让代理中介一般悉知所代理的技术,并且由于服务的领域专业化分工较强,因而一般都熟知所代理技术领域的发展动态和市场应用状况。一些大型的研究院所的技术转让代理中介为了使技术源母体的研究成果能够成功地转移扩散,在实施前还对研究开发成果进行实用化开发。

3.创新孵化机构和工程承包机构

这类机构(简称孵化型中介)的代表是高新技术创业服务中心或称"高新技术企业孵化器",其提供的服务有:筹建高新技术企业申请和条件准备,为进入孵化器的中小企业提供信贷、厂房设备租赁、职员招募等服务、技术培训和职业教育、新技术鉴定和质量认证服务、为生产经营和管理提供咨询、为原材料和产品提供供销信息及宣传展览服务等。

近年来,国际上流行着一种技术转让综合服务机构,即技术承揽和工程承包公司,其服务范围包括:新技术的选择、投标招标、工程组织实施、生产经营诀窍的配套转移、生产技术服务、职工培训等,甚至承揽产品包销和指导经营管理。所提供的服务是"一揽子"成套服务,可完成"交钥匙工程"。

第四节 技术创新与知识产权管理

一、知识产权

(一)知识产权的定义

什么是知识产权？知识产权是不是就是专利权、商标权？从广义上说，知识产权泛指人类就其智力创造的成果所依法享有的专有权利。可分为两大类：第一类是创造性成果权利，包括专利权、集成电路权、植物新品种权、专有技术权、版权（著作权）、软件权等；第二类是识别性标记权，包括商标权、商号权（厂商名称权）、其他与制止不正当竞争有关的识别性标记权利（如产地名称等）。狭义的知识产权仅包括工业产权和版权。其中，工业产权包括专利权、商标权和制止不正当竞争权。

(二)知识产权的类型

以下仅就工业产权做简要说明。

1.专利权

我国专利法规定的保护对象为发明、实用新型和外观设计三种类型的专利。发明专利：发明是对特定技术问题的新的解决方案，包括产品发明（含新物质发明）、方法发明和改进发明（对已有产品、方法的改进方案）。实用新型专利：指对产品的形状、构造或者其结合所提出的适于应用的新的技术方案。

外观设计专利：指对产品的形状、图案、色彩或者其结合所做出的富有美感并适于工业应用的新设计。

2.商标权

商标是企业在其生产、制造、加工、炼造或者经销的商品或提供的服务项目上使用的，由文字、图形或者其组合表示的具有显著特征、便于识别的标记。商标权包含使用权、禁用权、续展权、转让权和许可使用权等。

3.制止不正当竞争权

应当限制的不正当竞争行为如下。①假冒他人注册的商标；擅自使用知名商标特有的或近似的名称、包装、装潢；擅自使用他人企业名称；在商品上伪造者冒用认证标志、名牌标志、产地。②限定他人购买其指定的经营者的商品,限制外地商品流入本地市场或本地商品流向外地市场。③采用财物或其他手段进行贿赂以销售或购买商品(可以用明示的方式给对方折扣、给中间人佣金,但须入账)。④利用广告或其他方法对商品质量、制作成分、性能、用途、生产者、有效期限、产地等作引人误解的宣传。⑤以盗窃、利诱、胁迫或者其他不正当手段获取他人的商业秘密;披露、使用或允许他人使用以上述不正当手段获取的商业秘密;违反约定或要求,披露、使用或允许他人使用其所掌握的商业秘密。⑥以排挤竞争对手为目的,以低于成本的价格销售商品。⑦采用谎称有奖或故意让内部人员中奖的欺骗方式进行有奖销售,利用有奖销售的手段推销质次价高的商品。⑧捏造、散布虚伪事实,损害竞争对手的商业信誉和商品声誉。⑨串通投标,提高标价或压低标价。

二、知识产权管理

(一)定义

知识产权管理是指国家有关部门为保证知识产权法律制度的贯彻实施,维护知识产权人的合法权益而进行的行政及司法活动,以及知识产权人为使其智力成果发挥最大的经济效益和社会效益而制定各项规章制度、采取相应措施和策略的经营活动。[①]

(二)分类

根据管理主体的不同,知识产权管理可为国家机关对知识产权的管理及权利主体对其所有的知识产权的管理。国家的管理主要从知识产权的取得和保护方面进行。权利主体的管理主要是从知识产权的合理开发、应用、推广、自我保护等方面考虑。

(三)内容

1.知识产权的开发管理

企业应当从鼓励发明创造的目的出发,制定相应策略,促进知识产权的开发,做好知识产权的登记统计、清资核产工作,掌握产权变动情况,对直接占有的知识产权实施直接管理,对非直接占有的知识产权实施管理、监督。

2.知识产权的经营使用管理

主要对知识产权的经营和使用进行规范;研究核定知识产权经营方式和

---

① 邱柳. 金融发展、知识产权保护与技术创新产业化[J]. 科技管理研究,2021,41(21):156-166.

管理方式;制定知识产权等。

3.知识产权的收益管理

对知识产权使用效益情况应统计、合理分配。

4.知识产权的处分管理

企业根据自身情况确定对知识产权的转让、拍卖、终止。

三、技术创新与知识产权的关系

技术创新与知识产权有什么关系？简言之,技术创新是知识产权的源泉,知识产权是技术创新的动力,是技术创新顺利进行的保障。

第一,技术创新中包含丰富的知识产权。

第二,企业技术创新的各个阶段都离不开知识产权制度的利用和保护。具体包括:一是创新的准备和开发阶段:从专利文献获取信息。据统计,有90%~95%的最新技术资料首先反映在专利文献上,查阅专利文献可以缩短科研时间约60%,节省40%的研究和开发费用。因此,企业的技术创新需要专利信息的指引和导向。美国有人对技术创新做了一次调查,得出的结论是:不重视专利信息,凭空构思,只有1%~3%的方案能够成功。二是创新的实施阶段:靠知识产权制度来维护权益。三是创新的应用阶段:在知识产权制度下,使技术创新成果管理更加科学化、规范化,加快了科技创新成果的产业化。

第三,从社会整体创新活动来看,知识产权制度促进了科学技术的传播与利用。

第九章 企业文化

第一节 企业文化的基本原理与基本体系

一、企业文化的基本原理

(一)企业文化的概念

企业文化有广义和狭义两种理解。广义的企业文化是指企业所创造的具有自身特点的物质财富和精神财富。狭义的企业文化是指在一定的社会大文化环境影响下,经过企业领导者的长期倡导和全体员工的积极创造、认同与实践所形成的企业价值观、信仰追求、道德规范、行为准则、经营特色、管理风格以及传统和习惯的总和。其中,企业价值观是企业文化的核心。

(二)企业文化的性质

企业文化是一种新型的管理方式,反映了企业管理的高层次追求。重视企业文化建设,凸显企业经营管理个性,是成功企业的共同特征。国际上的IBM、GE、沃尔玛、松下电器、波音航空等公司,创造了运用企业文化管理方式取得成功的典型案例,这些企业出色的经营业绩和良好的企业形象,彰显出企业文化管理方式的巨大实践价值和理论意义。

企业文化是一种最新的管理理论,是对企业管理理论的丰富和发展。企业文化理论弥补了传统管理理论的缺陷,使企业管理更富有整体性、人情味和文化色彩,更能够发挥民族文化的优势、创造管理的个性、创造管理的高效率。因此,企业文化被称为企业管理理论的一个新的里程碑(即第四个里程碑,前三个分别为科学管理、行为科学和现代管理科学)。

企业文化是一门年轻的边缘学科,是融理论性与实践性为一体、理论与实践紧密结合的新兴学科。

(三)企业文化的主要特征

1.独特性

为什么说企业文化具有独特性？因为每个企业都有其独特的文化积淀，这是由企业的生产经营管理特色、企业传统、企业目标、企业员工素质以及内外环境不同所决定的。

2.继承性

企业在一定的时空条件下产生、生存和发展，企业文化是历史的产物。企业文化的继承性体现在三个方面：一是继承优秀的民族文化精华；二是继承企业的文化传统；三是继承外来的企业文化实践和研究成果。

3.相融性

企业文化的相融性体现在它与企业环境的协调和适应性方面。企业文化反映了时代精神，它必然要与企业的经济环境、政治环境、文化环境以及社区环境相融合。

4.人本性

企业文化是一种以人为本的文化，最本质的内容，就是强调人的理想、道德、价值观、行为规范在企业管理中的核心作用，强调在企业管理中要理解人，尊重人、关心人，注重人的全面发展，用愿景鼓舞人，用精神凝聚人，用机制激励人，用环境培育人。

5.整体性

企业文化是一个有机的、统一整体人的发展和企业的发展密不可分，引导企业职工把个人奋斗目标融于企业整体目标之中，追求企业的整体优势和整体意志的实现。

6.创新性

优秀的企业文化往往在继承中创新，随着企业环境和国内外市场的变化而改革发展，引导大家追求卓越、追求成效、追求创新。

(四)企业文化的类型

1.按发育状态分类

从发育状态上，可以把企业文化划分为成长型文化、成熟型文化和衰退型文化。

(1)成长型文化

成长型文化是一种年轻的、充满活力的企业文化类型。企业文化的发育状态一般是和企业的发展状态相适应的。在企业初创时期、企业经营迅速发展时期,企业中各种文化相互抗衡,表现出新文化不断上升的态势,在内外经营环境的作用下,企业被注入了很多新的观念、新的意识和新的精神,如勇于创新、竞争和积极开拓进取等。此时企业的盈利状况呈现一种日益上升的趋势,前景看好,所以,新文化对员工表现出很大的吸引力和感召力。但是,由于成长型文化所面对的外部市场环境急剧变化,企业内部人员、结构、制度以及经营模式尚未定型,因此这种文化类型是不稳定的,如果不善于引导和培育也会出现偏差。

（2）成熟型文化

成熟型文化是一种个性突出且相对稳定的企业文化类型。一般来讲,企业发展进入成熟期,经营规模稳定,人员流动率降低,内部管理运行状态良好,企业与社会公众的关系也调试到了正常状态,与之相适应的企业文化也进入稳定阶段,并且经过企业成长期文化的冲突与整合,个性特征也越来越鲜明,企业的主导文化已经深入人心,形成了诸多的非正式规则和强烈的文化氛围,此时企业的规章制度顺理成章,政令畅通无阻,企业文化的发展进入了黄金时期。但是,成熟型的企业文化具有某种惯性和惰性,往往阻碍企业文化的进步。

（3）衰退型文化

衰退型文化是一种不合时宜、阻碍企业进步的企业文化类型。企业文化从成长、到成熟、再到衰退是必然的,衰退型的企业文化意味着已经不适应企业进一步发展的需要,急需全面变革和更新。企业发展到一定的阶段,当市场发生渐变或突变时,传统的经营方式和管理方式面临着巨大的挑战,而与传统的市场及经营管理方式相适应的企业文化也就成为衰退型文化。这种文化如果不能随着企业环境的变化积极地进行创新,就可能成为企业发展的最大障碍或是导致企业走下坡路直至被市场淘汰的根本原因。

2.按企业的性质分类

从企业的性质上,可以把企业文化划分为国有企业文化、合资企业文化、乡镇企业文化、民营企业文化等。

3.按内容特质分类

从内容特质上,企业文化可以划分为目标型文化、竞争型文化、创新型文化、务实型文化、团队型文化和传统型文化等。①

（1）目标型文化

目标型文化是以企业的最高目标为核心理念的企业文化类型。具有这类文化的企业，在产品开发、市场营销、内部管理上都追求最高、最强、最佳，力争卓越、创造一流是企业最高精神境界、基本经营宗旨和管理哲学。

（2）竞争型文化

竞争型文化是以竞争为核心理念的企业文化类型。处于竞争异常激烈行业中的企业，往往注重外部市场环境对企业的影响，经常与竞争对手进行比较，在改进产品和服务上殚精竭虑，拓宽市场面、延长经营半径、扩大市场占有率。这些企业把增强企业的竞争意识和竞争能力作为建设企业文化的重点，从企业精神的表述到企业经营管理的方式方法等，到处都渗透着竞争精神，体现着企业追求卓越、赢得优势的价值追求。

（3）创新型文化

创新型文化是以创新为核心理念的企业文化类型。在这种类型的企业文化中蕴含着强烈的创新意识、变革意识和风险意识，一切从未来着眼，求新求变。一般在高科技企业中具有比较明显的这种文化特征。

（4）务实型文化

务实型文化是以求真务实为核心理念的企业文化类型。

（5）团队型文化

团队型文化是以团队精神为核心理念的企业文化类型。它强调以人为中心，倡导集体主义精神和团结协作精神。

（6）传统型文化

传统型文化是突出民族优良传统、党的优良传统以及企业历史传统特征的企业文化类型。一般在历史悠久的老字号企业、以战争年代公营企业为基础发展起来的企业、二十世纪五六十年代创办的国有企业中较容易找到这种类型的企业文化。

4.按市场角度分类

从市场角度，企业文化可以划分为强人文化、拼搏与娱乐文化、赌博文化和过程文化。

---

①李建军.浅析如何做好新时期企业文化建设[J].中华建设,2022(05):24-26.

（1）强人文化

这是一种高风险、快反馈的文化类型。这类企业包括建筑、风险投资及娱乐业等,它们具有孤注一掷的特性,总是试图赢得巨大成功、最优的竞争,追求最优、最大、最好的价值,设计最诱人广告。员工工作紧张、压力大,工作绩效反馈及时。强人文化是趋于年轻人的文化,虽有活力但缺乏持久力。

（2）拼搏与娱乐文化

这是一种低风险、快反馈的文化类型。这种文化赖以生存的土壤往往是生机勃勃、运转灵活的销售组织和服务行业,在这类企业中,员工们拼命干、尽情玩,工作风险极小,而工作绩效的反馈极快,这种文化造就了最好的工作环境,使工作与娱乐实现最完美的结合。

（3）赌博文化

它具有在周密分析基础上孤注一掷的特点。一般投资大、见效慢的企业文化特点。

（4）过程文化

这种文化着眼于如何做,基本没有工作的反馈,职工难以衡量他们所做的工作。机关性较强、按部就班就可以完成任务的企业文化特点。

二、企业文化的基本体系

(一)企业精神文化

企业精神文化是企业的核心层文化,是企业在生产经营中形成的一种企业意识和文化观念。主要包括企业精神、企业价值观、企业哲学、企业道德等。

1.企业精神

（1）定义

所谓企业精神,是指企业为实现自己的价值,在长期的经营管理过程中所形成的一种人格化的理念和风范。一般地说,它是企业全体成员或多数员工共同一致、彼此共鸣的内心态度、意志状况和思想境界。每个企业都有各具特色的企业精神,它往往以简洁而富有哲理的语言形式加以概括。

（2）现代企业精神的内容

企业精神包括参与精神、协作精神、奉献精神。除此之外,还包括创新精锐部队、竞争精神、拼搏精神等。

（3）企业精神的表达原则和方式

第一，企业精神的表达原则。①准确而深刻。提炼企业精神应抓住企业群体意识的精华和企业价值观的核心，反映企业实质的、根本性的精神理念，既要准确无误，不使人产生歧义，又要富有内涵，饱含理性与思辨色彩，不能让人一看就觉得平淡无味、苍白无力。北京百货大楼的企业精神是"一团火"精神，具体表述为："用我们的光和热，去照亮、去温暖每个顾客、每一颗心。"这一精神既准确地表达了源自企业文化楷模张秉贵全心全意为顾客服务的火热情感，又深刻地反映了"大楼人"在市场经济条件下正确处理义利关系，积极奉献社会的思想境界和经营宗旨。②有个性特色。简单地说，企业精神提炼出来后，它不能与别的企业雷同，甚至不能相似、相近，不能哪个企业都能搬用、套用，而只能是自己的企业专用，"张冠"不可以"李戴"。这就要求提炼企业精神时要对企业的性质与规模、历史与未来、企业内外环境等作全面深刻的研究、分析，然后给予精辟概要的表述。企业精神的个性特色源自企业所处行业的特殊点、经营管理的成功点、参与市场竞争的优势点、优良传统的闪光点、领导人自身修养与风范的独特点、员工心理期望的共识点以及企业未来发展的目标点等。企业精神应是企业上述特点凝合、聚焦的结果。③简洁而生动。表述企业精神不能冗长拖沓，干巴无味，必须简单明了，生动感人。在用词上要准确、达意，且富有哲理。有些"企业精神"语言出自员工之口，非常纯朴简洁，其中也蕴含着积极的向上精神；有些"企业精神"经过概括，用词相当讲究，且内涵深刻。企业精神是一种实践精神，不管怎样表述，只要能够准确反映员工意识、激励员工士气即可。

第二，企业精神的表述方式。①目标表述式。以企业的奋斗目标作为企业精神，富有号召力，让企业员工备受鼓舞，激发士气，调动积极性和创造性。如中国国际航空公司的企业精神"永不休止地追求一流"就是采用了目标表述法。②经验荟萃式。对企业历史和现实的经验进行总结提炼，将企业创业与发展过程中久经磨砺而成的精神财富中最宝贵、最精华的经验提炼出来，形成企业精神。这种企业精神既继承了企业过去的精神财富，又为企业未来的发展提供了精神动力。大连石油化工公司根据行业特点，在总结企业成功经验的基础上，把企业精神凝合为"创新图强，严细务实"八个字。③特点整合式。以企业员工为主体，以企业经营管理为主线，对企业各方面特点进行归纳、整合，提炼出本质和特点，形成企业精神。如北京市公交总公司的企业精神是

"一心为乘客,服务最光荣"。北京邮政系统员工把"一封信、一颗心"奉为行业精神。传统继承式。以企业多年形成的优良传统为依据、为核心,提炼企业精神。如老字号同仁堂的"同修仁德,济世养生",既继承了"炮制虽繁必不敢省人工,品味虽贵必不敢减物力"的诚信传统,又注入了体现人文关怀的"仁爱"新内涵,既贴近企业实际,又体现企业力创世界名牌的理想信念,使企业员工既感亲近,又激发出一种使命感和责任感。④人格升华式。以企业英雄人物、先进典型为代表,将其精神品格和优秀事迹总结、升华为企业精神。如大庆油田的"铁人精神",王府井百货大楼的"一团火精神"。这种人格化的企业精神表述方法亲切、形象、生动,企业员工容易接受。但必须注意,企业精神所依托的英雄人物或先进典型必须有过硬的优秀事迹,为群众所公认、信服,有着很高的知名度和美誉度,经得起时间考验。⑤名人名言式。即以名人名言作为企业精神的内容,并赋予本企业理念的内涵,如日本日产公司的企业精神是"品不良在于心不正"。也有企业用《孙子兵法》中的"上下同欲者胜"作企业精神。⑥单一警句式。以反映企业特色、信念、追求的一两句话作为企业精神,这是最常见的表述方式。如IBM公司"IBM意味着服务"、波音公司"我们每个人都代表公司"等。

第三,企业精神的命名方式。企业精神提炼出来后,还应该给其命名(有的企业精神十分简单明了,不另外取名也是正常的),命名的方式大致有:①企业名称命名式。这种方法最普遍、最常见。一般以企业名称的简称命名企业精神。如"宝钢精神""一汽精神""日立精神"等。②产品商标命名式。如果企业产品商标的社会知名度较高,可采用这种命名方式。当然有些企业的商标与企业名称是一致的。如"太阳神精神""康佳精神""蜜蜂精神"等。③人名命名式。以企业创始人、英雄人物的姓名命名企业精神。如鞍山钢铁公司的"孟泰精神"、日本松下电器公司的"松下精神"、西安翻译学院的"诒华精神"等。

2.企业价值观

企业价值观是企业文化的核心。在企业内部,价值观是公司员工心目中的真理,也就是统一的认识,这要求企业成员要具有一致的价值观。具有统一价值观,企业中的所有人才会明确他们是为了什么在工作。企业不能没有自己内部统一的价值观,没有共同价值观的企业就像一盘散沙,如同大海中失去航向的船只。

（1）定义

企业价值观是人们对企业以及企业的生产经营行为、产品（服务）、公众形象、社会声誉等的根本性看法，即企业群体对事物正误的判断标准。

人们看一个企业的特点，最先看的就是它的价值观。不同的企业有不同的价值观，如"服务客户，精准求实，诚信共享，创业创新"是联想集团的核心价值观，"创造至尊，维誉致诚"是创维集团的核心价值观，"团结一致，服务为上"则是日本松下公司的核心价值观。

（2）企业价值观的内容

主要包括产品（服务）价值、企业行为价值（社会评价）、企业信誉、企业社会声望和企业形象。

产品（服务）价值主要体现在产品质量高低，品种、花色、规格、价格如何，是否反映中国国情特点和消费水平，能否满足群众生活需要。是不是始终坚持"用户至上"的宗旨，是否提供优质产品或劳务，售后服务做得如何，以及企业群体人格的美丑、优劣、高低等。企业的资信指企业信誉、拳头产品构成的品牌等。一个企业社会声望的高低，主要以产品价值、企业行为价值、企业资信为基础，同时还取决于企业参与社区、城市、国家和国际政治、文化、社会公益事业等的态度与行为如何。企业形象即企业在内外环境中形象的社会评价和认可程度。

（3）企业价值观的作用

第一，为企业的生存与发展提供精神支柱。企业价值观是企业领导者和员工判断事物正误的标准，其一经确定并成为全体员工的共识，就会成为长期遵奉的信念，对企业产生持久的支撑力。

第二，决定企业的基本特性和发展方向。

第三，对企业及员工行为起到导向和规范作用。

第四，激励员工发挥潜能，增强企业合力。

3.企业经营哲学

企业经营哲学，是指企业在经营管理过程中提升的世界观和方法论，是企业在处理人与人、人与物关系上形成的意识形态，包括经营理念、管理理念、人才观、市场观、团队观、服务观、效益观、分配观等。一个企业在确立自身的经营哲学时，必须考虑企业文化背景对企业的影响力。西方国家的企业受其文化传统影响，在管理中比较强调理性管理、强调规章制度、管理组织结构、契约等;崇尚个人的价值—技能培养自我负责、任意辞职或任意解雇,追求利益最大化。而东方文化圈的企业更强调人性的管理,如强调人际关系、群体意识、忠诚合作的作用;强调集体的价值—企业集团、社会负责技能训练、团队精神、对公司的忠诚、产业发展战略以及推动经济增长的产业政策。

4.企业伦理

企业伦理观念是美国于20世纪70年代提出的。所谓企业伦理(又称为企业道德),指企业全体(或多数)员工认同并在实际处理各种关系中体现出来的善恶标准、道德原则和行为规范。企业道德包括重合同、守信用、诚信经营、公平竞争等。如同仁堂的堂训,"炮制虽繁必不敢省人工,品味虽贵必不敢减物力",服务中强调童叟无欺、一视同仁;胡庆余堂"修合无人晓,诚信有天知"强调了企业高度自觉的职业道德。

(二)企业制度文化(中间层文化)

企业制度文化是企业为实现自身目标对员工的行为给予一定限制的文化,它具有共性和强有力的行为规范的要求。企业制度文化的规范性是一种来自员工自身以外的、带有强制性的约束,它规范着企业的每一个人,企业工艺操作规程、厂规厂纪、经济责任制、考核奖惩制度都是企业制度文化的内容。企业制度文化是由企业的法律形态、组织形态和管理形态构成的外显文化,它是企业文化的中坚和桥梁,把企业文化中的物质文化和精神文化有机地结合成一个整体。企业的制度文化一般包括企业法规、企业的经营制度和企业的管理制度。

(三)企业行为文化(浅表层文化)

企业行为文化是企业成员在生产经营、学习娱乐、人际关系中产生的活动文化。它包括企业经营管理、教育宣传、人际关系活动、文娱体育活动中产生的文化现象。从人员结构上划分,企业行为分为企业家行为、英雄模范行为和普通员工行为。

(四)企业物质文化(表层文化)

企业物质文化是由企业员工创造的产品和各种物质设施等构成的器物文化,它是一种以物质为形态的表层企业文化,是企业行为文化和企业精神文化的显现和外化结晶。物质文化包括产品、服务、企业环境、企业标识等。

第二节 企业文化的演变规律与文化建设的主体

一、企业文化的演变规律

(一)企业文化的起源

企业文化的起源,首先与企业创始人的创业意识、经营思想、工作作风、管理风格以及意志、胆量、魄力、品格等有着直接的关系。企业创始人的行为方式和风格,往往通过他们的决策规划、领导指挥、组织协调以及待人接物等活动表现出来,容易被员工感知、感受、体会和仿效,从而形成一种无形的导向,一种潜在的推动力。企业创始人的所作所为潜移默化地影响着企业中的每一个人,无形中向员工昭示:企业提倡什么,反对什么,推动什么。在工作实践中,员工会自觉不自觉地认同、顺从、模仿企业创业者的某种行事风格,会在自己的行为中把这种风格延续下来,这就是"上行下效"的示范作用和倡导作用。

企业文化起源于员工的共同理解,如共同的忧患意识、共同的情绪反应、共同的行为方式等。这些共同理解除了受到创始人的思想和行为的影响以外,往往与企业经营中发生的重大事件和关键事件有关。海尔集团企业文化的形成,其中就有不少特殊事件在其中起了"定格"作用。如1985年海尔砸冰箱事件在员工中产生了巨大的震撼作用,一锤砸出了海尔全体员工的质量意识,砸出了品牌文化。当然,一种成型的企业文化形成,与企业制度创新和管理思潮的变化有密切关系。一种新的企业制度和管理思潮形成后,便以极大的制约力和渗透力,对那些在这一时代诞生的企业文化产生重大影响。一种企业制度、组织形式和管理风格一经形成,犹如某种定势、某种范式一样,会引导着企业文化的方向,决定着企业文化的主要特征。

(二)企业文化的积累

企业文化不是某一时刻一下产生的,而是企业在长期的经营管理实践中连续传播、不断积累的产物。

1.企业文化积累的含义

企业文化积累是指企业文化特质的保存以及企业文化新特质的不断增长的过程。

2.企业文化积累的方向

从企业文化积累的方向看,它是在两个方向上进行的,即企业文化正向积累和企业文化反向积累。企业文化正向积累是健全的、优良的企业文化自我完善的过程,企业文化反向积累是病态企业文化不断恶化、衰亡的过程。一般研究企业文化的积累问题,均是着眼于研究正向积累规律。一般说来,正向的企业文化积累出现于以下几种情况:①家族继承人对原有文化的继承和发展。②具有新文化背景的继任者对企业原文化的创新与发展。作为企业文化主要发端者,企业创始人依据其认识、视野、经验、知识与思想境界,靠着他们的洞察力、想象力、创造力和崇高的威望,不断地推进企业文化的积累,使企业文化体系不断丰富,个性也越来越突出。但这种积累在时间和内容上都有局限性。有继任者或具有新文化背景的人加盟企业后,创新和发展文化,使企业文化积累继续下去。③子公司对母公司企业文化的丰富和发展。④企业文化在成长过程中合理吸纳与改造外来文化,从而完全融合成自己独特的文化传统。

(三)企业文化的传播

1.定义

企业文化的传播,是对企业文化的全面内涵和组成要素进行全方位地推广和扩散。

2.种类

企业文化传播可以分为文化共同体内的传播和文化共同体间的传播两种。前者可称为企业文化内传播,后者可称为企业文化外传播,其中企业文化外传播包括国内企业之间的文化传播,也包括国际企业之间的文化传播。

(1)企业文化内传播

企业文化内传播具有辅助企业文化形成和确立的功能,又兼有使企业文化传统得以继承、发扬,从而激励员工意志的功能。事实上,企业文化的形成、发展、积累都与企业文化内传播有密切的关系。

一般来说,企业文化内传播的通道有:企业发展过程中的种种事迹、故事案例等,是对内传播的无形通道;将企业文化用语录、标语、口号等形式表达出来,就成为对内传播的有形通道;企业管理者及对下属的要求及个人行为、作风等,构成对内传播的主要通道;企业文化培训、考核、激励机制的制定与实施,是对内传播的重要通道;企业举办的一系列活动、仪式、庆典等,是对内传播不可缺少的通道。

（2）企业文化外传播

企业文化对外传播具有树立企业形象、提高品牌忠诚度和竞争力的功能，同时也兼有推动社会精神文明建设、促进社会文化进步的作用。企业文化的对外传播是一种文化交流，不是单向的文化输出。全面准确地对外展示、传播本企业的文化，最终在社会公众心目中留下一个美好印象，塑造良好的企业形象，对企业发展至关重要。对外传播的途径有企业文化的主动输出式传播、企业文化的示范传播、企业文化的交流合作。①

3.注意事项

要使企业文化传播取得良好效果，在传播过程中要注意哪些事项呢？第一，在对内传播时，要重视企业内部的非正式组织（即企业文化的创始人特雷斯·迪尔和阿伦·肯尼迪所说的"cabal"——小集团）对传播企业文化的作用。这样的"小集团"在任何上规模的企业中都存在，它的作用可能是正面的，也可能是负面的，要加以引导、利用，使之起到传播企业文化正面效果的作用。第二，要防止企业文化传播中的变异和虚假化倾向——讹传。第三，注意消除内外部流言和谣言，防止流言对企业文化的侵蚀。关于流言的杀伤力，国人自古就有深刻的认识，"千夫所指，无疾而终"说的就是这个意思。流言的杀伤力不仅对个体，对组织也同样不可轻视。企业在遇到各种危机事件时要及时、妥善处理，不给流言和谣言提供机会。

（四）企业文化冲突

1.企业文化冲突的含义

企业文化冲突是企业文化发展过程中不同特质的文化在相互接触、交流时产生的撞击、对抗和竞争。

2.企业文化冲突的表现形式

企业文化冲突的主要表现形式有两种：一是主文化与亚文化的冲突，二是整体文化和个体文化的冲突。

（五）企业文化整合

1.企业文化整合的定义

企业文化整合就是指有意识地对企业内不同的文化倾向或文化因素通过有效的整理整顿，并将其结合为一个有机整体的过程，是文化主张、文化意识

①赵璨.新媒体环境下国有企业文化宣传工作的创新路径探讨[J].企业改革与管理,2022（08):162-164.

和文化实践一体化的过程。企业文化要实现从无序到有序,必须经过有意识地整合。

2.企业文化整合的层次

企业文化整合可以分为以下五个层次。

第一,企业文化对某一种企业文化共同体内新生或外来的企业文化特质加以同化。例如,海尔通过对美国科学管理、日本团队精神的研究,根据社会化大生产的规律,成功地剔除外国管理学说中不适应于中国企业实际的一面,吸收其有益一面,创立了体现海尔文化特点,适合海尔生产需要的OEC管理法。

第二,在企业文化共同体内,对内生的或引进的一组企业文化特质进行重组、再造,形成企业某一方面文化的综合。

第三,企业文化体对外来的一种趋于成熟的企业文化风格与规范,结合自身文化优势进行再加工,使之得到进一步完善。

第四,企业文化共同体伴随着企业管理革命,对企业文化特质进行较为彻底的吐故纳新、多方位的整治和新的融合。

第五,伴随着企业文化共同体内发生剧烈的文化冲突,酿成企业文化危机,促使企业根据新的背景、新的起点和格局进行企业文化整合。

3.企业文化整合的原则

原则包括:①坚持文化宽容的原则;②坚持扬弃的原则;③坚持共性与个性相结合的原则;④坚持借鉴与创新相结合的原则。

(六)企业文化变革

1.含义

企业文化变革是指由企业文化特质改变所引起的企业文化整体结构的变化。

2.类型

企业文化变革有渐进性变革和突发性变革之分。

二、企业文化建设的主体

员工、企业楷模和企业家是企业文化建设的主体。

(一)员工在企业文化建设中的作用

第一,员工是企业文化的创造者。企业生产经营活动的主体是广大员工,正是员工的直接参与才能创造出巨大的物质财富和精神财富,也才能将精神转变为物质。员工是推动企业生产力发展的最活跃因素。

第二,员工是企业精神文化的提炼者。企业精神文化所包含的价值观、经营理念和企业精神等内容都是企业经营活动中提炼升华出来的,而提炼主体就是员工。价值观等精神层面的内容还要得到全体员工的认可和接受。

第三,员工是企业制度文化的实践者。

第四,员工是企业文化的传播者。

(二)企业楷模

企业楷模是指在企业生产经营活动中被员工推举并公认为行为表现和绩效优秀的代表人物。如优秀员工、劳动模范、先进工作者、"三八"红旗手、"五一"劳动奖章、"五四"青年奖章等。企业楷模是企业价值观的化身。他们将企业的价值观"人格化",为广大员工提供了学习和效法的模范。他们在企业文化建设和经济发展过程中,发挥着不可替代的作用。

(三)企业家

企业家是企业的领袖人物,从一定意义上来说,企业文化是企业家文化,是企业经营者文化,是企业领导人文化。没有优秀企业家就不可能创造出优秀的企业文化。一方面,企业家与企业文化呈现出内在结构——对应的关系,企业家的知识、能力和品质等要素成为企业文化生成的基因,决定着企业文化的性质和风格,并制约和引导着企业文化的个性和发展;另一方面,在企业文化塑造、控制、发展的动态过程中,企业家又扮演了定位、创建、控制、变革等举足轻重的角色,从而成为某一企业文化动态模型中第一位的活跃因素。

第三节 企业文化建设的核心工程与延伸工程

一、企业文化建设的核心工程

(一)企业文化建设的原则

1.以人为本的原则

以人为本就是把人视为管理的主要对象和企业最重要资源。企业文化模式必须以人为中心,充分反映人的思想文化意识,通过企业全体人员的积极参与,发挥首创精神,企业才能有生命力,企业文化才能健康发展。一方面,企业文化作为一种管理文化,它需要强调对人的管理,并强调把"人"的重要性有机地融合到追求公司的目标中去。另一方面,企业员工不仅是企业的主体,而且还是企业的主人,企业要通过尊重人、理解人来凝聚人心,企业文化要通过激发人的热情、开发人的潜能,来极大地调动人的积极性和创造性,使企业的管理更加科学,更有凝聚力。

在企业文化建设过程中,要正确处理好企业领导倡导与员工积极参与的关系。必须做到每一个环节都有员工参与,每一项政策出台必须得到广大员工认可,自始至终形成一个全员参与、相互交融的建设局面,从而实现员工价值升华与企业蓬勃发展的有机统一,实现资产保值增值和员工全面发展的有机统一。

2.易生共识的原则

企业文化建设在追求差异化的同时要最大限度地谋求同全体员工的人生观、价值观、思想需求上的认同感。

3.差异特色原则

企业文化的差异特色就是提炼总结本企业具有的不同于其他企业的成功经验和方式、方法。

4.讲求实效的原则

进行企业文化建设,要切合企业实际,符合企业定位,一切从实际出发,不搞形式主义,必须制定切实可行的企业文化建设方案,借助必要的载体和抓手,建立规范的内部管控体系和相应的激励约束机制,逐步建立起完善的企业文化体系。

要以科学的态度,实事求是地进行企业文化的塑造,在实施中起点要高,要力求同国际接轨、同市场接轨,要求精求好,搞精品工程,做到重点突出,稳步推进。要使物质、行为、制度、精神四大要素协调发展、务求实效,真正使企业文化建设能够为企业的科学管理和企业发展目标的实现服务。

5.系统性的原则

系统性就是企业文化要与企业的各项工作结合起来,形成一个有机的整体。

6.长远稳定原则

稳定原则是指企业文化的内容要能维持一定的时间,没有特殊需要不能随意变动。

7.增效、增誉原则

企业文化必须以提高企业的经济效益为目标,要有利于提高企业生产力和经济效益,有利于企业的生存和发展,有利于提升企业的社会声誉。有利于激发调动员工的积极性、主动性、自觉性,从而提高工作效率。

8.适应社会要求原则

企业文化建设必须在不违背社会传统文化的基础上进行提炼开发,不能离开社会、民族的文化要求,不能离开人们公认的价值观念和道德行为准则。

(二)企业文化建设的切入时机

总结国内外成功企业的经验,以下几种情况出现时,是企业文化建设的最佳启动时机。

第一,企业的发展进入成长或快速增长期。此时企业的组织规模迅速膨胀,人员大量增加,资本迅速扩张,已开始兼并其他企业,这时就需要有与企业发展同步的企业文化,否则就会出现文化危机。

第二,企业出现重组、大股东入股等产权结构发生重大变革时。变革后,企业不能再沿袭原来的价值理念,应适时导入与产权机制相一致的企业文化。

第三,企业发展战略发生重大转移时。如从单一性产业向多业性产业转移,从低价位市场战略向名品牌市场战略转移,为适应这种转移,企业要重新定位自己的企业文化。

第四,如果企业为求得新发展,实施"二次创业"计划,需要建立或启动新的企业文化战略,以助于实现跳跃式发展和质的转变,这也是进行企业文化建设或改进的有利时机。

第五,企业的市场环境发生重大变化时,也是进行企业文化建立、更新的有利时机。如企业由国内市场转向国际市场,走向国际竞争的企业必须适应国际化、全球化的市场、不同社会制度、人文环境等要求,建立起与之相适应的企业文化。

第六,企业从垄断经营走向市场竞争时。以前形成的垄断性行业,如银行、电信、航空、铁路等,在市场经济条件下,将打破垄断,改变原有的企业文化状态,塑造新的企业文化。

(三)企业文化建设的实施步骤

组织文化建设是一个系统工程,要遵循由浅入深、循序渐进的过程。

第一,建立企业文化实施机构:企业领导人要作为企业文化建设的领导者和推行者。

第二,审视企业内外部状况,明确变革需求,制订切实可行的企业文化体系。

第三,发布并宣传企业文化的内容,采取培训教育的方式,发动企业全体成员学习了解。

第四,组织成员进行讨论,集思广益,在讨论中实现新旧价值观及文化的碰撞及交替,确立并完善企业文化的内涵。

第五,导入企业文化系统:如制定企业文化手册,进行企业形象策划等。

第六,组织全体成员进行(可分部门)进行文化再培训。对比原有企业制度、企业风气及现象中与企业文化主旨不符合的,加以修改或重新制定有关的企业管理制度

第七,以企业文化为指导完善企业文化制度层,将企业文化以制度形式确立下来。

二、企业文化建设的延伸工程

(一)CI与CI战略

CI(也称CIS)是英文Corporate Identity System的缩写,译为企业形象识别系统。CI是一种形象传播,一种可视的文化,也是一种经营战略。其内容包括理念识别系统(MI)、行为识别系统(BI)和视觉识别系统(VI)三个方面。CI战略是指利用CI手段,把企业及产品形象中的个性、特点有效地传达给消费者,使其对企业及产品产生统一的认同感和价值偏好,从而达到促进销售、提升企业品牌价值目的的一种营销战略。

(二)CI的基本内容

1.理念识别

(1)概念

理念识别是一个企业由于具有独特的经营哲学、宗旨、目标、精神、道德、作风等等而区别于其他企业。MI是CI的灵魂和整体系统的原动力,它对BI和VI具有决定作用,并通过BI、VI表现出来,就好比一个人具有的内在独特气

质只能通过他的行为和外表才能感受得到。MI的内容包含企业使命、企业哲学、企业价值观和企业目标等。理念识别的要素中,企业价值观是核心要素。

(2)MI的分类

企业的差别首先来自企业理念的不同,企业不同的理念定位决定了企业不同的形象定位。因此,MI的差别是企业差别的根源。从目前CI战略的实施情况看,MI有以下几种类型。

①企业使命型

即反映企业经营的根本目的和超越自我的社会价值。如IBM"无论一小步,还是一大步,总是带动世界的脚步";劳斯公司的"为人类创造最佳环境"等。

②经营目标型

即反映企业追求的理想境界或战略目标。如日本电信电话的"着眼于未来的人间企业";雷欧·伯纳特广告公司的"创造伟大的广告"等。

③技术质量型

即反映企业开发技术、提高质量、为顾客创造最好产品的理念。如佳能公司的"忘记了技术开发,就不配称为佳能";丰田公司的"好产品,好主意";日产公司的"用眼、用心去创造";胡庆余堂的"药业关乎性命,尤为万不可欺""采办务真,修制务精"等。

④市场经营型

即反映企业开拓市场、勇于竞争、力创一流的理念。如日本卡西欧公司的"开发就是经营";百事可乐公司的"新一代的选择""胜利是最重要的"等。

⑤服务制胜型

即反映为顾客、为社会服务的意识。例如,美国假日旅馆公司的"为旅客提供最经济、最方便、最令人舒畅的住宿条件";波音公司的"以服务顾客为经营目标";美国电报电话公司的"普及的服务";海尔集团的"真诚到永远"等。

(3)MI的设计与导入

MI的设计,往往以三个问题为主轴:本企业从事什么事业? 本企业对社会有什么价值? 本企业有什么理想目标,怎样实现?

对这些问题反复认真地认识与思考,企业就自然能概括出自己的MI。企业是一个开放性的社会组织,因而在设计时,绝不能忽视市场环境和社会文化的影响;MI的设计必须反映企业经营个性和文化特色,体现时代感和民族风格。否则,千篇一律的空洞口号不会有感染力和冲击力。一般出现以下五种情况时,是重新导入MI的最佳时机:当企业原有的经营理念因环境发生根本性改变出现不适应时;当行业处于高度竞争之中,本企业竞争地位发生变化时;当企业经营业绩不佳或出现迅速滑坡时;当企业刚刚踏入大公司的门槛时;当企业有大批新的员工进入,事实上原有理念发生变化时,MI的导入过程,也就是MI的实施过程。这一过程实质上是使新的理念渗入企业经营的各个方面,使之成为全体员工共有的经营价值观,并通过企业与员工行为及企业视觉系统表现出来,传递给社会。[①]

2.行为识别(BI)

(1)概念

BI是什么？BI是企业实际经营理念与创造企业文化的准则,是对企业运作方式所作的统一规划而形成的动态识别形态。它是以经营理念为基本出发点,对内是建立完善的组织制度、管理规范、职员教育、行为规范和福利制度;对外则是开拓市场调查、进行产品开发,透过社会公益文化活动、公共关系、营销活动等方式来传达企业理念,以获得社会公众对企业识别认同的形式。

(2)BI的设计与实施

BI是一项长期工程。在设计与实施时,应坚持做好五个方面工作:第一,条件分析。即明确现有行为规范的基础和活动状况,分析企业财务状况,制定可行的经费预算。第二,目标设定。即设定可以考评的量化标准,如建立制度、规范和活动安排的标准及衡量其效果的标准等。第三,培训计划。即制定以BI实施为主体的员工培训计划,将BI规范中一些具体执行细节落到实处,反复演练,确保BI的有效实施。第四,检查督导。即在BI实施中,通过检查,发现问题,督导改进行为或改善规划,加强薄弱环节,形成合理的反馈调节机制。第五,及时奖惩。即建立科学合理的奖惩机制,调动广大员工的积极性,使BI规范更富有成效。

3.视觉识别

(1)概念

视觉识别(VI)是以企业标志、标准字体、标准色彩为核心展开的完整、体系的视觉传达体系,是将企业理念、文化特质、服务内容、企业规范等抽象语意转换为具体符号的概念,塑造出独特的企业形象。视觉识别系统分为基本要

---

①廖毅.民营企业文化建设问题与对策[J].企业管理,2022(04):112-114.

素系统和应用要素系统两方面。基本要素系统主要包括:企业名称、企业标志、标准字、标准色、象征图案、宣传口语、市场行销报告书等。应用系统主要包括:办公事务用品、生产设备、建筑环境、产品包装、广告媒体、交通工具、衣着制服、旗帜、招牌、标识牌、橱窗、陈列展示等。视觉识别(VI)在CI系统中最具有传播力和感染力,最容易被社会大众所接受,具有主导的地位。

(2)VI设计的原则

VI的设计不是机械的符号操作,而是以MI为内涵的生动表述。所以,VI设计应多角度、全方位地反映企业的经营理念。设计原则包括:①风格的统一性原则。②强化视觉冲击的原则。③强调人性化的原则。④增强民族个性与尊重民族风俗的原则。⑤可实施性原则。VI设计不是设计师的异想天开而是要求具有较强的可实施性。如果在实施性上过于麻烦,或因成本昂贵而影响实施,再优秀的VI设计也会由于难以落实而成为空中楼阁、纸上谈兵。⑥符合审美规律的原则。⑦严格管理的原则。VI设计系统千头万绪,因此,在积年累月的实施过程中,要充分注意各实施部门或人员的随意性,严格按照VI设计手册的规定执行,保证不走样。

(3)VI设计与实施的程序

第一,确立设计理念。要求做好资料搜集、实态调研。调研的内容主要是大众对企业的总体印象,企业与同行比较的优劣势,不同地区、不同消费群体对企业的形象评价好坏及其理由,本企业未来应塑造何种目标形象等。然后根据调查资料确定设计的主导理念,拟定企业未来出现在大众面前的形象概念。

第二,设计开发。把上一阶段确定的设计理念转换成系统化的视觉传达形式。在设计制作时,需要不断进行模拟调查、测试,直到设计表现符合创意的形象概念为止。

第三,反馈再加工。对设计符号进行检讨、试作、调查、修正定案等,直至最终寻求到最能符合企业实态与代表企业精神和形象的视觉符号为止。

第四,编制指导手册。要求对VI设计、制作的所有内容编印成册,达到使用上的规范化、视觉化、系统化,便于企业使用和查阅。

第十章 跨文化管理

第一节 跨文化管理综述

一、文化与管理

(一)什么是文化

文化有广义和狭义之分。广义文化指人类在社会历史发展过程中所创造的物质财富和精神财富的总和。它包括物质文化、制度文化和心理文化三个方面。物质文化是指人类创造的种种物质文明,如交通工具、服饰、日常用品等,是一种可见的显性文化;制度文化和心理文化分别是指生活制度、家庭制度、社会制度以及思维方式、宗教信仰、审美情趣,它们属于不可见的隐性文化,包括文学、哲学、政治等方面内容。人类所创造的精神财富,包括宗教、信仰、风俗、道德戒律、学术思想、文学艺术、各种制度等。

广义的文化,着眼于人类与一般动物,人类社会与自然界的本质区别,着眼于人类卓立于自然的独特的生存方式,其涵盖面非常广泛,所以又被称为大文化。随着人类科学技术的发展,人类认识世界的方法和观点也在发生着根本改变。对文化的界定也越来越趋于开放性和合理性。狭义的文化是指人们普遍的社会习惯,如衣食住行、风俗习惯、生活方式、行为规范等。

在国际管理和跨文化管理的研究领域,一些权威学者把文化定性地概括为:一种常识,被人们用来解释经验和产生社会行为,而且这种知识能够塑造价值观、创造态度和影响行为。简言之,文化是关于价值观、信念和事务内含的一套价值体系。在量化研究中,管理学者则更多地采用以下两种含义来界定文化的定义:第一,荷兰学者霍夫斯泰德强调主观隐性的文化层面,将文化比喻成人的"心理编码",并指出文化会影响人们关注什么、如何行动以及如何判断人和事物。第二,荷兰学者特罗姆·皮纳斯对文化的定义包含了主观和客观两个层面。他认为文化一方面体现了一套价值观系统,另一方面也反映了某一群体解决问题和缓和困境所采用的途径和方法。

许多管理学者已经意识到,跨文化研究的最根本问题在于缺乏一个全面的、广而适用的对文化内涵的界定。有学者指出,由于"文化"一词涵盖范围广泛,研究人员应该根据各自的研究目的、自变量的选择以及所研究国家的特点,来具体细化所要研究的"文化"的构面,用具体的、有实意的、容易界定内涵的其他词语来代替模糊的、指代广泛的文化一词。

(二)文化与管理的关系

1.管理也是一种文化

美国著名管理学家彼得·德鲁克在《管理学》一书中,把管理与文化明确联系起来。他认为,管理不只是一门学科,还应是一种文化,有它自己的价值观、信仰、工具和语言;管理是一种社会职能,它隐藏在价值、习俗、信念的传统里,以及政府的政治制度中;管理是受文化制约的;管理也是文化。一个特定民族、社会、文化圈的特定文化对管理过程的渗透和反映,形成了所谓的"管理文化"。"管理文化"主要是指管理的指导思想、管理哲学和管理风貌,它包括价值标准、管理制度、经营哲学、行为准则、道德规范、风俗习惯等。世界上许多成功的公司和企业都有自己独具特色的管理文化。

2.文化与管理具有共生性

文化与管理的共生性,主要指管理是伴随着文化的发展而发展的,它本身也是从文化发展中表现出来的。西方文化模式的主要结构不外乎四种基本类型:宗教神学、科学技术、经济学、法律;而哲学则是关于人与神、人与物、人与社会的思辨。这种文化模式结构规定了人的价值取向是宗教的、自然的(科学技术)物质的(经济)、法律的。而中国的文化模式则主要是封闭的黄河流域土地上创造和发展起来的,它的主要结构是个体农业和宗法家庭。它以农业为基础,故质朴厚重,绵延世泽,富于土地的生命力;以宗法家庭为主体,故尊祖宗、尚人伦、重感情。中国儒家思想可以说是这种文化模式的核心,它的价值取向主要是土地、道德和礼教。这也是历史上中国经济、管理、科学技术没有得到充分发展的原因之一。

3.文化对企业管理的影响

文化对企业管理的影响,主要体现在文化对企业组织结构设置的影响和文化对企业制度建立和执行的影响。其中,文化对企业结构设置的影响又表现在两个方面,即企业结构设置和企业决策的程序。相对来说,西方国家强调平等的理念比东方国家要强一些,故西方最早提出了"组织扁平化"的概念。企业决策程序通常是自上而下为主还是自下而上为主。它是与企业的层级结构相应的。亚洲国家的企业决策通常是自上而下,一般都是上面做好决策之后往下传达并使之贯彻落实,很少听取下面的意见;而西方企业则更多是由下而上的决策,即使有时不完全从下开始,一般也会给下面的员工反馈意见的机会,以便修正原先的决策。现在,西方管理越来越趋向于组织的扁平化、决策的民主化,而这样的管理模式正被逐步引进到亚洲国家。

文化是一种管理手段。文化对企业管理和发展具有十分重要的作用。第一,它是用共同的价值标准培养企业意识的一种手段,可以统一员工的思想,增强企业的凝聚力,加强员工的自我控制力;第二,它能激发员工奋发进取,提高士气,重视职业道德,形成创业动力;第三,它是一个企业进行改革创新和实现战略发展的思想基础,有助于提高企业对环境的适应性;第四,它有利于改善人际关系,使群体产生更大的协同力;第五,它有利于树立企业形象,提高企业声誉,扩大企业影响力。[①]

4.文化对领导和员工行为的影响

从管理者角度看,什么样的领导风格占主导地位、管理者的角色和责任的定义、如何看待管理者与员工之间的关系,这些都因文化的不同而不同。从员工的角度看,如何看待自己的企业、喜欢管理者什么样的领导风格、对管理者的角色和责任的理解、自己与管理者之间应保持什么样的关系也都会受到员工自己身处的文化环境的影响。当来自不同文化的管理者和员工一起工作时,就会出现不理解甚至冲突,从而无法有效地完成任务。综上所述,文化与管理是不可分割、紧密联系的。要经营好国内企业,就必须对国内的文化有深刻的理解,而要经营好全球性企业,就必须对不同国家文化都有较正确的理解和掌握,以免运作过程中出现误解,从而影响彼此间的信任和合作,导致经营的失败。

二、跨文化与跨文化管理

(一)跨文化的概念

跨文化是相对于"同文化"而言的一个概念。跨文化,又称"交叉文化",是

---

①韦陈华.我国跨国企业提升跨文化管理能力的策略和建议[J].企业改革与管理,2022(10):160-162.

指具有两种不同文化背景的群体之间的交互作用。换言之,当一种文化跨越了不同的价值观、宗教、信念、沟通模式、习俗等等不同精神文化时,就称之为"跨文化"。当然,跨文化中也存在着相同的文化点,如中西方青年对情人节的追捧、对牛仔裤的喜爱等;同文化中也存在差异,如一个国家内不同的文化差异、不同企业的文化差异等,称为亚文化。

(二)跨文化管理的涵义

跨文化管理又称为"交叉文化管理",是指企业经营过程中,通过克服不同异质文化之间的差异,在此基础之上重新塑造企业的独特文化,从而形成卓有成效的管理过程。它是对涉及不同文化背景的人、物、事和产、供、销进行灵活变通的管理,包括在不同的文化背景下设计出切实可行的组织结构和管理机制,妥善处理文化冲突、融合,给企业带来的竞争劣势和优势,从而最大限度地挖掘员工的潜质和实现企业的经营战略目标。

消除文化的差异是跨文化管理着力解决的核心问题。文化差异可能来自沟通与语言的理解不同、宗教信仰与风俗习惯迥异、刚性的企业文化隔阂等诸多因素。跨文化管理目的在于在不同形态的文化氛围中设计出切实可行的组织结构和管理机制,在管理过程中寻找超越文化冲突的企业目标,以维系具有不同文化背景的员工共同的行为准则,从而最大限度地控制和利用企业的潜力与价值。全球化经营企业(跨国公司)经营和管理的全过程涉及不同文化的矛盾和冲突,不可避免地面对跨文化管理之问题。在这些企业内部,不同文化背景的管理者有不同的管理方法、技巧和经验,不同文化背景的员工有着不同的语言、教育、宗教信仰,而且文化差异会导致不同的工作态度和追求,因此,进行跨文化的有效沟通、协调和管理,直接影响着企业内部运作的效果。在企业外部,跨国公司既要满足不同文化背景的消费者的需求,还必须适应东道国的风俗习惯、法律制度等条件。由此可见,全球化经营企业只有进行了成功的跨文化管理,才能使企业的经营得以顺利运转,竞争力得以增强,市场占有率得以扩大。

第二节 跨文化管理研究的产生与发展

一、跨文化管理研究的兴起

跨文化管理并不是一个新的事物,它起源于古老的国际间的商贸往来。早在古代古埃及人、腓尼基人、古希腊人就开始了海外贸易,并懂得了如何与不同文化背景下的人们做生意。到了文艺复兴时期,丹麦人、英国人以及其他一些欧洲国家的商人更是建立起了世界范围的商业企业集团。当他们与自己文化环境以外的人们进行贸易时,他们就会对与他们不同文化背景下产生的语言、信仰以及习惯保持敏感以避免发生冲突并顺利实现交易。这些事实上就是在从事跨文化的经营与管理活动,不过那时候的跨文化管理活动完全取决于从事贸易活动的商人们的个人经验,公司与企业还很少注意对文化及其差异的研究,跨文化管理还没有成为一门独立的科学。

跨文化管理真正作为一门科学,是在20世纪70年代后期的美国逐步形成和发展起来的。兴起这一研究的直接原因是二战后美国跨国公司进行跨国经营时的屡屡挫败。许多案例证明,对他国文化差异的漠视以及缺乏文化背景知识,是导致美国跨国公司在异国新文化环境中失败的主要原因。因此,美国一些管理学者开始从文化差异的角度来探讨失败的原因,进一步研究在跨文化条件下如何克服异质文化的冲突,进行卓有成效的管理,如何在不同形态的文化氛围中设计出切实可行的组织结构和管理机制,最合理地配置企业资源,特别是最大限度地挖掘和利用企业人力资源的潜力和价值,从而最大化地提高企业的综合效益。

二、跨文化管理研究的几个发展阶段

20世纪70年代,跨文化管理作为一门新兴的边缘科学,在美国逐步形成和发展起来。从纵向发展来看,国外有关跨文化管理领域的研究大致经历了以下三个阶段。

第一阶段:20世纪70年代以前——跨文化管理研究的萌芽。

在这一阶段,跨国公司认识到了文化差异与多元文化的存在,但是它们大多本着母国中心主义进行跨国经营活动,对于文化差异与多元文化的影响很少考虑。受跨国经营实践活动的影响,学者们往往将文化与管理相互独立开来,分别按不同的学科类别进行研究,而很少将他们联系在一起进行探讨;有关文化及文化差异与相似的研究也仅仅是人类学家的事。后者也取得了一些成果,较为著名的是克拉克洪与斯乔贝克于1961年发表的"价值双向模型",认为文化必须形成适当的价值观系统,从人的本性、人与自然的关系、时间的观念、做事方式、人际关系五个基本方面对问题加以解决。

第二阶段:20世纪70年代至80年代初——跨文化管理研究产生和兴起。

如前所述,1945年以后,由于对异国文化差异的迟钝以及缺乏文化背景知识,美国跨国公司在异国新文化环境中屡屡受挫。与此同时,日本的跨国公司和合资企业的管理日益显示出相对美国和欧洲公司的优越性,美国企业日益感到来自日本的竞争压力。经过研究,美国学者发现,美日管理的根本差异并不在于表面的一些做法,而在于对管理因素的认识有所不同。美国企业过分强调如技术、设备、组织机构、财务分析等这些"硬"的因素,而日本企业则比较注重诸如目标、宗旨、信念、人际关系、价值准则等这些"软"的因素;美国企业家惯于从经济学的角度去考虑管理问题,而日本企业家则注重从社会学、人类学角度去对待管理问题等。这些研究结果使得美国学者对文化以及不同文化下管理行为的研究变得更加关注,一些研究成果也相继问世。从而产生了跨文化管理这个新的研究领域。之后,学者们开始对文化以及在跨文化条件下如何进行有效管理问题进行研究。①

第三阶段:20世纪80年代后期至今——跨文化管理研究大发展。

在这一时期,对文化以及不同文化条件下管理行为研究最为活跃,成果也异常丰富。学者们或是对原有研究成果进行补充与完善,或是借鉴其他相关学科的研究成果,或是从全新的角度,对跨文化管理问题进行了更为深入的研究。主要体现在五个方面:①进一步完善文化差异性的维度研究。如荷兰、英国等国的一些学者以著名社会学家帕森斯的价值观取向与关系取向的理论为基础,提出了国家文化的七个基本方面。②探讨文化差异对企业具体管理职能所产生的影响与由此采取的对策。研究主要围绕不同文化对于企业跨国组织管理、国际营销管理、国际人力资源管理等管理职能所产生的影响,以及企业由此可采取的应对措施。③探讨企业如何在跨国商务谈判、国际经济项目

---

①唐慧利,丁琳,梁颖.跨文化管理:企业发展成败的关键——文化对技术的指导作用[J].中国商论,2021(11):131-134.

合作与交流中实现跨文化有效沟通,达成企业间国际合作。如 Weiss 把影响跨文化商务谈判的因素分为12个变量,其中包括基本概念化、语言交流和非语言交流、谈判人员选用标准、个人角色、时间概念、争论性质、决策制度和协议形式。④探讨企业跨国投资、并购中的文化冲突与融合问题。研究主要围绕文化差异因素对企业进行跨国投资的区域选择与定位的影响、文化差异在中外合资企业建立和管理过程中的影响、企业跨国并购后的文化冲突与如何建立融合型企业文化等问题。⑤探讨企业跨国经营文化风险,尤其是跨国并购文化风险管理问题。由于越来越多的跨国经营企业把文化风险纳入整个风险管理战略计划并需要更多的文化风险管理理论作指导,国外学者也开展了有关企业文化风险度量模型的研究,这些成果主要集中在企业并购的文化风险的识别与度量方面。

我国国内有关跨文化管理领域的研究是从20世纪90年代以后开始的。20世纪90年代中期,跨文化管理理论传入中国,被翻译成教材或学术著作,逐渐受到理论界的重视。随着中国企业在国际经济舞台上扮演越来越重要的角色,在跨文化经营中如何进行有效管理的问题也日益引起国内企业界的重视,成为其跨国经营所面临的重要问题。国内学者借鉴国外关于跨文化管理研究的理论成果和分析框架,结合中国的实际,对跨文化比较管理领域的诸多课题进行了广泛的研究,有关的研究成果也丰富起来。

第三节　跨文化管理的基本理论

国外许多专家学者对跨文化管理均提出了不少的理论与实践。这里简要介绍目前较有代表性及影响力的四个理论:吉尔特·霍夫斯泰德的文化维度理论、特罗姆·皮纳斯的文化架构理论、克拉克洪与斯乔贝克的六大价值取向论和安迪斯的个人主义—集体主义理论。

一、文化维度理论

霍夫斯泰德从20世纪60年代后期开始研究文化差异对管理的影响,并且之后的30年一直没有间断。最初的研究是通过美国IBM公司在40个国家的11.6万名员工进行问卷调查完成的。通过调查人们对管理方式和工作环境的偏好,霍夫斯泰德提出了四个随国家不同而不同的识别民族文化的维度:①权力距离;②不确定性规避;③个人主义与集体主义;④刚性与柔性。20世纪80年代后期,霍夫斯泰德又重复了之前的研究,这次包括了更多的国家和地区,总数超过60个。这次研究不仅证实了前四个维度,而且还发现了一个新的维度——长期趋向和短期趋向。

(一)权力距离

权力距离指的是在一个社会、组织或者机构中掌握权力较少的那部分成员对权力分配不平等的接受程度。接受程度越高说明权力距离越大,在这种社会中往往等级分明;反之则说明权力距离越小,人们越追求社会地位和权利的平等。每一个国家或是社会地区由于所受到的文化熏陶和受教育程度的影响与限制,因而会形成特定的价值观,进而会影响群体成员对于权力差距的接受程度。

霍夫斯泰德的研究表明,在权力距离差异很大的国家中,人们的行为方式也会同样表现出很大差异。在权力距离小的国家和民族,社会等级差别不大,组织机构中的等级区分主要基于管理的方便,而且多为扁平式管理机构,多倾向于自下而上的决策方式。按照霍夫斯泰德的统计数据,亚洲国家通常属于高权力距离国家,而美国和欧洲的大部分国家则属于低权力距离国家。在低权力距离国家里,社会成员在组织中强调分工不同、权力分散和自主决定,并不注重地位高低。在组织中,下级对上级的依赖性较少,也更容易与上级讨论问题并时常反驳上级,多采用协商方式处理问题。而高权力距离国家和地区往往比较贫困,权力集中,有较为森严的等级制度;在组织中,下级对上级有相当大的依赖性,上下级之间的情感距离较大,下级不太可能与上级商讨问题,更不太可能直接反驳上级。

(二)不确定性规避

不确定性规避是衡量人们对于风险或非传统行为的忍受程度的文化尺度。人们都生活在一个不确定的世界中,未来在很大程度上是未知的,而且以后情况也会是如此。不同的社会以不同的方式对这种不确定性做出反应,即对于不确定之情景的忍受程度不同。在一些社会中,其成员沉着地接受这种不确定性,他们相对来说更能容忍不同于自己的意见和行为,通常对风险泰然处之,因为他们并未感受到威胁。霍夫斯泰德将这种社会描述成低不确定性规避的社会。而高不确定性规避的社会特征是人们通常比较保守,具体表现为神经紧张、高度压力和进取心。在这种社会中,人们觉得自己受到了不确定性和模糊性的威胁,因此组织一般都有大量正式的条文,即书面规定和规范,要求成员遵从,而且要求更高的专门化程度,同时,很难容忍异常的思想和行为。在企业管理活动中,管理者崇尚精确严密的管理体系,决策时注重专家学者的意见。

(三)个人主义与集体主义

个人主义是指一种松散结合的社会结构,在这一结构中,人们只关心自己,每个人都重视自身的价值和需要,提倡依靠个人努力来为自己谋取利益。与个人主义相对的是集体主义,是指一种结合紧密的社会组织,在这种组织结构中,全体的利益高于个体利益,人们希望群体中的其他人在他们有困难时帮助并保护他们,他们则以对群体的忠诚作为回报。从霍夫斯泰德所研究的53个国家和地区得分排名情况看,美国个人主义得分最高,而有中华文化背景的新加坡、中国香港、中国台湾地区在个人主义得分上很低。

在个人主义盛行的社会里,人们通常只关心自己,而与集体保持着精神上的独立,个体利益优先于集体利益。在组织中强调个性自由及个人成就,常常采用通过员工之间的个人竞争而对个人表现进行奖励的鼓励政策。雇佣和晋升的依据是员工本人的技能。在集体主义为主流的社会里,人们更加关心集体而不是个人。在强调集体主义的东方企业中,人与人之间相互依存,团结合作。员工对组织怀有忠诚感,工作中倾向于群体的努力和集体的回报,在个人利益和集体利益相矛盾时,集体利益占首位。员工对企业有较大的依附心态和较强的凝聚力。

(四)刚性与柔性

刚性与柔性指的是社会上居于统治地位的价值观或价值标准,它能够反映出社会的特征是男性特征还是女性特征。对于刚性社会而言,居于统治地位的是男性阳刚气质,如自信武断、进取好胜注重物质成就。柔性社会的特征是阴柔,与刚性社会正好相反。在具有刚性倾向的国家中,社会竞争意识强烈,成功的尺度就是功名财富,社会鼓励和赞赏工作狂,其文化强调公平、竞争,注重工作绩效;而在柔性气质突出的国家中,人们一般乐于采取和解的、谈判的方式解决组织中的冲突问题,其文化强调平等、团结,认为人生中最重要的不是物质上的占有,而是心灵的沟通。①

刚性与柔性在东西方企业文化中的表现不一。霍夫斯泰德的研究表明,东方企业强调的柔性管理,而西方企业强调的是刚性管理。具体而言,东方式管理强调"企业即人",认为企业中人、财、物的管理应是一个有机系统,其中人处于管理的中心和主导地位;企业文化更强调企业精神、全体员工共同价值取向以及在此基础上形成的凝聚力和向心力;柔性管理的核心是以人为中心的"人性化管理",强调的是对人进行艺术化管理。而西方企业中的刚性管理,没有从"人本"的角度考虑问题。西方企业把管理的核心放在对"物"的管理上,同时把人也视为物化的管理对象,在管理的方式、方法和手段上注重刚性的机械管理方式。

(五)长期取向与短期取向

顾名思义,这个维度指的是人们在做一件事的时候是否会想到未来,还是只想到过去和当下。换句话说,长期取向、短期取向体现着一个民族对长远利益和近期利益的价值观,表明了一个社会的决策是受传统和过去发生事情的影响程度大还是受现在或将来的影响程度大。长期取向强调节俭和坚韧不拔,为了实现目标,以坚强的毅力恒久忍耐,拼搏到底。短期取向强调的是个人的守常,尊重传统,着重眼前的利益,注重负担社会的责任。按照霍夫斯泰德的研究成果,中国和日本是典型的长期取向文化,而欧美国家则正好相反。

中国文化注重做长远打算,不急于求成,注重长期稳定发展。同样,在日本,国家以长远的目光来进行投资,每年的利润并不重要,最重要的是逐年进步以达到一个长期的目标。然而,在短期取向的文化里,人们关注社会责任的履行,认为此时此地才是最重要的。比如美国,各公司更关注季度和年度的利润成果,美国的管理者给予员工非常明确的短期绩效目标,并在逐年或逐季对员工进行的绩效评估中关注利润。美国不是一个拥有悠久历史的国家,美国人认为变化总是好的,所以总是不断地探索更新,寻找更好的做事方法,并且乐观地把未来看作是过去的发展。

总之,通过对文化维度调查数据的分析,霍夫斯泰德证实了不同国家和民族的文化之间确实存在着很大的差异性。该理论为人们分析和解读跨文化交际背景下的文化差异性提供了有力的理论基础和支撑。他的国家文化维度模

---

①蔡俊彦,杨玺霖.文化差异对跨国企业管理的影响及跨文化管理的对策[J].商场现代化,2022(01):103-105.

型在管理学界引起巨大反响,几乎成为跨文化管理研究的主流范式,其研究方法和研究结论甚至被其他社会科学借鉴,对人们更好地理解不同国家文化差异,进而跨越文化障碍,提升企业的跨文化管理水平发挥着重要的促进作用。

二、文化架构理论

荷兰经济学家和管理咨询家特罗姆皮纳斯历经10年,对来自28个国家和地区的15 000名经理进行了问卷调查,在他的报告中包括了其中的23个国家和地区,并根据研究的结果提出了7个文化维度。这7个体现国家与民族文化差异的维度是:①普遍主义—特殊主义,即社会或个人的责任;②个人主义—集体主义,即个人或集体目标;③中性化关系—情绪化关系,即相互关系中的情绪化倾向;④关系特定—关系散漫,即相互关系中投入的程度;⑤注重个人成就—注重社会等级,即权力和地位的合法性;⑥长期取向—短期趋向,即对待传统的态度;⑦人与自然的关系,即如何看待自然对人的影响。

在以上7个文化维度中,前5个维度对商务领域的影响更大,下面将对这5个维度进行讨论。

(一)普遍主义—特殊主义

普遍主义—特殊主义这个概念最初是由美国社会学家帕森斯于1951年提出的,之后被特罗姆·皮纳斯应用于跨文化管理理论之中。在普遍主义文化中,人们认为判断对错有一定的客观标准,可以应用在任何人身上和任何时间、任何场合。特殊主义文化则认为,在判断对和错的时候,特殊情况和关系起到更重要的作用,而不是抽象和刻板的条例决定。这个维度体现在商务活动中,就是在不同文化中合同重要性的差异。在普遍主义文化中,合同的重要性体现在它已成为人们的一种生活方式;而在特殊主义文化中,人们更多地依赖与他人的关系达成和执行交易。商务活动中,普遍主义者和特殊主义者碰到一起时,双方都会对对方的信用产生怀疑。

皮纳斯的研究显示的23个国家和地区在这个维度得分上的分布体现了东西方以及南北方的差异。美国、奥地利、德国、瑞士、英国等国更趋向于普遍主义,而委内瑞拉、苏联、印度尼西亚、中国等更趋向于特殊主义。

(二)个人主义—集体主义

与霍夫斯泰德的研究结果相似,个人主义和集体主义这个维度关注群体如何解决问题:个人更看重他(或她)个人还是把自己看作群体的一员。进一步讲,社会应该更重视个体对社会的贡献,还是应该首先考虑集体?在强调集体主义的社会中,人们愿意归属的群体各不相同:工会、家庭、民族、公司、宗教、职业或政党组织。例如,日本人认同他们的国家和公司;法国人认同他们的国家、家庭和职位;爱尔兰人认同天主教会。跨文化管理深受不同国家中个人主义—集体主义倾向的影响。其中,谈判、决策和激励是受影响最大的领域。在群体中,对成就的认可以及计件工资的发放必须根据个人的贡献区分开来,贡献多的应该受到表扬和奖励。这是个人主义文化中的情形。例如,在美国,在工作中将薪水和工作表现联系起来是十分合理的。只要不断努力,每个人都可能成功。例如,在苹果公司,薪水是没有上限的,如果表现优秀的,就可以获得相当于基本工资数倍的月薪,无须考虑部门中是否要平衡。相反,在集体主义文化中,这是不可能的。在许多亚洲国家中,集体逻辑是非常盛行的。另外,在集体主义观念强的国家,裙带关系是相互依赖逻辑的产物。

(三)中性化关系—情绪化关系

人都有情绪,这个文化维度关注的是不同文化表达情绪的不同内容和方式。在情绪化文化中,人们公开表达情绪很自然;而在中性化的文化中,人们认为应该控制情绪以掩盖事实。

在中性化文化中,人们倾向于认为在工作场合表现出诸如愤怒、高兴或紧张等情绪是"非职业化"的,人与人之间很少有身体接触,沟通和交流也比较微妙;而在情绪化文化中,人与人之间的身体接触比较自然、公开、沟通和交流时表情丰富,充满肢体语言。皮纳斯的研究表明,最典型的中性文化国家为日本、中国和其他亚洲国家;最典型的情绪化文化国家为意大利、西班牙和一些南美国家,美国处于两极之间。

(四)关系特定—关系散漫

关系特定—关系散漫维度的提出源自已故著名社会心理学家库尔特·勒温的圆圈拓扑理论。这个维度表示个人在和他人交往中的投入程度。在不同文化中,人们的公共空间和私人空间的相对大小是有差异的,而且人们愿意共享这些空间的程度也是各不相同的。在关系特定文化中,人们有更大的公共空间和更小的私人空间,他们守卫自己的私人空间,把私人空间封闭起来。但是,在关系散漫文化中,公共空间通常难以进入,而一旦进入公共空间,私人空间就比关系特定文化容易进入了。换句话说,人们倾向于对进入公共空间的所有人开放私人空间。皮纳斯研究发现，美国的特征是公共空间大，私人空间小，而且彼此隔绝。德国则相反，以相对小的公共空间和大私人空间为特征。所以，德国企业中同事相处几年还是以全名称呼，而在美国企业中刚开始就以名字称呼。来自这两种不同文化的人在各自文化中生活时，彼此间熟知对方的人际交往方式，因此交往起来得心应手，较少发生冲突和碰撞。但是，当两个人中的一个来自关系特定文化，另一个来自关系散漫文化时就有可能发生矛盾和冲突，因为他们彼此存在着不解，也就容易产生挫折感，交往失败。

在商务活动中，来自关系特定文化中的人与来自关系散漫文化中的人也会表现出极大的差别。在关系特定文化中，商务活动独立于个人生活的其他方面，专门有一部分时间留给商务或工作；认为与商务伙伴交往是浪费时间。在关系散漫文化中，所有一切是连在一起的，你的商务伙伴可能想知道你上的是哪个学校，你的朋友是谁，你对生活、政治、艺术、文学和音乐有什么想法等。

（五）注重个人成就—注重社会等级

注重个人成就—注重社会等级这个维度是关于社会中的地位和权力是如何确定的。社会可能会以一个人的出身、取得的成就、付出的努力或机遇评价其地位。个人的地位可能基于这个人做什么或这个人是谁。不同的社会文化在这个方面是不同的。在以注重个人成就为中心的文化中，人们对商人的评价是根据他们完成所分配任务的情况。相互之间的关系是工作职能上的、特定的。如果我是销售人员，我就要用销售业绩证明我自己，我和同事（另外的销售人员）之间的比较也是销售业绩的比较，销售业绩提高就意味着成功。在组织中，处于高等级、高地位的人要为组织取得更多、更大的业绩，或者有更高的技能和知识，以此证明自己的地位。

在注重社会等级的文化中，那些天生赢得别人尊重的人，如年长者、男性或者在某一特定领域有资格的人，才有高的地位。对权力的尊重要求这些人能实现社会赋予他们的期望。地位通常独立于任务和工作职能，每个人都是独特的，不能轻易与他人做比较。在以社会等级为中心的组织中，人们以拥有完成工作所需要的权力证明自己的地位，或者拥有比他人更多的权力，或者能对他人实施强制措施。

三、六大价值取向理论

美国人类学家克拉克洪与斯乔贝克较早提出了跨文化理论中的六大价值

取向理论。他们认为,不同文化中的人群对人类共同面对的六大基本问题有不同的观念、价值取向和解决方法。这六大基本问题包括:①对人性的看法;②对自身和外部自然环境的看法;③对自身与他人之关系的看法;④人的活动导向;⑤人的空间观念;⑥人的时间观念。

(一)对人性的看法

这一问题关注于文化把人视为善的、恶的还是两者的混合物,探讨人在本质上是善的还是恶的,人性可以改变还是不可以改变。不同文化对人性的看法有很大差异。美国文化对人性的看法比较复杂,认为人并非生来善良或生性邪恶,而是可善可恶,而且人性的善恶有可能出生以后发生变化。中国人有"人之初,性本善"的说法,表现的是对人性的乐观态度,工作则被看成是达到这一目的的途径,而人们通常所说的"三岁看老"则假设人性是难以改变的。

这种对人性本质的认识的差异会影响到管理者的领导风格。如果关注的是人的邪恶一面则采取更为专制的风格来规范人的行为;在强调信任价值观的文化中,参与甚至自由放任的领导风格占主流;在混合型文化中,领导风格可能会重视参与,同时也利用严格的控制手段来迅速地识别违规行为。这些差距表现在管理上就是,美国强调制度,尽可能考虑人性可能带来的结果,在设计制度时严密细致,事先设置种种限制防止不好的行为的发生;而中国人则从人性本善的角度,假设人不会做坏事,所以所制定的制度有可能存在漏洞,到坏事发生的时候再去修补制度。

(二)对自身与外部自然环境的看法

这一问题关注人们是屈从于环境,还是与环境保持和谐的关系,抑或能够控制环境。虽然在一些文化中自然是可以控制的,但是在另一些文化中自然环境被当作恩赐而被迫接受,命运早有定数,人们不是试图改变命运或者主动促使事情发生,而是被动地顺其自然、任其发生。美国人和加拿大人相信他们能够控制自然,而很多远东国家的人们对待环境的做法就是以环境为中心活动。

在中国,为了达到与自然的和谐统一,有些人讲究"风水",造房子、建工厂都得先看风水才能确定。美国人就几乎不考虑建筑与风水的关系,强调的是人通过改变自然环境达到自己的目标。因此,人主导环境是美国文化的特色,而人与环境和睦相处则是中国文化的特点。这些对待环境的不同看法影响到组织的实践活动。例如,在屈从环境的社会中,组织目标的设置并不普遍。在一个与环境保持和谐的社会中,可能会使用目标,人们预期到它会发生偏差,并且对未能达到目标的惩罚也是较轻的;而在一个控制环境的社会中,会广泛地使用目标,人们希望实现这些目标,对未能达到目标的惩罚也是很重的,如美国重视"目标管理"。

(三)对自身与他人关系的看法

文化必须以可预期的方式架构人与人之间的关系,这包括三个方面:个人、群体和等级关系。前两者强调是人还是群体主导社会关系,第三个方面则强调对等级关系的考虑,或强调人们之间的地位的差别。个人不应有与他人相异的特征,应该尽量合群。一个人如果个性太突出,太与众不同,就可能遭排斥、变得格格不入。在个人利益与群体利益发生冲突时,个人应该"牺牲小我,成全大我"。美国文化认为,人应该是独立的个体,每个人都应与众不同,都应有自己的独特之处。每个人都应该对自己负责;或者说是先对自己负责再对别人负责。所以,美国文化是个人主义色彩最浓厚的文化。其在企业中的表现就是,人们是因为他们所拥有的优点(如能力和过去的成就)而被雇佣的,而不是因为"关系",公司也不会把通过发展关系得到工作或生意的观念列为政策。

(四)人的活动导向

人的活动导向描述的是一个文化中的个体是否倾向于不断行动。活动导向的差异可以显示人们是怎样对待工作和娱乐的,以及人们的偏好是怎样的。在做事方式上,文化可以分为"存在型"和"实干型"。"实干型"文化中,人们强调行动和通过努力工作来完成任务,重视做事和活动,强调成就。

美国社会是一个强调行动的社会,人必须不断地做事、不断地处于动态之中才有意义,才能创造价值,不仅要动,而且要快。虽然美国的这种行动文化已逐步成为商业社会的重要特点,但在许多亚洲社会里,静态取向、安然耐心仍然被视为美德,而非无所事事的表现。有时候,甚至提倡"以静制动""以不变应万变",强调"无为而治"。所以,当美国人发现问题的时候,总是倾向于立即找出解决办法,然后付诸实施;而东方人有时会选择"静观",即什么也不做,让时间和外界环境自然成熟,再抓住时机把问题解决掉。

(五)人的空间观念

人的空间观念关注的是在特定文化环境中对空间的拥有程度。一些文化非常开放,倾向于把空间看成是公共的东西,没有太多隐私可言,并公开从事商业活动。另一个极端的文化则倾向于把空间看成是个人的私密之处,极为重视让事情在私下进行。大多数生活文化是两个极端的混合物,并落在其中间的某一处位置上。

(六)人的时间观念

文化对于时间可以有过去、现在和未来三种取向。这一问题关注的是一国的文化注重的是过去、现在还是将来。过去取向文化的人们强调传统,炫耀过去;现在文化取向的人们倾向于只争朝夕地生活,几乎不做明天的打算;未来取向文化的人们相信今天发生的一切将来会有回报。

另外,时间观念还涉及对时间的利用,即时间是"单向性"的,构建在一个有序和线性的形式上,应在一个时间里做一件事;时间还是"多向性"的,在同一个时间里可以做多件事。美国人、德国人倾向于把时间看成是线性的,一段时间内只做一件事,做完一件后再做另一件。他们总是希望制订以小时或半小时为计算单位的时间安排计划。事实上,如果参与一个讨论,他们会在一个新人加入之前结束谈话。"单向性"的管理者实际上会很重视会议的按时召开,并且有效率地花费时间。

相反,意大利人、中东人等则把时间看成是无限的,并且同时是"多向性"的。这些国家和地区的管理者相信时间是可以延伸的,某些欧洲国家的管理者可能会因为在走廊上遇到同事或者朋友而停下来聊聊天或者问候一下,从而可能会因此在一个商务会议上迟到。管理者不必按部就班地按计划表行动,可以根据当时的情况随机应变。

时间的取向也影响了人们对待改变的态度。美国人认为变化总是好的,所以对做事的新方法或者更好的方法总是进行不断的探索,并且乐观地把未来看作过去的发展。对中国人来说,变化无常被看成是危险的,因为它威胁到一直以来的传统。过去的经验总是被作为不去做某件事的理由:"这是不可能的,因为以前从未有过。"这意味着现在和未来都是由过去发生的事情所决定的。

这种导向还反映在做事的计划性上。在商业运作和管理中,美国人更讲究计划性。一个美国经理人可能对未来几个月甚至一年的安排,包括商务活动、出差计划、谈判、休假等,都已计划好。另外,做出决策的速度也反映了人们普遍对待时间的态度。例如,北欧和美国的管理人员经常抱怨日本公司在做出决策时速度太慢。另一方面,日本的管理人员则经常抱怨美国和欧洲的管理人员用来贯彻执行决策的时间过长。在日本,尽管会用更长的时间达成决策,但是一旦决策开始被执行,就会被更为迅速地贯彻。因为他们认为,一个迅速做出的决策意味着这个决策本身是缺乏重要性的;否则,就应该花更多的时间考虑、深思并讨论,从而予以足够的保证。因此,快速做出决策并不一定被认为是一种由决断力并有极强领导力的特征,反而会被认为是一种不成熟、不负责任的表现。

四、个人主义—集体主义理论

个人主义—集体主义理论是美国学者蔡安迪斯经过近30年对文化差异的研究后提出的。他在《个人主义与集体主义》一书中,总结了自己几十年来在跨文化领域的研究成果。

在霍夫斯泰德的文化维度理论中,有一个维度就是个人主义—集体主义。根据他的观点,个人主义和集体主义是一个维度上的两极,一种文化在集体主义上得分高,那么在个人主义上得分就低,反之亦然。蔡安迪斯不同意这种观点。他认为,个人主义—集体主义既不是一个维度的两极,也不是两个维度的概念,而是一个文化综合体,包括许多方面。同时,他将这个概念降到个体层面,用它来描述个体的文化导向,而非民族或国家的文化导向。

蔡安迪斯提出五个定义个人主义—集体主义的重要方面:个体对自我的定义;个人目标和群体目标的相对重要性;个体对内群体和外群体的区分程度;个人态度和社会规范决定个体行为时的相对重要性;完成任务和人际关系对个体的相对重要性。

(一)个体对自我的定义

个人主义者和集体主义者在自我定义上的倾向大不相同。个人主义者通常将自我看成独立的个体,可以脱离他人而存在;而集体主义者则把自我看成群体中的一员,与他人有相互依赖的关系,不能脱离他人而存在。个人主义者则认为作为独特的个体,应该与众不同;而集体主义者则认为个人应该属于某一个群体,否则会有很强的失落感。个人主义者通常把别人对自己的看法用来验证自己对自我的定义,不直接影响或进入自我概念的范畴;而集体主义者则把别人对自己的看法当作至关重要的事,而且会影响到自己对自我的评价。

关于自我定义,不同的人在行为表现和对事物的反应上都会有所不同。

1.体现在对自己的行为负责的态度上

许多研究结果表明,西方国家中个人主义者居多,如美国、加拿大和澳大利亚等;而东方国家中集体主义者居多,如中国、日本、印度等。自我负责、自我依靠是西方社会最基本的价值观之一,强调个人对自己的行为负责,对自己的行为结果负责,而不是找借口或归咎于外部原因。在东方国家,个人更倾向于把自己的行为归咎于不受自己控制的外部因素,强调自己的行为受到他人或者其他事件的影响。同时,对他们来说,遇到困难时向家人或者朋友求助是很自然的事,有亲朋好友帮助自己办成事情是值得炫耀的事。

2.体现在对自己是否应该与众不同所持的态度上

个人主义者具有独立自我意识,他们希望与众不同,认为有个性特点是值得骄傲的。在美国社会,家长会告诉孩子,每个人都是独立、特殊的,不要为自己与他人不同而感到羞耻;相反应该利用这种特殊性做出与众不同的事,取得成功。集体主义者则希望融入集体之中,若不被大家接受,就会感到尴尬、不知所措。这些人如果得到大家的认可,就会变得非常积极;反之,如果别人对他们持否定态度,就会变得很消极。

(二)个人目标和群体目标的相对重要性

在个人主义社会中,个人利益当然高于集体利益,在法律允许的范围内追求个人利益不仅合法,而且为他人所看重。在集体主义社会中,追求个人利益则被看成自私的表现,当个人利益与集体利益发生冲突的时候,应该毫不犹豫地牺牲个人利益,顾全集体利益,如倡导大家"毫不利己,专门利人""大公无私"。一般来说,美国等西方国家个人利益至高无上;而在中国等东方国家,群体的利益高于一切。

出生在加拿大、后来长期在中国香港生活的心理学家迈克尔·邦德,在1983年发表的一篇论文中讲述了自己的研究成果。他发现,香港学生在面临个人利益与集体利益冲突时,只要群体认可,就愿意自己吃亏而保全集体利益。在中国文化中,强调"先有大家,后有小家,再有个人"和"大河有水,小河满"。

(三)个体对内群体和外群体的区分程度

内群体是指与个体有密切关系的群体,如家人、亲朋好友、工作群体、团队,甚至包括同乡。外群体则是指与自己毫无关系的人的总和,如完全的陌生人、其他组织的成员等。但是,区分内外群体的界限并不固定,而是有弹性的,会随时间、地点等情况因素而改变。与前两个方面的区别一样,个人主义文化与群体主义文化在对内外群体的区分上也有着显著的差别。

一般来说,个人主义社会不注重内外群体之分,常常对所有人一视同仁,在待人接物上采取的是"对事不对人"的态度,能办的事情不管是谁都能办,不能办的事情即使是熟人、朋友也是不能办的,所以很少有亲疏之分。但是,在集体主义文化中,人们对内外群体是严格区分的,采取的是"内则亲,外则疏"的态度。当他们与内群体成员共事时,愿意为了他人的利益而吃亏,或者在处理事情时采取的是"对人不对事"的态度,同样的事情内群体的人能办,而外群体的人则不一定能办成。例如,有日本学者通过研究发现,日本人更倾向于用回避或其他间接的方式处理工作中的冲突,而美国人更愿意采取直接面对的方式。

在这一点上,个人主义者则正好相反,他们认为没必要通过关注他人的需求或为他人做好事来完善自己的形象。如果他们帮助别人,那是因为他们喜欢这么做,他们认为这样做正确,或者这样做使他们自己感觉良好。与此同时,他们也将别人看成是具有独立自我的个体,需要独立的空间,而不欢迎他人侵入。因此,他们尊重别人的隐私,甚至对很亲近的人亦如此。家人之间互相道谢是常事,在为兄妹提供帮助时也会考虑会不会让对方感受到压力或失去尊严。

在对待陌生人的态度上,个人主义者和集体主义者更是大相径庭。因为外群体成员的看法对集体主义者而言没有重要意义,所以他们在对待与已无关的群体或个人时可以相当冷漠,不合作,有时甚至无情。与个体主义者相比,集体主义者在与外群体谈判时,常常从没有什么商讨余地的地方开始,而个体主义者则倾向于先看一看有无利益共同之处,与他们跟内群体的人的谈判无异。同时,与外群体打交道时,集体主义者不认为自己应该身临其境地为对方着想,而个体主义者则认为这样做是一种美德。

(四)个人态度和社会规范决定个体行为时的相对重要性

个体行为在很大程度上取决于个体的态度和兴趣。同时,影响个体行为的还有另一个重要因素,即个体所感知到的别人对该行为的看法。这两种因素对个体行为影响的重要性程度是不同的。当个体的态度和兴趣与他人的看法一致时,个体行为比较容易预测;而当两者不一致或存在冲突时,个体行为的预测就变得比较困难。因此,要看这两个因素哪一个更占主导地位。这就体现出个人主义文化和集体主义文化的差异。许多关于跨文化的研究结果表明,在以个人主义为主要导向的社会中,个体的行为更多地取决于自己对该行为的态度和兴趣;而在集体主义为主导的社会中,个体行为的主要动因来自个体对他人所持看法的认知。在个人主义社会中,态度决定行为,每个人都是自己对自己的行为负责,个体行为的出发点是满足自己的利益,而非他人或群体的利益。

在集体主义社会中,人们更多地考虑他人的看法,随波逐流;即使自己的态度与别人的看法或社会规范不同,个体行为还是更多地迎合大众的态度和看法。个人为了与群体中的大部分成员有良好关系,不至于被排斥到群体之外,至少会在行动上与大部分人保持一致。

(五)完成任务与人际关系对个体的相对重要性

从完成任务和建立或维持良好的人际关系对个体的相对重要性来看,个人主义文化和集体主义文化也有显著差异。个人主义者把完成任务看成是自己能力和特点的体现,是个人自我定义中的重要组成部分。因此,个人任务的完成就显得尤为重要。同时,个人通过自己的行为举止、取得的成就来证明自己而不是通过人际关系证明自己。因此,在个人主义社会中,完成任务比人际关系更加重要。

在集体主义社会中,情况正好相反。集体主义者对自我的定义,与那些与其有密切关系的人对他的评价密切相关,完成任务并非终极目标,而是用来帮助其与他人建立关系的工具。于是,与他人建立并保持良好关系就显得尤为重要。

以上五个方面的讨论展示了个人主义文化和集体主义文化之间的差异。但是,这些差异并不能解释这样一些现象,如同为个人主义文化的美国和澳大利亚在有些方面并不相同:美国人更强调竞争,澳大利亚人却更享受休闲;又如同为集体主义文化的中国和以色列的柯布兹,中国人喜欢攀比,希望自己比别人强,渴望出人头地,而柯布兹人群体之间平等友好。针对这一点,蔡安迪斯又在以后的论著中提出了"水平—垂直个人主义"和"水平—垂直集体主义"

的概念。水平个人主义是指该文化中的个体追求个人利益最大化,但并不追求一定要比别人得到更多;而垂直个人主义文化中的个体不仅追求个人利益最大化,而且要与人攀比,要比他人更好。水平集体主义文化中的个体追求内群利益最大化,但并不太关心自己的群体是否好过其他群体;而垂直集体主义文化中的个体不仅追求内群体利益最大化,而且追求自己的群体要好于其他的群体。

水平—垂直个人主义/集体主义观点的提出以及相关测验结果的证明,使得蔡安迪斯的个人主义—集体主义理论更广泛地受到重视,并且使人们加深了对这个理论的理解和应用。

第十一章 信息化与管理

第一节 信息化的含义与作用

一、信息化的含义

信息化一词产生于20世纪70年代,所谓信息化,就是在国民经济部门和社会活动各领域采用现代信息技术,充分、有效地开发和利用各种信息资源,使社会各单位和全体公众都能在任何时间、任何地点,通过各种媒体享用和相互传递所需要的任何信息,以提高工作效率,促进现代化的发展,提高人民生活质量,增强综合国力和国际竞争力。简单地说,信息化就是指信息在经济活动中广泛被采用的过程,在技术层次上体现为信息技术的推广和使用,在知识层次上体现为信息资源的开发和利用,在产业层次上体现为信息产业的增长。经过几代人的传承,信息化这个词汇已经在全球范围内被广泛使用也得到了人们的赞同,可以说信息化是一个代表全球化、具有鲜明时代特色的象征。

联合国教科文组织出版的《知识社会》中就对信息化做出过解释:"信息化既是一个技术的进程,又是一个社会的进程。他要求在产品或服务的生产过程中实现管理流程、组织机构、生产技能以及生产工具的变革。"这个经典阐述不仅仅说明了信息化代表了科学技术的发展,而且也是一个社会发展的产物,是一个社会在发展变革当中必不可少的;信息化在一定层面上也代表了这个时代的生产力,因为信息化意味着有新的技术和更加便捷的生产工具的出现,生产力因此而得到提高,另一方面,信息化还会导致生产关系的变革,信息化下新思想、新技术、新设备的出现,必然要求对原有的组织流程和管理方式进行改变,促使进入一个更加理想的发展轨道。

企业信息化还没有一个公认的定义,有观点认为企业信息化是企业运用信息技术和先进管理方法对企业产品进行再设计,对产品生命周期进行优化,包括对产品需求和市场结构的分析、品牌的策划、产品的细分、研发等,以使企业对市场的适应性和把握性更强,并最终赢得市场。我们认为这种观点不够全面,企业信息化不应该只关注于产品,企业信息化应该是以最先进的理论为指导,在企业的生产、经营、管理中综合运用现代化信息技术,最大限度地把企业内外的各种资源调动起来,提高企业的生产、提升企业的经营能力、变革管理,促进企业的组织重构、业务重组,实现企业的信息化运营,获得高的经济效益和核心竞争力。企业信息化具有以下特点。

第一,信息化是以管理为基础的,而不是以信息科学技术为根本的,通常所说的网络技术、高科技等都是实现信息化的手段,组织的领导者应该区别开什么是本什么是末,让信息化更好地促进管理。

第二,信息化所包含的内容是不断变化更新的,因此信息化对于管理的作用也是随时改变的,管理思想和管理方式要随信息化的更新而更新。

第三,信息化在管理中的一个最重要的作用就是实现信息的共享,通过信息化独有的特点把组织所需要的信息准确无误地传送到领导者手中,领导者再对传送来的信息进行分析和整合,为组织做出正确的决策。

第四,信息化建设是一项全面的、系统的工程,牵扯到管理的各个方面,不论是计划、组织、领导、控制等都会涉及,而且也包括组织战略、财务、客户关系等方面,领导者要综合协调各个方面,实现组织内外有机的结合。

第五,信息化与管理各方面结合,主要表现为几种典型的形式:一是数据信息化,组织不仅可以把组织内部的经营数据、盈利水平、费用控制以及人事资料、规章制度等的信息输入电脑,还可以把市场调查、产品定位分析、竞争对手预测、供应商信息等企业与外部的联系状况存入电脑,实现数据的网络化和云存储。二是生产过程信息化,是指把先进的信息技术应用到企业的生产制造过程中,用智能化、自动化控制生产系统,解脱以往主要靠人来操控的系统,这样不仅能够提高生产效率,而且产品的标准化和质量也提高了。三是设计信息化,主要是指对产品和组织流程的设计,比如现在比较普遍使用的计算机辅助设计(CAD)系统,实现了产品网络化虚拟设计,既节省了成本又可提高设计的质量。四是市场经营信息化,信息化的时代打破了传统的企业经营地域性的限制,特别是电子商务的兴起,企业可以通过网络平台与世界各地的商家合作,拉近了企业与客户的距离,企业可以通过客户的反馈及时对经营方式和产品等做出调整。五是管理信息化,这是一个向管理要效率的时代,那么管理除了要以先进的理论为指导外,必须实现信息化,从根本上解决效率问题,比如组织可以应用辅助决策系统(DSS)、企业资源计划系统(ERP)以及供应链管理系统(SCM)等,提高决策水平,真正实现从管理中提高效率。

二、信息化的作用和影响

(一)信息化对组织外部环境的影响

1.信息化环境的形成

信息化的发展,尤其是网络的发展,使得人与人之间变得越来越近,世界变得越来越小。同时,企业所面临的竞争也在无形中被变大,大多数企业已经接受了信息化时代的竞争,投入到信息化建设当中,这也促进了信息化环境的形成。他们已经认识到自己所处的不仅仅是经济环境,而是信息化环境与经济环境相结合的统一体。

2.行业竞争结构的变化

波特的五力模型给出了决定一个行业竞争程度的五个因素,分别为现有竞争者的竞争、潜在进入者的威胁、替代品地威胁、买方讨价还价能力和卖方讨价还价能力。这五个方面的影响越大,行业的竞争程度越大。信息化既给企业带来机遇也带来挑战,机遇是企业可以利用信息化增大自身的竞争力,挑战是在信息化下对于以上几个因素的作用力无疑被增加了。信息的传递和共享,使得各个行业的整体透明性越来越高,竞争者与潜在进入者都对市场有了更深的把握,随时根据市场和对手的变化采取应对措施,很多企业面临被淘汰的危险。另外,客户和供应商也在随时观测整个行业的动向,信息传递越来越对称,增大了他们讨价还价的能力,企业由利润主导逐渐转向顾客主导的经营方式。

3.外部需求行为的改变

信息化已经是大势所趋,网络也已经走进寻常百姓家。电子商务的兴起不仅给企业带来新的发展机会,也极大地方便了人们的生活,网络已经不再是年轻人独有的标签,已经成为大多数人生活的必需品,他们已从传统的消费方式转变到网络消费方式,需求行为发生了很大改变。

4.组织间合作方式的改变

信息化为组织合作开辟了新的渠道,组织间的交往不再只是靠签订合同,线下沟通洽谈,通过线上广泛的信息流,组织更容易找到自己合适的合作对象,以虚拟组织的方式存在,既简化了流程、缩短了交易的时间,又可以更快地把自己的价值链延伸到其他合作组织当中。

(二)信息化对组织内部的影响

1.管理思想的更新

信息化所带来的不仅是技术和生产方式的变化,也改变了人们的思考方式和行为观念。在一个组织当中则主要体现在管理思想的变化,可以想象从以前的工业社会到现在的信息化社会,有过多少管理理念是应运而生的,虽然有些管理理念现在仍然在使用,但是我们要结合信息化社会的特点加以创新和改革,使它们更好为我们服务,成为行动的指导方针。比如信息化下所产生的虚拟组织、学习型组织等管理思想,都是时代的产物,是以现代计算机和网络的发展为前提。

2.组织结构的变革

传统的组织结构随着组织规模的扩大已经不能够适应组织的发展,在传统方式下,组织人员增加就要相应的扩充机构,或者因为管理幅度的限制而导致组织层级过多,这些都桎梏了组织的成长。信息化下使得传统的等级组织逐步向全员参与、水平组织、模块组织等新型组织方式转变,管理幅度也冲破了传统管理模式的限制,垂直的层级中所存在的众多中间层也可以适当取消,因为上级可以通过信息化下所建立的新型组织直接向下属宣布决策、分派任务,组织朝向扁平化方向发展。

3.增强管理功能

运用信息技术进行管理已经成为现代管理的重要途径。通过信息化可以把各种管理职能进行结合,最大限度地发挥出每种职能的作用,促进组织业务的良性重组,而不是把每个职能都孤立开来。通过信息化还可以增强每种职能的作用,在原有功能的基础上进行扩展,比如网络营销,不仅包括销售产品,还要包括维护品牌、客户反馈、售后服务等方面。

4.管理方式的改变

管理方式本身就是随外部环境和内部状况的变化而变化的,在领导职能中讲过没有一种最佳的领导方式,最好的领导方式是权变的领导方式,是因情境不同而变化的。管理方式虽然不完全等同于领导方式,但是和领导方式一样,都必须随情境的不同而变化。信息化下的管理方式要更加多变更加具有艺术性,管理者和下属的距离变得越来越近,组织内部的沟通和协调已经不再受地域和时间的限制。①

（三）信息化对组织发展的作用

1.降低企业成本,提高竞争力

信息化与组织各方面的活动相结合,不仅优化了组织的结构,而且显著降低了组织的经济成本。组织运用计算机辅助设计和制造技术可以大大减少在新产品研发和设计上的费用,同时在后续产品更新和换代时,大幅度降低了对现有产品进行修改和增添新性能的成本;在生产制造上,新技术下的柔性生产线可以适应多种产品的生产,库存控制的数控化,可以实现最优的存货量,不仅减少了存货量而且降低了管理费用;在组织计划的制订、决策的选择、激励措施、沟通渠道、反馈方式以及人员、财务控制上,采用计算机和网络技术既可以提高质量又能够提高效率,降低了管理成本;在组织之间的合作上,通过电子商务可以迅速准确地找到自己的合作伙伴,打破了地域上的限制,降低了组织的机会成本和交易成本。组织成本的下降实质上是新技术的广泛应用和对信息的开发、整合所导致的,它将随组织规模的扩大产生管理规模效应,提高组织的持久竞争力。

2.加快产品和技术创新,提高差异化

由于信息传递的广泛性和快速性,使得全球的知识、技术得到跨国别、跨地域的流动,一个国家或者组织研发出了某种新科技、新事物,其他国家或组织可以迅速跟上他们的步伐进行革新创造。在企业层面,因为信息化导致企业与供应商和客户的联系加深,沟通形式的多样化可以更完整、更准确地表达双方的要求,组织与他们建立了高效、快速的联系,从而对市场和消费者动态有了更快、更深的把握。通过将这些动态变化迅速准确地提交给决策者,针对他们的要求及时对产品进行再设计和创新,生产出能够满足消费者需求的产品,并且提高产品的差异化特点,防止竞争对手模仿。

3.提高组织的服务水平

组织的服务水平体现在两个方面:一是为组织内部人员服务的水平,二是为组织外部人员服务的水平。现代管理强调人是一种宝贵的资源而非实现组织目标的工具,把员工看作是合作伙伴而非发号施令的对象。那么要想提高组织的服务水平,必须要先提高为组织成员服务的水平,只有他们满意了才能

---

① 万胤岳.企业信息化战略规划的分析框架模型[J].山西财经大学学报,2022,44(S1):23-25.

提供令别人满意的工作。信息化下使得对组织成员的关怀和激励更加多样化,领导者可能仅仅通过一封电子邮件就可以调动起员工的工作激情,一场视频会议也可以给员工很大的自由空间,这些都会令员工感到满意。在为组织外部人员服务上,传统的面对面方式、电话咨询、服务网点等已经不能满足人的需求,而互联网的应用使得企业可以应用更多的即时通信工具对客户的反馈进行回应,还有电子邮件问询以及网络的自助式在线服务等,都提高了组织的服务水平。很明显,信息化对组织发展的作用远远不止以上这些,可以说,它将发挥越来越重要的作用,对管理工作的影响也将越来越大,必将成为提升组织竞争力的主要来源。

第二节 信息化与企业的内部管理

一、信息化与管理决策

(一)现代管理决策面临的挑战

1.决策要求的质量更高

传统的决策质量相对比较低,决策的方式也比较粗放,不管是对决策前的市场调查还是决策时的数据分析,都相对比较模糊,不够具体,方向也不是很明确。信息化下各个组织和企业对市场的行情和自己产品的定位都有了更深层次的了解,那么必然对起着至关重要作用的决策提出了更高的要求,决策不应该只是管理者自己的事情,而应该集聚所有组织人员的智慧,改变以往以组织经济利益为前提的决策标准,更多地考虑长远战略,建立起以品牌为中心、以客户为主导的决策标准,努力提高决策的质量。

2.决策涉及的因素更多

决策本身就是一个涉及多方面因素的行为,就如平常去商场买一台电冰箱一样,在买之前你先要去不同的商家询问,要考虑这几个商家的位置是否方便自己,然后要考虑电冰箱的价格高低、是否省电、容量大小、制冷能力、售后服务等,还要向自己的亲朋好友咨询建议,最终综合各方面因素决定是否要买。在信息化下,这个小例子当中要考虑的因素可能还要有是否能够自动控温、开关门能否感应开灯、能否遥控等,充分说明了信息化导致决策要考虑的因素增多。对于一个组织来说更是如此，信息化下资源更加丰富、信息更加复杂，做出一项正确的决策要参考众多的因素。

3.决策速度要求更快

现在的社会已经不是大鱼吃小鱼的时代，而是快鱼吃慢鱼的时代，一个决策缓慢、行动迟缓的组织早晚是要被市场淘汰的。以往对于信息的搜集、数据的分析明显过于缓慢，而面对筛选出来的众多可能性方案，又要经过漫长的验证和预测才能确定最后采取哪一种。即使这样能够得到最佳的方案，但是等到实施时可能外界情况又发生了变化或者别人早就抢先自己一步赢得了市场，这样的决策是没有用处的，组织事事落后于别人，缺乏自己的判断力。所以在保证质量的前提下，迅速做出决策是关键。

4.决策失误的代价更大

现代管理的各个职能之间已经形成了有机的结合，计划方案的制订往往和组织流程的安排同时进行，企业当中的采购、生产、销售、服务变得越来越密切，某一环节出现问题会带来连锁反应，迅速波及其他环节。而且由于各方面执行的速度都很快，一旦决策命令下达之后，整个组织可能都运作起来了，如果这个时候发现决策失误，那么修正决策就意味着改变整个组织的行为，所造成的损失可能是以前的几倍，所以决策失误所带来代价是非常大的。

(二)信息化对管理决策的影响

1.信息化对管理决策的预测导向作用

信息化对管理的预测导向作用主要体现为电子计算机能够汇聚大量的信息，通过对这些信息进行有针对性的筛选、整理、综合，找出那些对企业做出决策有帮助的信息，在进行决策时通过综合筛选的信息对决策的结果进行预测，提前预知达到的目标是否符合既定的要求，在决策中遇到难以选择的问题时，还可以把信息转换为数字、图表等直观性的内容，可以对决策起到引导和促进的作用，尽量做到胸中有数，避免盲目性和主观性造成决策失误。

2.信息化对管理决策的验证改进作用

组织不可能一开始就能够做出所有的决策，也不可能保证所有的决策都是正确无误的，那么就需要在组织运行中随时检查决策的正确性，确保组织按照最初的意愿运行。信息化所带来的庞大信息群，不仅可以持续不断地搜集、监测市场和组织运行的情况，还可以快速准确地将信息反馈给组织，为组织提供许多有指导意义和参考价值的信息，决策者通过将这些反馈信息与之前预测的情况进行对比,来验证当初的决策是否正确,对决策中存在的问题和模糊的地方进行改进,完善管理决策,然后再实施改进后的决策,投入到下一轮的验证、改进当中,这是在信息化背景下对管理决策质量的重大提升。

3.信息化对管理决策的稳定、连续作用

信息化时代相对于传统时代来说在提供信息方面更加完整、全面,一般不会因为信息的缺失而导致决策的不稳定性。虽然信息化导致管理决策所考虑的因素变多,但是同样也使做出的决策更具有针对性,这样的决策一经做出,就会转入到对决策的信息跟踪阶段,特别是对于影响决策的关键因素,通过及时的反馈,避免组织运行出现大的动荡,确保了管理决策的稳定性和长期连续性。

4.信息化使管理决策低成本、高效率

数据和信息将在企业的发展中起到越来越重要的作用,信息化时代、大数据时代的到来使得企业能够把足够多有用的信息和数据保存起来,对它们进行归纳整理、分门别类的储存,而且强大的搜索功能能够迅速精确地找到所需要的信息,为管理决策的做出节省了大量的人力成本、时间成本。同时,对于一些程序化决策,通过计算机程序的运行可以完美实现,减少了决策者在一些不必要的事情上分散精力、浪费时间,还可以提高决策的效率,这样就可以集中精力应对更多的不确定性决策。另外,决策的方式应该更加民主,因为信息化下组织成员的眼界更加开阔,可以为组织提供众多有价值的信息供决策者参考,这在一定程度上提高了员工的参与度也提高了决策的效率。

综合来说,信息化使得管理决策可供选择的方案增多,检查评价和反馈处理的效果也更加明显;决策的过程更加的科学化和客观性,可执行性也更强;信息化下的决策更多的是群体决策、理性决策、非程序化决策、非确定型决策以及满意化决策。决策更多地借助于决策支持系统的帮助来实现,所谓决策支持系统是建立在数据库信息流上的智能决策系统。它可以提供给决策者所需要的信息、数据、资料,协助决策者发现并界定问题以确定组织的目标,同时帮助拟定备选方案,按照决策者的要求进行智能筛选、判断,计算出每种方案所需的各种成本以及可能达到的效果,最后确定方案。在决策实施之后进入信息跟踪反馈阶段,通过人机对话的沟通检验决策者的假设和要求是否正确,从而实现支持决策的目的。可以说信息化不仅使决策的质量和效率提高,同时也提高了决策的艺术性。

二、信息化与人力资源管理

(一)信息化对组织环境的影响

组织是一个开放的系统,要想完成组织目标,组织就需要与组织环境进行信息和物质的交换,没有一个组织是完全封闭的,也没有一个组织是不受环境影响的。一个能快速适应环境、对环境变化能够及时做出反应的组织,必然是一个成功的组织,然而面对复杂多变的环境,组织也不是无能为力的,至少组织可以通过特定的条件加快与组织环境的联系,提升它们之间的信息和物质交换的速度,而信息化就是其中一种特定的条件。①

随着现代科技的高速发展和信息传播的加快,使行业内的进入壁垒越来越少,一旦出现利润较高的行业,就会迅速招来进入者,而且他们借助信息科学技术,能够迅速追赶上现有者,抢占一定的市场份额。再加上先进技术的应用,特别是计算机辅助设计系统(CAD)计算机集成制造系统(CIMS)、全能制造(HM)、全球制造(GM)等技术的引入,企业可以轻松地模仿竞争对手的产品,并且还能增加新功能,这导致替代品层出不穷,使企业所处的环境更加复杂。随着信息化的发展,顾客对各种产品的了解更加深入,不断出新的产品也使顾客眼花缭乱,他们在挑选产品的时候不仅提出了更高要求而且个性化的需求越来越多,对同类产品的对比和判断致使他们议价的能力不断提高。另一方面,供应商的议价能力在逐渐下降,这是因为信息化带来的低转换成本,使企业可以在可控成本之内任意挑选供应商,减少了对他们的依赖,同时,市场上专业化的生产越来越多,供应商之间竞争严重,使他们的竞争能力降低了。

信息化使各方面的信息更加的透明,信息的不对称性越来越小,这在一定程度上也增加了组织环境的复杂性和不稳定性。企业应该充分利用信息化带来的有利一面,加强与其他企业和客户之间的信息共享,提高自己与组织环境的交换能力,以谋求相对稳定的组织环境。

(二)信息化对组织战略的影响

信息化的发展不仅影响了组织所处的环境,而且影响的范围已经扩展到组织战略的制定。一方面组织良好战略的制定是信息化得以顺利展开的前提条件,没有战略方面的支持信息化得不到快速发展。另一方面,信息化已经成

---

① 郑发强.浅析信息化视角下企业的资金管理优化[J].西部财会,2022(05):53-55.

为组织战略制定的有力工具,没有信息化的帮助,组织很难制定出正确的战略。早期信息化的应用主要是日常的业务处理、数据分析、存储资料等,随着不断地发展,这已经远远达不到组织对信息化的要求了。企业已经进入知识管理阶段,信息化也走进组织战略制定的层面。组织战略的制定要综合SWOT分析中的几个因素,透彻地分析组织外部的机会、威胁,与组织自身的优势、劣势,充分掌握必要的信息,以减少战略制定过程中的不确定性,信息化是减少这种不确定性的主要手段。

信息化对战略的影响按照战略分类的不同表现在两个方面:第一,是对一般战略的影响,纵向一体化战略和相关多元化战略是两种经常使用的战略。纵向一体化战略是指企业在原有生产的基础上,向上游原料供应扩展与向下游销售服务扩展的战略,相关多元化战略是指企业进入到与现在业务相关联的行业,能够共用生产资料和设备等,以谋求更多的利润。然而这两种战略的实施给管理带来了极大困难。信息化的实施解决了这个难题,它带来的扁平化组织能够加大管理幅度,减少管理层级,将组织冗杂的机构去掉,不专业的工作外包,促进了一体化战略的实施,而相关多元化战略则更多地转变为集中化战略。第二,是对竞争战略的影响,主要论述对总成本领先战略和差异化战略的作用。总成本领先战略的核心就是以低于竞争对手的成本来抢占竞争优势,信息化对成本的影响主要是先进技术的应用带来的高效率以及为避免企业搜集资料而浪费的时间成本、管理成本等,从采购到销售一系列的自动化,为总成本战略的实施奠定了基础。差异化战略是信息化的必然结果,信息化之下的竞争更加激烈,企业可以反过来应用信息化,实现市场的精确细分、产品附加功能的设计、个性化产品等。

(三)信息化对组织规模的影响

信息化对组织规模的影响可以从对实体组织规模和虚拟组织规模两方面来分析。在传统的实体组织规模中,企业会因为组织规模的扩大而实现规模经济,企业的产出和利润随着生产要素投入的递增而增加,企业的成本随着投入要素的递增而减少。但是产出的增长并不是无限的,达到一定平衡点之后再投入生产要素就会形成规模不经济,成本逐渐上升。另外,组织规模变大之后,组织应对环境变化的能力急剧降低,可能会因为新产品的更新换代而浪费原有的设备、技术等,这大大增加了企业承担成本的风险。在信息化的环境下,这些问题得到不同程度的解决。随着高科技在企业的应用,企业的生产设备、制造设备等都采用柔性技术,控制操作采用可安装的程序执行,缓解了企业因规模扩大而承担成本的压力。从组织内部运行来看,信息化采用的网络以及科技使组织内的协调和沟通更加便利,生产和服务更加规范,成本也相应降低。但是信息化所面临的环境多变,竞争加剧,企业规模的大小还要综合考虑转换成本、外部交易费用、管理费用等。

虚拟组织是伴随信息化而来的,是实体组织的延续。虚拟组织有两个含义:形式上的虚拟,是指企业员工打破了空间地域的限制,利用互联网来沟通合作,为组织工作,他们可能分布在不同地域,但是都有一个共同的组织目标。信息化能够促使这种虚拟组织规模不断变大。内容上的虚拟,是指多家相互独立的企业之间通过信息技术联系起来的临时性组织,他们之间相互信任、合作,发挥自己的核心优势,共享技术、信息,分摊成本,共同研发产品并推向市场。一旦项目完成,该组织就自然解体,这样的虚拟组织可能比实体组织大几倍,他们形成的战略联盟,实现了资源的最佳配置,使每个企业都能提高竞争力。

(四)信息化对组织结构的影响

信息化对组织结构的影响是多方面的,可以从信息化对组织环境、组织战略、组织规模这三个方面的影响探讨对组织结构造成的变化。

信息化使组织环境变得更加复杂,面临的不确定性增多,组织要想提高自己的反应速度和应变能力,就必须增加组织结构的柔性,使之能适应不同的状况。另一方面,信息化带来整合性和共享性,改变了以往部门之间的合作方式,组织结构更加趋向于一种扁平化、网络化的发展方向,极大减少了一些没有必要的部门和职位,使组织的反应速度得到很大提高。

组织战略的正确制定需要准确的、快速的信息支持,而扁平化组织对于信息的保真性更好,组织自然就会减少一些机构和部门,以求获得更加准确的信息,但是,扁平化组织的工作效率和信息传输速度没有高耸型组织结构快,随着信息化水平的提高,逐步走向网络型组织结构,具有多个信息传输中心,既提高了信息传输的准确性也提高了传输速度。

信息化导致的组织规模的扩大,必然会导致组织结构权力的重新划分,信息化下管理幅度增大,信息流动速度也加快,这就要求赋予下级管理者更多的职权,降低上级对组织的控制,以往那种直线制、职能制的组织结构已经不能应对复杂的工作了。

信息化下组织结构的重组、再造对组织的发展起到至关重要的作用。比如信息化所带来的业务流程重组,它可以利用信息化减少或替代流程中的人力,将流程双方直接联系起来,减少中间过程,能够快速地跨地区传输和分享信息,密切监控流程的状态、输入和输出,随时精简不必要的环节和机构,将非结构化的流程转变为结构化流程,实现了内外部资源的有效整合。

三、信息化与企业文化

在市场竞争日趋激烈的情况下,要想拥有长久的别人赶超不上的核心竞争力,只有靠人才。因为信息化的环境下,高科技已经不是某一企业的代名词,拥有高科技先进生产技术的壁垒越来越少,而且信息流通的速度更快,此时的高科技可能转眼间就跟不上行业潮流了,如果企业只是盲目地追求信息化,而忽视了创造信息化的人,不仅会带来巨大的成本,而且使企业人才流失。因此企业必须做好人力资源管理,特别是信息化对人力资源管理带来较大的影响,企业应该结合信息化规划好人力资源管理的工作,实现以人才取胜的战略。

信息化首先导致了人力资源管理模式的变化,传统的人力资源管理对于组织的分析、设计已经不能应对现在的挑战,基于信息化网络化的人力资源管理模式应运而生,比如以全面人力资源管理、面向顾客为导向等观点的信息化新型人力资源管理模式,他们应用先进的硬件和软件设施,对信息处理加工,利用集中式信息库自动化处理,使信息化与人力资源管理的过程融为一体,对人力资源管理中的绩效管理、薪酬管理、培训产生了较大影响。

(一)信息化对绩效管理的影响

一般来说,人力资源管理中最困难的就是对于绩效的考核,一方面绩效考核所涉及的因素非常多,对于一些细节和规则的制定非常烦琐,既要考虑组织的实际情况,又要参考组织成员的个人状况,有哪一条没有涉及或者设计得不合理,都会导致考核的不完整,引来员工的不满。另一方面,绩效考核主要是对人的考核,每个人都十分关注,对自己的考核结果非常敏感,常常根据自己的主观判断与组织做出的评判进行比较,稍有不合意就会引来怨言。而通过信息化建设,特别是建立绩效管理子系统,可以显著提高绩效考核的可信性和正确性。在该系统中应该包含所有绩效管理的内容、详细的绩效考核细则和参数标准、员工任务记录、6s标准管理、绩效考核评估等。比如企业中常用的平衡计分卡,它将传统的财务评价与非财务的经营性评价综合起来考核,以企业经营成功的关键因素为标准,建立的一种包含财务绩效、顾客服务、内部业务流程、组织学习和成长能力的考核方法,在没有信息化的时候,要想搜集到这些信息并做出正确的分析是非常困难的,但是应用信息化,只需让各个部门把该类信息上传到绩效管理子系统当中,系统按照设定好的程序对数据进行分析,按照不同的权重进行自动化加权计算得到每个人的绩效、考核结果。每个人可以用自己的账号登录内部网络查看自己的评价结果,针对不同方面进行相应改进。信息化使得考核更加的公平、公正,既节省了时间又能提高员工满意度。

(二)信息化对薪酬管理的影响

经过合理的绩效考核之后,薪酬管理便有了评判的基础和标准,通过将绩效考核得出的结果输入到薪酬计算公式中,系统便能快速得出员工在绩效中该得的报酬,这相比以前人工计算的方式,既节省了时间又保证了准确性。同时信息化带给薪酬管理的不仅是绩效结果的便利性,也非常容易地就实现了薪酬管理的多样化。现在企业中的薪酬应该力求多样化、丰富化,可以充分利用信息化设定薪酬预测公式、员工福利测算模块等,让员工参与到自己薪酬的管理中,比如企业可以设定多种福利,员工根据自己现在的需求情况合理选择自己的福利,制订自己在一定时期内的薪酬计划,按照传统做法,人力资源部门的工作量是非常大的,很难实现。但是通过信息化,员工可通过薪酬管理子系统设定好的项目进行选取。

(三)信息化对组织培训的影响

信息化对组织培训的影响主要体现在培训的方式和培训的内容上。计算机和网络的发展使人们之间的沟通方式发生了极大变化,网络社交、媒体教学、在线授课等培训方式比比皆是,这极大方便了员工的学习和培训。企业可以摆脱以往开会式的培训方式,利用网上视频教学和在线培训的方式开展培训,不仅使培训更加有趣,容易被人们接受,而且不再受地域的限制,给了员工很大的自由空间和思维想象空间。在培训的内容上,企业不仅可以把自己的企业文化、理念、经营方式以电脑虚拟的形式表现出来,还可以参考同行业不同企业的优秀文化,给员工全方面地了解,提高他们的应变能力。企业可以利用信息化建立培训资源管理,包括培训的图书、视频、音像,每次培训的主题、内容以及培训的讲师和培训考核题库等,这样既可以有利于员工查询资料,也为组织节省了培训的费用。同时,新员工入职培训的时候,可以参考这些信息,为新的培训奠定基础。

　　信息化的人力资源管理应该通过一定的技术手段帮助员工制订他们个性化的职业发展规划,企业可以预先设定职业发展预测系统,从招聘员工开始就帮助他们规划。在招聘阶段,企业不能只是为了招人而招人,而是要招到合适的人,运用网络,加大企业的文化和理念宣传,增加网络笔试的步骤,可以是技能方面也可以是素质方面的考试,这样既可以省掉以后的部分培训也可以筛选出合适的人。在工作中员工要定时在系统里输入工作感受和满意度,企业要根据它们的变化来合理安排他们的职位,减少令员工不满意的因素。这样员工一步步认识自己,最终制订出自己的职业发展计划,提高他们的工作激情和满意度。

四、信息化与企业文化

(一)信息化对企业物质文化的影响

　　所谓企业物质文化主要是指企业生产制造、产品设计、管理沟通等所使用的设备和设施,它是一个企业最表层的文化,也是相对来说最容易变革的文化。企业信息化的实施首先作用的就是物质文化。第一,信息化的建设必然会革陈除旧、更换企业的设备,比如一些主要靠人工控制的生产设备和产品开发工具等,以网络和软件程序为主的设备成为主流。第二,通过信息化设备企业之间的沟通不再局限于面对面的形式,即时通信工具、远程视频、在线指导等工具的应用,丰富了企业沟通的渠道,另外网络技术的发展,促使许多企业转向电子商务以及手机移动端的服务,为企业带来了新的营销渠道和利润增长点。第三,企业通过计算机和网络技术可以随时监测市场和顾客的变化,应用各种预测软件数据作为参考,及时对变化情况做出反应,在必要的时候还可以和其他企业形成虚拟组织。第四,实施信息化的企业在基础设施上进行了革新,那么必然要求企业中具有应用这些设备的优秀人才。信息化加强了内部组织人员学习新知识的能力和应变的能力,促进了他们自我上进、自我发展。

(二)信息化对企业行为文化的变革

　　企业的行为文化是企业组织人员各种行为所形成的文化,这不是指一个组织成员的个别行为,而是组织之内一种共同的行为,其他个别不同的行为也会因为这种共同的行为习惯而受到不同程度的影响。这种行为习惯主要包括日常行为和工作行为这两方面。信息化使员工的日常行为发生了很大变化,他们可以利用互联网进行聊天娱乐,增加员工之间互动的机会,邀请志同道合的朋友讨论问题,在下班之后可以上网浏览企业的动态信息和市场行情的变化,可以关注各大新闻媒体的报道,及时了解行业内外以及国家政策发生的变化等,利用信息化,员工既能娱乐又能学习到有用的东西。

每当企业推行新技术或者新模式的时候,企业内员工的工作方式、工作行为便要相应做出调整和改变。信息化的建设是一项系统和全面的工程,每个人都要认真对待,及时转变自己的思考方式和行为习惯,推动信息化的建设。比如企业推行实施ERP系统,这是与传统企业经营方式完全不同的,企业的人力资源管理、采购、库存管理、生产计划、财务管理等都需要由计算机来操控,只有很少的人工进行参与,员工不得不改变以前熟悉的工作行为,由原来工作的随意性、主观性过渡到信息化环境下的规范性、科学性,开始学习新的工作方法。

(三)信息化对企业制度文化的变革

企业制度文化包含三个方面:企业组织机构、企业领导体制、企业管理制度。

企业组织机构的设定是达成组织目标完成组织任务的保证,没有各个组织机构之间的良好配合与合作,企业是无法正常运行的,传统企业中组织机构的设置一般比较多,导致组织效率的低下,通过信息化,企业的组织机构越来越少,去除了一些功能类似的部门,逐渐向着扁平化、网络化发展,加快了组织运行的速度。在处理紧急情况时企业还可以成立基于网络的虚拟组织,减少了单设机构的费用和麻烦。

企业领导体制是随着组织机构的变化而变化的,信息化下的领导者应该更多地授权给下属,让他们充分利用信息化所带来的便利性和科学性进行工作事务的决策、计划和控制等。企业最下层的员工可能离最高管理者只有两个层级的间隔,增加了他们直接对话的机会。领导者可以利用网络联系组织内的成员,分派任务下达命令。

企业管理制度是为了确保企业良好运行所制定的各种规章条例和奖惩措施等。信息化环境下员工的行为方式和思维习惯都发生了变化,企业要重新制定管理制度适应这种变化。管理制度一般是对人的一种行为约束,所以管理者首先要引导组织成员的行为,减少他们对新制度的不适感。

(四)信息化对企业精神文化的变革

企业的精神文化包括的内容非常广泛,像企业价值观、企业精神、企业使命、企业经营理念、企业道德观念等。精神文化是其他三种文化的升华也对它们形成指导,它受到文化背景、社会环境的影响比较大,处于企业文化的核心地位。在信息化时代,要想彻底对企业文化实施变革就必须要引领精神文化变革,推动其他文化的进一步变革。信息化时代各种新的经营理念相继出现,企业要想不被市场淘汰,就要努力更新自己的经营方式,引进先进的生产技术和设备,形成信息化的经营新理念。企业的价值观也要随之调整,信息化环境下的企业不再是一个只想着盈利的组织,要时刻关注市场和顾客的需求,以满足他们的需求为主,以顾客为主导,以服务社会为目标。企业要打破以往单打独斗的方式,增加与其他企业间的合作和交流,在企业内部创造一种学习型组织,实现自我学习、自我赶超。

信息化营造了一种奋发向上的精神氛围,加速了企业精神文化的变革。信息化的实施促进了组织文化的变革,同时组织文化的变革又会反过来加快企业信息化的建设,两者是相互促进的。企业要协调好它们的关系,最终能够促进企业的长久发展。

第三节 信息化与企业外部管理

企业内部管理和外部管理是按照管理模式的不同划分的,以上论述了信息化对于企业内部管理带来的影响,接下来主要讲述信息化对于企业外部管理的作用,主要研究供应链管理和客户关系管理这两方面。

一、信息化与供应链管理

(一)供应链的含义和特征

供应链是围绕核心企业,通过对信息流、物流、资金流的控制,从采购原材料开始,制成中间产品以及最终产品,最后由销售网络把产品送到消费者手中的将供应商、制造商、分销商、零售商直到最终用户连成一个整体的功能网络结构模式。它是一个范围更广的企业结构模式,包含所有加盟的节点企业,从原材料的供应开始,经过链中不同企业的制造加工、组装、分销等过程直到最终用户。它不仅仅是一条连接供应商到用户的物料链、信息链、资金链,而且是一条增值链,物料在供应链上因为加工、包装、运输等过程而增加其价值,给相关企业都带来利益。供应链是从产品的原材料开始到制成品销售完毕结束,期间要经过供应商、生产商、销售商等多个过程,每一个过程当中的企业都是一个节点,正是这些节点导致了供应链的鲜明特征。

1.复杂性

供应链所涉及的不是一个企业,它是由不同行业、不同种类的企业所构成的,从这种构成方式上就能显现出供应链的复杂性,另外,构成元素的多样性必然会带来管理的难度,增加管理的复杂性,特别是要围绕一个核心企业展开活动,要协调上下游企业的各种相关工作,这相比协调一个企业内部的关系要复杂得多。

2.动态性

这首先表现在供应链中的各个企业并不是固定不变,核心企业可能会根据市场的变化和需求随时选择新的合作伙伴,即使是非核心企业可能因为自己业务发展的要求,而退出供应链,这导致了供应链是在不断变化和更新的动态中。另一方面,供应链中的某一个企业内部可能会发生变化、改革,这不仅仅改变了该企业的组织结构、业务经营方式,而且也影响了供应链中其他企业的业务,使之适应该企业的变化,这种动态性变化是经常发生的。

3.用户需求为主导

供应链中的企业与企业、企业与顾客之间的关系实际上就是供应与需求的关系。制造商对于原料供应商来说就是用户,经销商对于制造商来说就是用户,顾客对于经销商来说就是用户,用户具有何种需求就决定了企业要生产什么产品。同时,用户需求是促使供应链正常运行的保证,供应链中的信息流、资金流、物流等都是在用户需求下发生的。

4.交叉重叠性

这主要是因为企业经营业务的多样性和需求的复杂性决定的。一个企业经营的业务往往有多种,可能一种业务处在一条供应链上,而另一种业务处在另一条供应链上,或者企业经营一种业务,而这种业务处在多条供应链上。需求的复杂性致使企业要与多个不同的组织进行合作,在同一条供应链当中可能也会发生交叉的现象。供应链管理的基本理念是符合企业发展要求的,它倡导一种面向顾客、以需求为主导、运用现代化技术和手段实现企业之间的双赢甚至是多赢的理念。

(二)信息化对供应链管理的影响

供应链管理本身就需要信息化作为支持,信息化是供应链管理的基础。首先,供应链管理的产生和发展是与信息化密不可分的,可以说如果没有信息化,要实现真正意义上的供应链管理是非常困难的,供应链所涉及的范围广、企业多,没有网络作为他们之间沟通和联络的手段,是无法快速应对环境变化的。再者,供应链中的各种数据、资料非常多,如果只靠人工来进行分析、整理,那么即使协调再好、沟通再流畅也是不能正确做出决策的。所以供应链管理对信息化的需求是显而易见的,反过来信息化的建设又对供应链管理产生了许多影响。

1.供应链各环节的变化

信息化的实施对供应链流动的各个环节产生了重大变化,在供应链战略的实施上,通过对企业内外环境信息的广泛收集,与各个企业充分商讨,确定每个企业应该如何在恰当的时间以恰当的方式为整个供应链做出贡献,实现资源的充分利用;在分销渠道上,信息化带来了高效率的营销渠道,供应链企业之间可以共享客户资源,营销的方式也逐渐由线下转到线上;利用信息化带来的先进技术,可以实现对库存和物流的跟踪管理,企业不需要备留更多的产品,根据网络传来的及时信息合理控制库存,争取实现零库存管理,最大限度地减少企业的成本;良好的信息传输,使得制造商也能够对市场的需求和产品的动态有了更多的把握,他们不仅可以利用互联网直接寻找经销商,而且可以直接寻找最终客户,以前制造商的这种交易成本太大,难以实现与消费者的直接沟通,信息化拉近了他们之间的距离,改变了产品和服务的流通方式。

这在一定程度上冲击着传统供应链的构成,经销商可能面临着越来越大的挑战,不仅要与其他经销商之间展开竞争,也要与制造商展开竞争,将使整个供应链的供需产生变化;信息化对于供应链的输出端即顾客来说,不管是对产品的质量还是产品的附加功能都有了更高的要求,顾客不仅关注于产品本身,而且对产品的制造流程、如何配送等必要的信息也更加关注。

2.实现信息共享

这里的信息共享主要是指供应链内部信息的共享。网络虽然方便了人们搜集信息和传递信息，但是在庞大的信息数据库中找到真正对企业有价值的信息还是很困难的，特别是网络上充斥着虚假信息，让企业难辨真伪。所以在供应链内部便形成了信息共享，这些信息都是每个企业经过认真整理、分析之后的数据，解决了信息不确定性的问题。比如在供应链系统中可以应用XML技术，建立私有网络系统，集成各个企业内部的信息和它们搜集到的信息。供应链中的各个企业利用这些信息进行协作，可以把供应商、制造商、经销商、设计师、营销人员等利用网络技术集结起来，共同设计产品，这种网络协作设计极大节省了成本也降低了设计的复杂性，保证在最短的时间内设计出具有个性化能够满足顾客的产品。

3.供应链特征发生变化

供应链是在信息化的支持下才建立起来的，随着信息化的发展，供应链的特征也发生了变化。信息化使各个企业的信息更加透明，每个企业与顾客的距离也更加接近，一个企业具有的供应商和客户都比以前增多。供应链的动态性和交叉重叠性都更大，以顾客需求为主导的方式得到不断加强。在线合作中已经形成了虚拟供应链，这是充分利用信息化在网上进行合作，参与这种虚拟供应链的企业能够以最快的速度共享产品、库存、物流等情况，然后根据所得到的信息调整自己的计划，不断提高自己的竞争力。信息化环境下，供应链将以满足客户个性化需求为主，可伸缩性和弹性将越来越大，注重企业间和跨行业的价值链建设，建立起新型的供应链系统。

二、信息化与客户关系

(一)客户关系管理的含义以及流程

客户关系管理(CRM)是现代管理思想的新发展与信息化技术相结合而出现的，它注重企业与客户之间长期关系的建立，把客户作为企业经营的中心。传统的企业经营往往只注重企业利益的多少，即使注意到了客户关系的重要性，也没有把这种理念贯彻到整个企业。客户关系管理的核心思想是把客户看作为企业发展的基础，是企业的一种宝贵财产，通过提供给顾客满意的产品和服务，分析每一位顾客的个性化需求，给予他们属于自己的个性化定制，提高他们的客户忠诚度和满意度，保证顾客具有终身价值从而促进企业长期稳定的发展。企业应该把客户关系管理作为组织的一种管理机制,应用于企业的采购、生产、制造、人事、营销、售后等各个方面,协助他们及时了解客户的需求与他们建立良好的合作伙伴关系。可以说客户关系管理既是企业组织管理客户的手段和方法,也是一套完整的系统的实现管理、销售、客户关怀、客户服务流程自动化的软件和硬件系统。

客户关系管理的流程通常包括四个阶段:第一是信息管理阶段,客户关系管理系统从企业所从事的业务、ERP系统、MIS系统以及在供应链中共享的信息中提取有关的客户信息,对这些信息分门别类进行整理、归纳,这个阶段也可以称为信息挖掘阶段。第二是客户价值衡量阶段,对搜集来的信息用数据挖掘工具进行处理,更精确地找到对企业有价值的信息,然后给这些信息建一个独立的档案进行保存。第三是活动管理阶段,也是客户信息利用阶段,比如企业要推出新产品和新服务,那么就需要仔细分析这些信息,针对不同年龄段、不同消费水平等有目的地做出营销策略。第四是实施管理阶段,针对第三阶段所做出的分析和制定的策略,对特定人群实施具体的活动,比如电话通知、短信提醒、邮件通知、网站信息等方式。这四个阶段是相互联系的,通过活动之后搜集到的信息又回到了第一阶段,为下一次管理做好准备。

(二)信息化对客户关系管理的作用

1.提升客户服务质量

信息化能够及时了解客户的动态和需求,分析他们对现有产品的态度和新产品的反应,对于有意见或者反应异常的客户要细致分析,通过计算机图表、数据的帮助,找出原因所在,并且及时与顾客进行沟通,让他们真正了解产品和服务。然后进一步观测顾客的变化,根据顾客行为在图表上的反应和走势,预测出他们以后的行为,也为企业下一步为他们制订合理的销售计划做好基础和准备。另外,企业要以拥有的客户信息为主,用计算机软件设定程序和参数,实现客户群体的细分。这种群体细分要比以往客户细分得更深入,借助于计算机可以邀请客户进行网上模拟购物测试以及个性、需求等测试,更加透彻地了解顾客,切实满足他们真正的需求,提高个性化服务,培养顾客的忠诚度。[①]

2.引导顾客消费

传统的消费方式是买方主导,或者是卖方主导,商家把制造的产品拿到市

---

①卢滢.信息化技术在企业科技管理体系中的应用[J].电子技术,2022,51(04):124-126.

场上,顾客如果有需求就去买。信息化时代的市场竞争越来越激烈,如果企业不能先发制人,引导顾客进行消费,那么很难实现大的发展。引导顾客进行消费,并不是强迫顾客进行消费,而是激发起顾客的潜在需求,满足他们的这些潜在需求。客户关系管理是能够激发顾客潜在需求的方法之一,通过客户关系的良好建立,企业对顾客越来越了解,知道他们需要什么样的产品和服务,而顾客在接受企业良好的产品和服务的过程中越来越信任企业,愿意和企业合作,企业每推出新的产品和服务顾客都会关注。这样就会慢慢激发顾客的潜在需求,增加企业的销售,同时也提高顾客对于企业的满意度。

3.实现虚拟客户关系

信息化时代人们之间的交往方式和沟通方式都发生了很大改变,特别是网络购物、电子商务的崛起,彻底改变了人们传统的消费观念和习惯,这对于企业来说既是机遇又是挑战。企业必须充分认识到这种必然的趋势,在市场中快速抢占份额。企业主要涉及 B2B 和 B2C 这两种模式,它们是企业经营的主要方式。在进入电子商务之后,企业不需要与客户进行面对面的交流,他们的需求也主要是靠网络搜索来实现,所以在电子商务中如何进行客户关系管理是非常重要的,这在一定程度上决定了企业是否能长久地生存下去。在电子商务中,企业与顾客的交流方式主要是在线聊天工具或者邮件传递等,企业一定要掌握网络沟通技巧,比如适当地掌握网络用语等,这是有利于双方建立关系的。

在顾客网上下完订单之后,就等于把自己的个人信息都交给了企业,这时候就是企业搜集信息的阶段,对信息的分析和整理大致上和传统的客户关系管理流程一样,所不同的是最后一个阶段具体活动的实施阶段。网络客户遍布不同的地区,企业很难把他们全都召集在一起参加具体的活动,但是信息化可以实现在线为顾客一对一地个性化设计和服务,以及新产品免费邮寄试用等,通过这种网络联络的手段建立起虚拟的客户关系,这是信息化主导下客户关系管理的新发展。

客户关系管理将成为一个企业增加销售额、扩大生产、持久发展的保障,利用信息化以及客户关系管理系统,将会使企业科学有效地对客户做出分析,采取有针对性的措施,提供更加满意更加周到的服务,真正实现以客户为主导的经营理念。

参考文献

[1]蔡俊彦,杨玺霖.文化差异对跨国企业管理的影响及跨文化管理的对策[J].商场现代化,2022(01):103-105.

[2]陈慧敏.领导理论在现实管理中的实际应用探讨[J].商业文化,2021(09):46-47.

[3]杜斌.公司法人治理结构存在问题及对策探析[J].山西农经,2020(09):118+120.

[4]何展红.关于企业内部控制管理的研究[J].质量与市场,2022(09):58-60.

[5]何正霞,曹长帅,王建明.政策激励对新能源汽车技术创新的影响研究[J].科学决策,2022(05):71-85.

[6]洪飞.完善公司法人治理结构的有效策略探讨[J].企业改革与管理,2021(06):24-25.

[7]姬辉.企业计划统计信息管理系统的流程再造[J].中小企业管理与科技,2022(01):139-141.

[8]蒋彦青.绩效管理在公司运营管理中的应用策略分析[J].老字号品牌营销,2022(12):145-147.

[9]李海峰,张莹,杨维霞,武永生.管理学[M].北京:人民邮电出版社,2018.27-29.

[10]李建军.浅析如何做好新时期企业文化建设[J].中华建设,2022(05):24-26.

[11]李玲.大数据背景下事业单位人力资源管理改革创新路径探索[J].黑龙江人力资源和社会保障,2022(14):113-115.

[12]廖毅.民营企业文化建设问题与对策[J].企业管理,2022(04):112-114.

[13]刘宏庆.企业协调化管理需求及其应用研究[J].经贸实践,2017(02):174.

[14]刘家辉.战略制定和实施过程的企业战略风险探讨[J].现代国企研究,2019(08):49-50.

[15]卢滢.信息化技术在企业科技管理体系中的应用[J].电子技术,2022,51(04):124-126.

[16]邱柳.金融发展、知识产权保护与技术创新产业化[J].科技管理研究,2021,41(21):156-166.

[17]瞿培林.管理学理论发展及其研究方法综述[J].商业文化,2022(06):60-62.

[18]史冯琪.我国法人治理结构的完善[J].法制与社会,2020(24):44-45.

[19]苏钟海.企业战略分析:反思与新框架[J].科技管理研究,2021,41(23):228-234.

[20]孙英豪.现代管理学理论发展及其研究方法探究[J].中国管理信息化,2020,23(22):144-145.

[21]汤开轩.组织变革频率、工作重塑与员工适应性的关系研究[D].成都:电子科技大学,2022.

[22]唐慧利,丁琳,梁颖.跨文化管理:企业发展成败的关键——文化对技术的指导作用[J].中国商论,2021(11):131-134.

[23]万井江.基于人性假设理论的安全行为管理研究[J].现代职业安全,2022(01):72-74.

[24]万胤岳.企业信息化战略规划的分析框架模型[J].山西财经大学学报,2022,44(S1):23-25.

[25]王拉吉.财务分析如何有效地为企业经营决策提供参考的研究[J].质量与市场,2022(11):13-15.

[26]王永贵,汪淋淋.传统企业数字化转型战略的类型识别与转型模式选择研究[J].管理评论,2021,33(11):84-93.

[27]韦陈华.我国跨国企业提升跨文化管理能力的策略和建议[J].企业改革与管理,2022(10):160-162.

[28]谢凑多.企业战略调整、客户集中度与扭亏绩效[J].财会通讯,2022(10):92-96.

[29]徐向龙.数字化转型与制造企业技术创新[J].工业技术经济,2022,41(06):18-25.

[30]杨顺平.我国公司法人治理结构法律问题及措施[J].法制博览,2021(03):83-84.

[31]由雷.社会责任、知识吸收对企业技术创新的影响——以高新技术企业为例[J].科技和产业,2022,22(05):1-7.

[32]张恒.国有企业战略制定和实施过程中的问题及对策[J].北方经贸,2019(11):157-158.

[33]张牧海.工商管理学中的电子商务与市场营销[J].环渤海经济瞭望,2020(08):166-167.

[34]张雪超.企业内刊的组织沟通效果及改进策略[J].管理观察,2018(04):40-42.

[35]张颖,荣世宇,熊普臻.冲突管理方式、团队心理安全感与虚拟团队绩效研究[J].云南财经大学学报,2022,38(02):101-110.

[36]赵璨.新媒体环境下国有企业文化宣传工作的创新路径探讨[J].企业改革与管理,2022(08):162-164.

[37]赵四化.数字经济下的人力资源管理创新浅析[J].技术与市场,2022,29(05):169-170+173.

[38]郑发强.浅析信息化视角下企业的资金管理优化[J].西部财会,2022(05):53-55.

[39]周华清,蒋蔚.企业组织能力评价体系构建及其应用探析[J].台州学院学报,2022,44(01):50-56.